KB268163

일본대중문화론

야노 다카요시 지음

보고사

머리말

지금 한류(韓流)는 전 아시아에 불고 있다. 앞으로 한류는 아시아 통합에 있어서 큰 역할을 하게 될 것이다.

그러나 이 문화 현상도 많은 한국인이 걱정하고 있는 것처럼 무조건 계속할 수 있는 것은 아니다. 오늘의 한류가 IMF를 극복한 정신력이나 한 걸음 한 걸음 전진하고 쌓아 올린 한국의 과학기술을 기초로 하는 한국산업의 성공적 기반 위에 서 있는 것과 같이 현재 인기를 받고 있는 한국 대중문화는 역사적으로 쌓아 올린 한국문화의 전통 위에 서 있기 때문이다.

모든 대중문화는 그 나라의 역사적 문화의 흐름의 결과이고 그 민족의 민속문화(民俗文化)를 그 안에 포함하고 있다. 민족이 가지고 있는 고유의 특징이 오늘날의 과학기술과 하나가 되고 대중문화를 형성하고 있는 것이다.

한국문화에 대하여 외국인들이 가장 먼저 느끼게 되는 것은 남녀의 순애와 가족애일 것이다. 남녀가 첫사랑하고 만나서 가족을 이루는 것, 이것 자체가 아름답게 묘사되어 있고 많은 외국인의 마음을 잡는다. 이러한 가족간의 사랑은 현대인이 잃어가고 있는 것이니만큼 깊은 감명을 주고 마음에 전해진다.

한국드라마에서 연출되는 남녀의 순애와 가족간의 애정은 외국 현대인의 동경의 대상이고 희망이다. 한국인이 이렇게 아시아인들의 동경의 대상이 된 것은 한국문화의 건전함에 의한 것이다. 그러나 한국문화가 전통적 그 순수함과 건전함을 잃는 날에는 한류도 그 가치를 잃게 될 것이다.

세계에서 한국문화가 붐이 되고 있는 것처럼, 한국에서도 미국을 비롯한 서양문화나 옆 나라인 일본의 대중문화가 유행되고 있다. 만화, 게임, 노래, 드라마, 영화 등 미국이나 일본대중문화는 젊은 세대의 생활 속에 이미 자리 잡고 있다. 이런 세대에 있어서는 이미 한국과 일본의 거리는 더욱 더 가까워지고 있다.

그런데 한국과 일본은 역사가 다른 만큼 문화 차이가 크다. 한국 대중문화의 특징이 순결과 사랑이었다면 일본 대중문화의 특징은 폭력성과 선정성이라고 할 수 있다.

일본역사는 7세기경부터 귀족문화가 번영했지만 12세기 말에는 무사가 대두하여 귀족을 물리치고 세상은 전국(戰国)시대로 변했다. 무력으로 오르는 사회는 칼의 힘만이 자신을 지켜준다. 이것이 19세기가 되어서 고대에 신봉한 천황을 다시 국가의 중심으로 세워 제국주의로 돌입한 것이다. 이러한 특별한 역사를 가진 일본의 대중문화가 그 과학기술과 함께 이제 세계를 활보하고 있다.

현재 일본 한류를 받치고 있는 세대는 40대를 중심으로 하는 일본 중년세대들이다. 그들의 한류는 일본 고도성장기에 대한 그리움과 함께 청년기의 추억에 잠기는 일이기도 하다. 앞으로 한류가 일본의 젊은이들에게 계속적으로 영향을 미치기 위해서는 무엇을 필요로 할 것인가? 그 희망을 잃지 않기 위해서는 우선 일본에 대해서 잘 알아야 될 것이다. 또한 일본 대중문화의 정체를 잘 파악할 필요가 있는 것이다.

한국에서 일본대중문화는 1998년부터 점점 해금(解禁)되어 있는 현상이지만 아직도 만화나 게임을 빼고는 잘 알려져 있지 않다. 하물며 일본 대중문화의 배경이 되어 있는 일본 민속문화나 역사에 대해서는 전문가를 제외하고는 잘 모르고 있다고 해도 과언이 아니다.

본서에서는 우선 역사적 일본문화의 흐름을 한국과의 관계 속에서 소개하고 현재 일본 대중문화의 모티프가 되어 있다고 생각되는 일본 민속문화(民俗文化)를 함께 살펴본다. 이미 논한 바와 같이 민족고유의 민속문화가 대중문화에 큰 영향을 미치고 있고 이것이야말로 세계적이라고 할 수 있기 때문이다.

이렇게 해서 일본문화를 파악하고 나서 현재 일본 대중문화에 대해서 함께 생각하기로 한다. 양국 국민이 서로 문화를 알고 서로가 상대의 문화를 공유하는 것만이 함께 살 수 있는 길이라고 생각된다.

2005. 8. 20

저자

차 례

3. 일본대중문화와 장래

1. 일본문화의 흐름

1. 일본문화의 흐름

 **일본인은 누구인가?**

　한국인과 일본인은 잠자코 있으면 거의 구별하지 못할 정도로 너무 닮았다. 그것도 그럴 것이 일본과 한국의 역사를 들여다 보면 금방 알 수 있는 일이다.

　남한에서 온 재일한국인이나 북한에서 온 재일조총련인들뿐만 아니라, 역사를 통해서 셀 수 없을 정도로 많은 사람들이 바다를 건너 길다란 섬나라 일본에 정착하게 되었다. 그것은 가야부족의 이민이라든가 백제유민의 이동이라든가 히데요시의 침략으로 압송되어온 사람들이거나 일일이 열거하지 않더라도 끊임없이 많은 사람들이 이 검푸른 현해탄을 건너오게 되었던 것이다.

　그것은 고대로 좀더 거슬러 올라가면 더욱 현저해지고, 아직 '국가'가 형성되지 않았던 옛날 상고시대에 있어서는 더더욱 어느 곳의 누가 어디로부터 와서 어디에 살기 시작했는지는 상상도 할 수 없을 정도로 많았다는 것을 알 수 있다.

결국, 이렇게 얼굴 생김새가 닮았다고 하는 것은 우연한 일이 아니라 그 원인이 있기 때문이고, 마치 동양인이 서양인을 봤을 때, 영국인도 프랑스인도 그다지 차이를 느끼지 못하는 것처럼, 실제로 그다지 틀리지 않은 같은 뿌리를 가지고 있기 때문이다.

일본인에게 "당신의 선조는 누구인가?"라고 물으면, 대부분이 "모른다"고 대답할 뿐만 아니라, 모두가 입을 다물어 버릴 것이다. 자신의 선조를 모른다고 하는 것은 참으로 우스운 이야기지만 "왜 자신의 선조를 가르쳐 주지 못하는 것일까?"라는 것도 의미가 있는 질문일 것이다. 일본인은 그저 아마테라스 오오미노카미[1](天照大御神) 천황이라는 선조(?)를 배워왔을 뿐이다.

오늘날 우리는 자기 스스로를 무슨 민족, 어느 나라 사람이라고 부른다. 마치 그 민족이 자연발생적으로 어떤 지방에서 생겨, 옛날부터 거기에 있었던 것같이 말하지만, 원래 민족이란 종족이나 부족끼리 연합하여 혈연관계를 맺어 형성된 집단인 것이다.

혈통이나 문화는 자연발생적으로 생겼던 것이 결코 아니다. 어떤 곳에서 어떤 경로를 통해서 전달된 것으로 생각할 때, 문화도 민족도 전래되어 형성된 것임을 알 수 있다.

마치, 게르만 민족의 일파가 각각 독일이나 영국으로 갈라지고 형성된 것 같이 어떤 민족도 그 원류를 더듬어 가면 결국 같은 조상에까지 이르게 된다.

---

1) 이하 아마테라스대신으로 기재함.

극동의 섬나라 일본에서 바라보면 때때로 대륙이 보인다. 날씨가 좋은 날에는 큐슈(九州) 북부 후쿠오카(福岡) 서북 앞바다에 이즈마(相島)가 연해 있고, 이키(壱岐)섬이 보인다. 거기에서 쓰시마(対馬)의 남방 이즈하라(厳原)를 거쳐 북방 사스나(佐須奈)에서 부산이 보인다. 그리고 이러한 육교들은 수영이라도 하면서 건너고 싶은 거리라는 것을 시사하고 있다. 대마도 북단과 부산과는 불과 50km의 거리에 불과하다.

한반도 쪽에서 김해 앞바다의 경우, 폭풍이나 태풍 등의 이유로 부서진 배의 나무조각, 유리병 등의 부유물이 해류를 따라 일본 서쪽 시모노세키(下関) 부근의 해안선에 널리 쌓이기도 한다.

따라서, 민족형성에 있어서는 문화의 영향이 지배적이고 컸다는 사실을 역사를 통하여 알 수 있는데, 어떤 문화가 어떤 흐름을 통해 어디에서 어디로 이동해 갔는가가 그 민족형성의 큰 원인이 되었다고도 생각할 수 있다. 또한, 우리가 어떤 민족이라고 서로 구별하고 차별하고 있는 것도 바로 이 문화의 차이 때문이라고 말할 수 있는 것이다.

그래서 우리는 하나의 문화가 어느 때, 어느 민족을 통해서 어떤 경로로 인해 일본열도에 도래되었는가를 이해함으로써 일본인이 누구인가를 알 수가 있는 것이다.

2종류의 일본 원시인

지금으로부터 9000년경 전부터 BC. 3~2세기경까지의 수천
년간은 일본열도에는 아직 벼농사기술이 없었고 채집경제의 단계
였으며, 일본열도에서 사는 원래 원시인은 수렵과 어로활동을 중
심으로 생활하고 있었다고 한다. 생활도구로는 두꺼운 스야키토
기로 유약을 바르지 않고 저열에 구워서 만든 후갈색의 죠몬식토
기(縄文式土器 : 새끼의 매듭 무늬가 있는 것이 많다)를 사용하고 석기
(石器)나 동물의 뼈·뿔을 도구로 사용했다고 한다.

낮은 언덕이나 대지(台地)에 땅을 내리판 구멍에 기둥을 세우
고 나무의 껍질이나 풀로 지붕을 덮은 수혈식 주거(竪穴式住居)에
서 살았고, 동족끼리 작은 취락(聚落)을 구성해서 살았지만, 빈부
의 차이나 신분의 상하관계는 없었던 것으로 알려져 있다. 이 시
대를 죠몬시대(縄文時代)라고 부른다.

일본에 농경문화가 상륙된 것은 BC. 3세기경으로 볼 때 그 이
전의 길고 긴 세기를 원주민들이 오로지 채집·수렵만으로 살 수
있었던 것은 아열대성 해양기후의 풍요로움 덕택일 것이다. 그러
나, BC. 3~2세기에서 AD. 2~3세기경에 걸친 시대는 죠몬시대
와 달리 벼농사(稲作)를 하는 농경중심의 생산경제가 시작되었다.

얇고 적갈색을 띠는 야요이식 토기(弥生式土器 : 죠몬식 토기보다
제작기술이 뛰어나고 미세한 점토(粘土)를 사용하고 있다)를 사용하고,
석기뿐만 아니라, 청동기(青銅器)·철기(鉄器) 등의 금속기(金属

器)를 도구로 병행해서 사용하였다고 한다.

주거는 저지대(低地代)에서 산골짜기에까지 퍼져서 수전경작(水田耕作)을 위해 취락의 규모도 확대되고 토지에 정주(定住)하게 되어 이 때부터 빈부의 차가 생기고 계급이 형성되었다. 후기에는 일본 서부의 큐슈(九州) 북부지방에서 킨키(近畿)지방(오사카 중심 지방)에까지 분포가 확산되었다. 이 시대를 야요이시대(弥生時代)라고 부른다.

또, 이 시대가 되면 사람들의 체형에서도 큰 변화가 생겼다. 야요이인골(弥生人骨)의 출토는 현재까지는 지역적 편향이 대단하고, 많이 발견된 곳은 큐슈 및 그 인접지역이지만, 그들의 한정된 자료 가운데에서도 죠몬인골(縄文人骨)과 현저하게 다른 체형(도래계 : 渡来系)과 죠몬인골과 유사한 체형(죠몬계 : 縄文系)과의 두 종류의 계통으로 분류할 수 있다.

카나세키 타케오(金関丈夫)의 일본 야마구치현(山口県) 도이가하마(土井ヶ浜)유적에서 출토된 200구 정도의 인골조사에 의하면, 야요이인(弥生人)의 평균 신장은 남자 163cm, 여자 151cm로서 죠몬인(縄文人)보다 훨씬 키가 큰 것으로 나타났다. 그리고 얼굴이 갸름하고 뼈가 굵은 모양인 것도 야요이인의 특징 중 하나이다. 게다가 야요이인은 죠몬인과 같이 공통된 형질이 아니고 지역이나 유적지에 따라 상당히 큰 형질의 차이를 볼 수 있다는 것도 흥미있는 일이다.

이것도 일본열도에 원래 살고 있었던 원주민(죠몬인)이 마치 미국 대륙에 있어서 인디언과 백인과의 관계와 같이 한반도 남부에서 큐슈북부로 건너온 도래인(야요이인)이 이주를 시작해서 죠몬인과 결합을 되풀이하면서 차차 큐슈에서 킨키지방까지 퍼졌던 사실을 말해주고 있다.

타나카 미가쿠(田中琢)는 그의 저서『왜인쟁란(倭人争乱)』(1991)에서 한반도 남부의 토기와 관련이 있는 도래인이 가져왔다고 생각되는 쌀이나 물을 담는 야요이식 단지와 취사에 사용하는 죠몬식 항아리가 같은 곳에 함께 한 벌씩 같이 출토된 경우가 있었는데, 이 토기의 한 벌은 도래계 야요이인인 남자와 원주민인 죠몬인 여자와의 부부가 되어서, 이것이 토기에 반영되었다고 생각된다는 재미있는 지적을 하고 있다.

이것에 대해서는 1970년에 죠몬토기와 야요이토기의 연속성에 대해서 발표한 카나세키 타케오도 이미 그 논문에서 초기의 이주자는 세계 어느 나라에서도 마찬가지이지만 거의 모두가 남자이고 그들은 정착지의 여자들과 쌍이 되어 새로운 사회를 만들었다는 사실을 밝힌 바가 있다.

야마구치 스스무(山口敏)는 일본 간토(関東)지방이나 토호쿠(東北)지방 남부에서 출토된 고분의 인골 조사에서 고분(古墳)시대인은 동일본의 죠몬인이나 현대인과는 달리 서일본의 야요이인이나 한국인에 유사하다고 보도하였던 바와 같이 일본인 사이에도 인종학적 차이가 있다는 것은 이미 알려져 있다.

또『민족언어의 탄생(民族のことばの誕生)』(1963)에서도 일본 킨키(近畿)지방의 일본인과 호쿠리쿠(北陸)지방의 일본인을 비교하면 현저한 형질 차이가 있고 양쪽 남성의 두골(頭骨)을 측정하고

종합적 유사성을 가리키는 수치를 비교해 보면 호쿠리쿠 지방과 킨키지방 사람 사이에서는 100.5의 수치인 데 비하여 한국인과 킨키지방 사람 사이에서는 61.8로 킨키지방 사람을 일본인의 대표로 한다면 한국인이 호쿠리쿠 지방 사람보다 훨씬 일본인답다고 밝히고 있다.

나오토 요시아츠(內藤芳篤)의 저서『형질인류학(形質人類学)』에서 야요이시대는 장신의 도래계 야요이인과 단신의 죠몬계 야요이인이 다른 지역에 거주하고 생업을 달리하고 있었지만, 야요이시대 이후에도 일부 지방에는 대륙계의 도래인이 있고, 이 사람들이 점차 일본열도에 확산되어 균일화되고 지방차도 고정되어졌고 고분시대 말기부터 나라(奈良)시대에 걸쳐서 현재의 일본인이 형성된 것으로 지적하고 있다.

코야마 슈조(小山修三)의 전국유적지도(全国遺跡地図, 1965)에서 보인 유적수에 의한 인구추계에 따르면, 일본열도 인구는 죠몬시대 초기 2만 명, 전기 11만 명, 중기 26만 명, 후기 16만 명, 말기 8만 명이었고, 그것이 야요이시대에는 60만 명, 고분시대에는 540만 명으로 야요이시대에서 고분시대에 걸쳐서 인구의 급격한 증가가 일어났다고 하였다.

 ## 인종의 항아리 일본열도

일본열도는 남서제도인 류큐열도(琉球列島 : 오키나와)의 최남단 섬인 하테루마(波照間)가 북위 24도선에 놓여 있는데, 이것은 대만의 타이페이(台北)보다 훨씬 남하지점에 있으며 최북단인 홋카이도(北海道)의 소오야마사키(宗谷岬)는 북위 45도선으로, 한반도의 북위 33°에서 43° 사이인 것을 볼 때 약 2배가 넘으며 위도 길이 21.5도와 동경 126도에서 147도에 이르는 경도 21도의 활모양으로 아시아 대륙의 동북안을 가로막는, 흡사 방조제 같은 지형이다.

한반도와는 대한해협과 일본의 쓰시마해협 사이가 불과 200여 km 거리이다. 일본영토를 구성하고 있는 4개의 섬, 즉 혼슈(本州), 홋카이도(北海道), 쿠슈(九州), 시코쿠(四国)와 부속도의 총 면적은 37.78만 평방킬로미터로 한반도의 21.9만 평방킬로미터의 1.77배이고 인구는 1억2천5백만 명으로 한반도의 6천7백만 명의 2배 정도이다.

일본의 열도가 동북에서 서남으로 길게 뻗어 있는 관계로 지형적·기후적 모든 요소는 다채롭고 다양하다. 좁다란 열도이지만 후지산(富士山 : 3776m)은 백두산(2774m)보다 높고 3000m 이상의 고산도 15개에 달한다. 하천은 200km를 넘는 것이 9개 정도이며 그 중 시나노(信濃)강은 367km이다. 미국의 25분의 1 정도의 땅덩이지만 해안선은 미국의 70%에 해당되는 거리이다.

이렇게 일본열도는 한반도 바로 옆에 있으면서도 일단 현해탄을 건너면, 전혀 다른 지리적·풍토적 환경이 기다리고 있었던 것이다.

그런 환경 속에 가까운 혈종이 나뉘어져 가는 과정에 있어서 해안으로 유입되었거나 국외추방(流形)·망명·강제연행·도망 등 여러 가지 사유로 한(恨)을 남기고 본국을 떠난 경우도 허다할 것이다. 한반도의 많은 사람들이 여러 가지 동기와 여러 가지 심정을 품고 한반도를 뒤로 하고 일본열도에 정착하여 일본의 섬들에 자손을 남기게 되었다고 볼 수 있다.

이렇게 일본은 섬나라로서의 지리적 조건뿐 아니라, 다양한 사람들의 유입된 성질에서 보더라도, 다양한 것이 모여 규칙을 만들고 그 규칙을 지켜 생활하는 방법이 요구되었다고 볼 수 있고, 또 그 때문에 더욱 새로운 문화를 필요로 했다고도 말할 수 있다.

문화 유입의 섬

앞에서 기술한 것처럼 일본열도는 유입의 항아리 같은 것이다. 여러 가지 것이 이 섬에 흘러 들어와서는 정착되고 퇴적되어 왔다.

야요이인으로부터 왜인(倭人)으로 성장한 이 민족은 야마토조정(大和朝廷)의 성립을 시작으로 일본이라는 국가를 형성했다. 그리고 7세기부터는 당(唐)에서, 나아가 중세에는 이미 포르투갈·스페인·네덜란드와 서양으로부터 문화를 받아들이기 시작한 것이다. 특히 이런 문화 유입이 적극적으로 외부의 것을 섭취했다는 것에 주목해야 한다.

일본은 에도(江戶)시대의 쇄국정책 속에 있었서도 실제로 문화적으로는 나가사키(長崎)에 인공섬인 데지마(出島)를 만들어 일부 서양학파들은 난학(蘭学)이라는 이름으로 네덜란드의 의학·과학 등을 필사적으로 배우고 또 그것을 사람들에게 전해주었던 나라이다. 그리고 그들의 학문은 각 한(藩 ; 현재의 현)이나 바쿠후(幕府 ; 정부)에 전해져 실학(実学)과 함께 높이 평가받았다.

정치적으로는 문호를 개방할 수 없었던 막부도 문화적으로 가지고 싶었던 것이 이 서양의 지식이고 양학(洋学)이었던 것이다. 에도시대 말기에는 쇄국을 내세웠던 바쿠후도 그 스스로가 양학을 교과로서 받아들였던 까닭이 여기에 있다.

이러한 근대화를 향하는 문화적 준비는 메이지유신(明治維新)을 통해 폭발적으로 열매맺게 되었다. 그래서 메이지의 서양문명의 전면적 도입의 성공은 이미 에도시대에 성취되었던 학문적·과학적 기초 위에 이룩된 것이라고 할 수 있다.

이렇게 밖으로부터 흘러온 사람의 숙명은 자랑해야 할 역사적 과거가 아니라, 열심히 현재를 살아가고 내일을 위해 노력할 수밖에 없었다. 사실 일본인은 단지 앞뒤 생각없이 미래만을 보고 열심히 일하는 것밖에 몰랐다. 이것은 개발력을 낳았고 전진력이 되었기 때문에 외부로의 진출뿐 아니라 수많은 침략이라는 결과를 초래한 것도 사실이다.

이런 관점에서 볼 때 일본인에게 가장 문제가 된 것은 과거에 대한 인식의 희박함과 역사관(歷史觀)의 결핍이었다고 할 수 있다.

 ## 가야와 왜인

한국 경상남도 울산 근처의 검단리 유적(檢丹里遺跡)에서 1990년 2월부터 4월초에 걸쳐, 부산대학교 박물관이 발굴조사를 실시한 결과, 총연장 180m, 직경 60m 정도 되는 타원형(楕圓形)의 모양으로 둘러싸인 수로(濠)가 발견되었다. 수로로 둘러싸인 그 속에는 수혈식 주거(竪穴式住居)의 유적도 함께 발견되었다.

이것은 BC. 4세기에서 3세기의 것으로 한반도 최초의 환호취락(環濠聚落 : 고대에 촌락을 이루었던 유적의 하나의 형태)의 발견이다. 이것으로 일본의 환호취락과 비교될 수 있는 것이 한반도 남부에 있었다는 사실이 확정되었지만, 이 한반도 남부의 환호취락이 일본열도에 분포된 왜인(倭人)의 환호취락의 모형일 가능성이 크다.

일본에 야요이식(弥生式) 문화가 생기기 이전에 그것에 대응하는 벼농사 문화권이 형성되고 있었던 지역이 한반도인 오늘의 한국지역이다. 그리고, BC. 500년경부터 기원후에 걸친 한반도 남부 당시의 농민생활은 일본의 야요이시대의 농민생활과 공통점이 많았다.

예를 들면, 최근 한강유역에서 발견된 유적의 유물 가운데에서 야요이식 토기(弥生式土器)와 거의 같은 모양의 토기가 출토되었다고 하는데 한국에서는 이를 적색무문토기(붉은색 무늬 없는 토기)라고 부르고 있다. 따라서, 야요이식 문화는 한반도의 남부를 통해 일본으로 건너온 벼농사가 일본에 초래한 농업혁명을 기초로 해서 형성된 것이라고 볼 수 있다.

즉, 한반도 남부에서 쓰시마(対馬)를 거쳐 일본열도에 벼농사를 전한 일련의 민족이동이 일어나, 선주민인 죠몬인(縄文人)과의 결합을 통하여 왜인(倭人)으로 알려진 오늘날의 일본민족의 조상이 형성된 것으로 추측할 수 있는 것이다.

예를 들면, 규슈의 후쿠오카시 하카타구 나카(福岡市 博多区 那珂)에 있는 나카유적(那珂遺跡)은 이중환호(二重環濠)의 규모를 볼 때 도래인 집단의 식민지라고도 생각할 수 있고, 그것은 그 자손이 토착의 죠몬인이나 다른 도래인 집단과 항쟁을 되풀이하면서 후의 나국(奴国)을 건설해 간 흔적을 보여준 것이라 할 수 있다.

또, 시가현 오오즈시 타카수나쵸(滋賀県 大津市 高妙町)에 있는 타카수나 유적에서 키리즈마 오오카베즈쿠리(切妻大壁造り ; 오오즈시에서 약 30가구가 출토되었음. 한반도에서 건너온 도래인의 독특한 형식의 주거. AD. 6세기)의 8m 사방의 주거 유적 그 자리에 일본식의 수혈식 주거를 다시 지은 것을 보면, 일본열도에 선진기술을 전달한 도래인들이 일본열도에 융화해 가는 변천을 볼 수 있는 듯하다.

더구나, 같은 유적 주변에서는 지금까지 키리즈마 오오카베즈쿠리 주거를 비롯하여 횡혈식 석실(橫穴式石室), 취반구형 토기(炊飯

具形土器) 등 한국문화의 영향이 큰 유적·유물이 많이 출토되었다.

『위지왜인전(魏志倭人伝)』의 전문에서 한반도 남부의 변진(弁辰 : 후의 가야)이라고 부르는 한인(韓人)의 토지가 철의 산지이고 왜인(倭人)도 여기에서 철을 입수했었다고 기록되어 있다.

야요이시대의 일본열도에서는 아직 광석이나 사철로부터 철을 정련했던 것으로 보이는 확실한 증거가 없고 발견되고 있는 철의 정련 유적은 6세기 이후의 것이기 때문에 결국, 야요이시대에 철은 변진(가야)에서 일본열도에 공급되고 있었던 사실을 알 수 있다. 철제품은 공구나 농구이고 생산활동에 없어서는 안되는 귀중한 것이었으며 철기가 없는 왜인의 생활은 성립하지 않았던 것이다.

이렇게 야요이시대 왜인에게 철기가 광범위하게 사용된 것은, 결국 철기의 재료를 입수할 수 있는 한반도 남부와의 관계가 밀접하고 연속적이었던 사실을 입증해 주고 있다.

또 스에키(고분시대부터 헤이안시대에 걸쳐서 일본에서 만들어진 청회색의 도자기)의 경우도 4세기에서 5세기에 걸쳐서 가야에서 제작된 것이 일본에 수입되었던 것들이며 가야와 왜인과의 역사적 교섭이 빈번하였음을 보여주고 있다.

이렇게 사람의 이동이 야요이식 문화를 일본으로 가져왔고, 일본민족 또는 일본문화가 형성되었다고 볼 수 있는 것이다.

　야요이시대 이래로 한반도나 중국에서 많은 사람들이 일본열도로 도래하였다. 이러한 사람들을 일본에서는 도래인이라고 불렀다. 그리고 타이호율령(太宝律令) 제정 이후 일본에 정착하게 된 사람들을 귀화인(帰化人)이라고 불렀다.

　『일본서기(日本書紀)』에서는 5세기 후반에 도래한 기술자들을 '지금 온 기술자'로 기록하였는데, 이것은 '옛날에 건너온 사람들'이 있었던 것을 입증하고 있다.

　예를 들면, 백제계의 간씨(漢氏)는 중앙의 관료로서 신라계의 하타씨(秦氏)는 중앙의 재정면이나 각지의 유력한 호족이었다. 또 고구려계의 코마씨(高麗氏)도 중요한 역할을 맡아 정착하였다고 한다.

　특히 하타씨(秦氏)의 조상은 유즈키노키미(弓月君)이며 오우진천황(応神天皇) 때 한반도에서 127현의 백성들을 거느리고 도래했다고 전해지고 있다. 또 간씨(漢氏)의 조상은 '아치노오미(阿知使主)'이며 같은 때 한반도에서 17현의 백성들을 거느리고 도래했다고 전해지고 있다.

　도래인이 초래한 새로운 문화는 고대의 정치·경제·문화의 발전에 큰 역할을 했고, 관료제도·지방행정·신토(神道)·유교·불교 등의 전개에도 크게 기여했다. 예를 들면, 조정의 기록에 종사하고 있던 후히토베(史部 : 관사)는 거의 대부분이 도래인들이었다고 하고, 일본에서의 문자 사용도 도래인에 의해 가능하게 되었다고 한다.

『고지키(古事記)』에 따르면, 오우진 천황의 초청으로 백제에서 왕인(王仁)과 아치기(阿直岐)가 조정에 올 때 『논어(論語)』와 『천자문(千字文)』을 일본에 전했다고 기록되어 있다. 오우진 천황의 황자인 오지노와기 이라츠고(菟道稚郎子)는 왕인과 아치기를 선생으로 모시고 서책을 잘 읽었다고 전해지고 있다. 이렇게 유교사상은 한문과 함께 조정의 지식층 사이에 침투하였고 왕인은 『가이후우소(懷風藻 ; 일본 최초의 한시집 751년 완성)』를 저술하여 한문의 선조가 되었으며 일본에서는 와니 선생이라고 한다.

또 도래인이 초래한 농업기술이 일본의 고대의 경지개발에 크게 기여하였고 도래인과 그의 문화는 아스카문화를 비롯한 일본의 고대문화 발전에 크게 기여했던 것은 누구나 부정할 수 없는 사실이다.

 **일본고분의 의문점**

삼국의 역사서 『삼국지(三国志)』의 「위지왜인전(魏志倭人伝)」에 따르면, 3세기 초에 히미코(卑弥呼)가 야마타이국(耶馬台国)의 여왕이 되어 30국을 정복하였고, 239년에 위(魏)나라에 조공을 보내서 친위왜왕(親魏倭王)으로 인정을 받았다고 기록되어 있다.

　4세기가 되자 야마토(大和)국의 대왕(황실의 조상)이 유력한 소국가의 호족들과 함께 야마토조정(大和朝廷)을 세워 왜(倭)왕권이 성립되었다. 이 시대는 철기문화(鉄器文化)의 시대였고, 앞면은 모가지고 뒷면은 둥근 모양의 무덤은 전방후원분(前方後圓墳)에서 볼 수 있는 것과 같이 일본 특유의 고분(古墳時代)으로 발전되었다.

　이렇게 야요이시대는 고분시대로 발전하였고, 이 시대의 어느 시기에 이르러 황실의 조상인 야마토조정의 왕이 국토를 통일한 것이다. 그러나, 고분의 발생에 대해서는 아직도 불분명한 점이 많다. 예를 들면 야요이시대 묘제와 고분시대 묘제와의 연속성과 비연속성 관련도 문제가 되고 있다. 4세기의 전방후원분에 비해서 5세기의 본묘는 거대화되어 마치 경주의 신라왕릉처럼 평지에 산 모양으로 인공적이고 계획적으로 만들었던 무덤은 당시의 지배자의 권력이 얼마나 막강했던 것이었는지를 보여주고 있다.

　오사카 사카이시(大阪府堺市)에 있는 닌토쿠천황릉(仁徳天皇陵)은 장축 490m, 전방부의 폭 305m, 후원부의 지름 246m, 높이 전방부 32m, 후원부 34m이며, 세계최대의 능묘(陵墓)이다.

　그 축조에는 하루 1000명을 동원하여 4년간이 걸린다고 한다. 부장품으로는 마구·무구 등 외에도 스에키(청회색의 도자기)가 출토되었다고 한다. 한동안 일본에서는 고분발굴의 연구가 활발히 진행되다가 근래에는 유적 발굴 도중 중단한 이유도 한반도와 연관이 깊기 때문이라는 설이 있다.

　일본 다카마쓰(高松)의 고분벽화는 고우구리(고구려 ; 高句麗) 고분의 벽화를 닮았다. 이것은 일본인의 일부는 고구려계의 기마민족의 후예라는 것을 입증시켜 주는 것이기도 하다.

한편 신라로부터는 배를 만드는 조선술, 저수지나 제방을 만드는 기술이 전해졌다고 하고, 쿠다라(백제 ; 百済)로부터는 그림·천문·역법 등이 전해졌다고 한다. 특히 쇼토쿠 태자의 초상화는 일본에서 가장 오래된 것으로 백제의 27대 위덕왕(威德王)의 아들로 597년에 일본으로 건너간 아좌태자(阿佐太子)가 그린 것이라고 한국 역사 교과서에도 수록되어 있다.

일본 속의 백제문화

스이코천황(推古天皇 ; 여제, 553~628)을 도와 정치를 대신하게 된 쇼토쿠태자(聖德太子 ; 574~622)는 정치의 개혁을 목표로 '관위 12계 제도(冠位十二階制度)'나 '헌법 17조(憲法17条)' 등을 제정하고 실시하여 일본 역사상 최대의 도덕적 위인으로서 일본 국민에게 존경을 받아왔다. 그는 595년에 고구려에서 건너온 에지(혜자 ; 慧慈)와 백제에서 건너온 에소(혜총 ; 慧聡) 두 명의 승려를 스승으로 삼아 이들로부터 불교를 배웠고, 그 스스로도 한반도에서 도래한 사람들이나 그 문화와 접촉했다고 전해지고 있다.

일본 국보 제1호의 고류사(広隆寺)의 미륵상(弥勒像)은 한국계의 불상이고 불사(仏師)로서 유명한 쿠다즈쿠리노 토리(鞍作鳥)나 야마구치오오구치노 아타이(山口大口費) 등도 백제계 도래인이었다고 한다.

불교는 이전부터 도래인들이 신봉했지만, 조정에 전해진 것은 백제 성명왕(聖明王)의 사신이 금동불상과 경전을 가지고 왔던 538년부터이다.

조정의 정치는 불교를 열심히 신봉하였던 소가씨(蘇我氏)와 쇼토쿠태자에 의해 진행되었지만, 소가노 우마코(蘇我馬子)는 588년에 백제에서 도래한 승려들과 사찰 또는 기와(瓦)를 만드는 기술자들의 도움으로 호코사(法興寺 ; 아스카 절, 飛鳥寺)를 세웠고, 쇼토쿠태자도 시텐노우사(四天王寺)나 호우류사(法隆寺)를 세워서 불교를 널리 보급시켰다.

스이코천황의 세대를 중심으로 하는 약 1세기 동안의 문화를 아스카문화(飛鳥文化)라고 부르고 있는데 이 시대는 일본 최초의 불교문화가 열매를 맺고 한반도나 중국으로부터 문화가 전래된 시대이다. 한반도에서 온 도래인들이나 그 자손들의 활약이 컸었고, 그들이 일본의 후세에게 준 영향은 지대하였다.

 ## 쇼토쿠태자도 도래인?

이미 기술한 일본에서 성인으로 알려진 쇼토쿠태자(聖德太子)는 킨메이천황(欽明天皇, 29대)과 소가노 이나메(蘇我の稲目)의 딸인 키타시 히메(堅塩姫)와의 사이에 태어난 요우메이천황(用明天

皇, 31대)을 부친으로 하고, 같은 조부인 킨메이천황과 소가노 이나메의 딸인 소가노 오아네노키미(蘇我の小姉君) 사이에 태어난 아나호베노 하시히토노 히메코(穴穂部間人皇女)를 모친으로 해서 태어났다.

그러므로 쇼토쿠태자의 양친은 같은 조부와 결혼한 자매인 조모들 사이에 태어난 어머니가 다른 형제인 것을 알 수 있다. 실은 소가씨의 형제들이 서로 결혼한 것이다. 그리고 쇼토쿠태자 자신도 소가노 우마코(蘇我馬子)의 딸인 토지코노 이라쓰메(刀自古郎女)와 결혼했고 그녀와 사이에 야마시로노 오오에노오(山背大兄王)를 낳았다.

그런데, 이렇게 천황가의 외척(外戚)으로서 혈연관계를 통해 천황가의 혈통 속에 들어간 소가씨(蘇我氏)는 사실 한반도에서 온 귀화인인 것으로 추측할 수 있다. 소가씨는 '카라카미(韓神)'에 제사지냈다. 소가씨 외에도 9세기에 생긴 『신선성씨록(新撰姓氏録)』(山城・大和・摂津・河内・和泉의 지역에 거주한 諸氏의 系譜記録)을 보면, 등기된 1182씨의 출자별 유별은 황족(皇別) 335씨, 타카마노하라(高天原)의 신(神)의 자손(神別) 404씨, 그리고 귀화계(帰化系) 가문(蕃別) 326씨, 미정잡성 117씨를 포함해도 귀화계씨족(帰化系氏族)이 전체의 36%까지 차지하는 것을 알 수 있다.

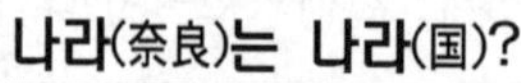

나라(奈良)는 나라(国)?

　이렇게, 아스카(飛鳥)시대는 실로 소가씨를 중심으로 하는 귀화계 씨족들의 시대인 것을 알 수 있는데, 일본열도에는 원래 BC. 3세기 한반도 남부(伽耶地方)에서 도래인(야요이인 ; 弥生人)이 오게 될 때부터, 열도의 원주민과의 혼혈에 의해 왜인(倭人)이 형성되고 현재의 일본인이 된 것은 이미 기술했지만, 역사상 도래인의 물결이 일본열도에 계속해서 밀려 왔다.

　오우진·닌토쿠(応神·仁徳) 두 천황을 중심으로 하는 5세기 전후에는 한반도에서의 도래를 많이 볼 수 있었고, 그것이 6세기 전후의 유라쿠천황(雄略天皇)에서 킨메이천황(欽明天皇) 시대에 걸쳐서 더욱 더 많아진 사실을 알 수 있다.

　특히, 유라쿠천황 당시 한반도 남부에서 '최근에 온 기술자(今来の丈伎)'라고 부르는 오래된 도래자와 교체해서 새로운 도래자가 각 분야에 진출했다. 한반도 남부에 불안한 정치정세가 백제인을 중심으로 많은 사람들을 열도로 도래시켰던 것이다. 그리고 그것은 백제의 멸망(663) 이후 더욱 극심했다.

　나카노오오에노 황자(中大兄皇子)는 663년 하쿠스키노에(백촌강)의 전쟁에서 패전했지만, 백제에서 온 학자들을 야먀토조정의 고관으로 중용하고 '타이카개신(大化の改新)'이라는 개혁을 성공시켜, 668년에는 국호를 야마토(大和)에서 일본(日本)으로 바꾸고 스스로 텐지천황(天智天皇)으로 즉위했다.

그 당시 천황가(天皇家)에 있는 고관 66명은 모두 백제에서 온 학자들이고, 그때 열도에 온 백제인은 5000명을 넘고, 그 중에는 백제관위 16계 제2격의 달솔(達率) 이상 사람들만도 70명이나 되었다고 한다. 결국, 당시 '일본'은 백제인의 도움을 받고 건국되었다고 해도 과언이 아니다.

오우미령(近江令, 668)의 일관으로 670년에 처음으로 호적(戶籍)이 만들어졌다. 따라서 그 때까지 일본열도에 건너 온 사람들에 대해서 말하면 그들은 도래한 것이 사실이나 외국인도 아니며 귀화인(歸化人)도 아니다. 바로 '일본인'의 조상인 것은 말할 필요도 없다.

이러한 고대황족이나 도래계 씨족 사이의 천황가와의 혈연관계는 칸무천황(桓武天皇) 때 천황의 외척으로서 천황가와 깊은 관계를 가지고 일본의 정치를 지배한 후지와라씨(藤原氏, 中臣鎌足의 후손)의 경우에 있어서도 확실히 볼 수 있다.

칸무천황의 즉위의 선명(宣命)에는 '천황으로서 인사말씀을 합니다…, 나의 어머님인 타카노 부인을 황태부인으로 해서 관위를 올리겠습니다'라고 했다. 여기서 말하는 타카노 부인(高野夫人)이란 타카노 니이가사(高野新笠)인 것이다.

그녀는 백제의 무령왕(武寧王)의 후예인 야마토씨(和氏) 출신이고, 귀화씨족의 혈맥과 연결된 사람이었다. 니이가사는 야마토노 오토즈쿠(和乙継 : 귀화계씨족)와 오오에노 아소미(大枝朝臣) 사이에 태어났고 고우닌천황(光仁天皇, 49대)의 아내가 되어 야마베 왕(山部王 : 후의 桓武天皇)을 낳았다.

야마토씨는 타카노 아사토미(高野朝臣)라고 부르고 778년에는
종3위가 되어 781년에는 칸무천황 즉위에 의해 황태부인으로 부
르게 되었다.

또 후지와라씨에 대해서는 카도노(葛野)지방의 귀화계 하타(秦)
씨와 후지와라 키타이에(藤原北家) 사이에 혼인관계를 맺었고,
742년 하타 시마마로(秦島麻呂)의 딸은 후지와라 오구로마로(藤原
小黒麻呂)의 아내가 되었다. 거기에 태어난 아이가 후지와라 카도
노마로(藤原葛野麻呂)이다.

이렇게, 고대 한반도 남부를 중심으로 도래한 사람들이 일본열
도의 원주민과 혈연관계를 맺어 거기에서 생긴 '왜인'이 현재의 일
본인 선조의 혈연으로 되었다. 그 위에 백제를 중심으로 해서 도
래한 사람들에 의해 '야마토(大和)'와 교체해서 '일본'이라는 새로
운 '나라(奈良)'가 생겼다. 이만큼, 한반도로부터의 귀화인과의 혈
연관계는 일본의 천황가를 중심으로 일본인의 혈연에 깊은 영향
을 주었다.

국가의 개념

우리는 자신이 태어난 곳을 자기 나라라고 믿어 의심하지 않는
다. 자신이 태어난 나라는 '내 나라'이고 남이 태어난 나라는 '당
신의 나라'라고 구별하고 별 세계인 것처럼 생각한다.

그러나 먼 옛날에는 아직 '국가'라는 개념이 없었다. 국가와 비슷한 것으로서 기껏해야 부족사회가 있었던 정도이었다.

일본역사에 있어서도 '일본'이라는 국호는 645년에 '다이카개신(大化の改新)'이 일어났을 때 만들어진 이름이고, 그때까지는 '야마토(大和)', 그 전에는 '왜(倭)'였다.

그런데 왜(倭)시대는 아직 부족국가연합 시대였고, 과연 그런 부족국가들을 '국가'라고 부를 수 있었는지는 의문스럽다. 나라라고 부르기에는 너무나 소규모이었고, 언어 자체도 다른 언어 사이에 분화를 보지 못할 가능성이 많았기 때문이다. 문화에 있어서는 거의 같은 것이었다고 말해도 될 것이다.

왜(倭)는 큐슈 북부를 중심으로 한 일련의 지역으로 생각되는데, 큐슈 주변지역이란 야마구치현(山口県), 시마네현(島根県)·이키(壱岐)·쓰시마(対島), 그리고 한반도 남부와 그 섬들이다. 그래서 우리가 지금 생각하는 일본이라는 나라의 이미지는 적어도 4·5세기 이후의 것이라고 해야 한다.

3세기에서 4세기에 걸친 일본에 관한 기록은 중국사서에는 보이지 않지만, 이 시기에 야마토조정(大和朝廷)이 급속도로 지배력을 폈고, 4세기 전반에는 대체로 열도의 통일을 완성했다고 한다.

이 야마토라는 나라의 오오키미(大王)는 현재 일본 황실(皇室)의 조상이라고 생각해 왔지만, 야마토조정 그 자체가 실은 호족들이 이끌어 온 작은 국가들의 연합에서 출발했다는 것이다.

결국, 국가도 원래는 씨족·부족의 시대를 거쳐 발전한 것으로 그 뿌리를 더듬으면 친척이었기도 하고 또한 형제이었기도 한 사실을 알 수 있다.

현재 우리는 태어나자마자 어느 나라의 국민으로서 그 나라의 국어를 배워 말하고 그 나라의 문화를 몸에 지니고 생활하고 있지만, 결국 국가란 우리 인간이 이름을 붙인 것으로 원래 있었던 것은 아니다. 그것은 역사적으로 문화적 · 기후적 영향을 받고 사람의 이동에 따라 형성되었던 것이다.

즉, 같은 종족(種族)도 중국대륙으로 이동하면 중국인, 한반도에 이동하면 한국인, 일본열도에 건너가게 되면 일본인으로 시간과 장소의 이행에 따라 변화해 갔다고 볼 수 있다.

일본의 '국적'에 대해서도 『고지키(古事記)』(712)에는 '귀화(帰化)'라는 말이 없었고, 『니혼쇼키(日本書紀)』(720)에 처음으로 나타난 문자이다.

즉, '귀화'라는 말의 유래는 701년에 완성된 '타이호 율령(太宝律令)'에 '흠화내귀(欽化内帰)'라고 하는 왕화(王化)에 있고, 그때 왕화를 경모하여 이주해 온 이주자에게 사용하게 된 말이다.

그래서 아직 국가구성이 완성되지 않았던 시대에 한반도에서 온 도래인은 물론 귀화인(帰化人)이 아니다.

그렇다면 한반도에서 도래나 이주한 사람들의 물결이 야요이 시대를 시작으로 해서 5세기 전후부터 6세기 초, 그리고 7세기 후반까지 상당히 성대했다는데 8세기까지 일본열도에 건너온 이주자들은 다 '진짜 일본인'이라는 말이 되고 그러면 에도(江戸) 시대의 유명한 국학자인 아라이 하쿠세키(新井白石)가 '일본인은 한국인의 후손이다'라고 했던 말이 진실이었다는 결론이 된다.

그뿐만이 아니라, 『민족의 언어의 탄생』(1963)에서는 인종학적으로 '일본인 사이에 인종적인 차이가 있다'고 지적하였고 '민족으로서의 일본인은 하나라고 해도 인종으로서는 하나라고 말할 수 없는지도 모른다'고 인종과 민족의 차이에 대해서 언급하고 있다.

또 이마무라 유타카(今村豊)와 이와모토 미쓰오(岩本光雄)의 『일본인의 기원』이라는 논문에서도 일본인은 중국인·한국인·아이누인의 세 종류에 속한다고 주장하고 있다.

이렇게 민족과 국가는 인종과 반드시 동일한 것이 아니다. 우리는 현재 국가가 다르다고 해서 혈통도 다르다고는 말할 수 없다. 나라 사이에도 친척인 경우도 충분히 있는 것이다. 실제로 유럽에서는 많은 친척들이 각자가 나라를 만들어 그 언어와 문화를 자랑하여 왔으나, 이제 그것은 다시 하나의 나라로 향하고 있는 것이다.

우리는 현재 가지고 있는 '국가'라는 관념을 다시 생각해야 할 필요가 있다. 외국인도 타인이 아니라 크게 보면 친척일 가능성이 있기 때문이다.

 ## 갈라진 혈통

원래 같은 혈통을 가진 반도인들이 일본으로 이주하면서 결국 두 개의 나라를 만들어 두 개의 민족, 그리고 두 개의 문화를 형

성하게 되었는지도 모른다.

그리고 진취적·실천적·합리적인 문화로 발전해간 일본열도는 전통적·종교적·심정(心情)적인 문화를 지켜온 한반도에 무력으로 침입을 반복한 결과, 계속적인 피해를 받은 한반도의 민족은 '한(恨)의 민족'이 되었다고 할 수 있다.

결국, 어떤 종류의 정념(情念)이 외형적 물질문명의 힘을 빌어서 침략이라는 현실적 행동으로 나오게 했고, 한편 침략을 받을 때마다 외부에 대해 문을 닫은 내면적 문화는 한(恨)으로 쌓이고 쌓이면서 한(恨)의 심정문화(心情文化)를 형성하게 되었다고 할 수 있다.

7세기 중기까지의 한반도는 삼국시대였고, 일본열도는 야마토(大和)였다. 그 후에 백제는 660년에 신라와 당의 공략으로 나라가 망했고 고구려도 668년에 신라와 당에 의해 멸망당했다.

일찍이 일본열도에 도래했던 가야족을 중심 세력으로 한 야마토국은 나라를 잃고 대대적으로 도래하게 된 백제왕족과 일부 고구려인을 지도층으로 모셔 정치 개혁인 '다이카개신(大化の改新, 645~701)'을 성공시켰고 새로운 천황제 국가(天皇制国家) 일본을 세웠다. 그리고 한반도에는 신라가 삼국을 통일하면서 광대했던 고구려 영토를 축소한 통일신라가 완성되었다.

이렇게 7세기 후반 거의 같은 시기에 한반도에서는 통일신라가, 일본열도에서는 일본이 병립하게 되었던 것은 우연이 아니다.

더욱이 신라와 가야는 원래 동족이었지만 분열·대립하게 된 것이고 신라·백제·고구려도 서로 적대관계에 있었기 때문에 결국 주권을 잡은 신라와 주권을 잃은 가야·백제·고구려는 반도가 셋으로 갈라져서 서로를 노려보게 되었던 것이다.

그 후 거듭된 통일일본이 통일한국에 대한 보복을 통해서, 말하자면 큰 집과 작은 집의 관계는 되돌이킬 수 없는 원수관계가 되어버렸다고 볼 수 있다.

 ## 가야의 운명

일본열도를 개척한 6가야 제국 가운데의 쿠야국(狗邪国 ; 본가야, 김해지방)은 큐슈 북부에 쿠나국(狗奴国)을 세웠고, 미오야마국(弥烏邪馬国 ; 대가야 ; 고령지방)은 일본열도에 야마타이국(邪馬台国)을 세웠다고 하는 설이 있다. 그런데, 그 후 일본열도에 이주해 있던 가야족의 고향인 낙동강 유역은 백제와 신라 사이에서 양국의 영토확장의 틈바구니에 끼어있었다.

4세기 중반경에는 야마타이국의 본국인 미오야마국 대가야(上加羅)는 이미 백제의 영토로 합병되었고, 쿠나국의 본국인 쿠야국 본가야에 속한 제국들만이 간신히 남아있는 상태였다.

상가라(上加羅)를 본국으로 하는 야마타이국의 국왕이었던 추아이천황(仲哀天皇)은 백제의 공작에 굴복해서 동족을 배반한 쿠야국(狗邪国)을 본국으로 하는 쿠나국(狗奴国)을 토벌하는 방침을 결정했다고 한다.

　그러나, 백제의 지원을 받은 쿠나국이 이기고 말았으며 추아이 천황은 살해되고, 쿠나국은 야마타이국까지도 손에 넣게 되었다고 한다. 이후에 비로소 야마토 조정(大和朝廷)이 탄생했다고 하는 것이다.

　백제가 가야족을 자신의 진영에 끌어 들이기 위한 공작을 한 흔적은,『니혼쇼키(日本書紀)』의 '진구우키(神功紀)'의 기록에서도 볼 수 있다.

　즉, 364년은 왜(倭)가 신라에 대규모의 공격을 강행한 해이기도 했지만 가야제국의 하나인 탁순국(卓淳国 : 大邱)에 백제가 왜와의 중개를 희망했고 366년에는 왜(倭)의 사자가 백제에 가서, 백제의 근초고왕(近肖古王)에게 크게 환대받았다고 한다. 또 367년에는 백제의 왕자 귀수(貴須 : 차대의 近仇首王)를 왜(倭)에 보냈다고도 한다.

　『니혼쇼키(日本書紀)』를 보면 진구우(神功)왕후의 정벌군이 369년 한반도에 건너가 7국 4읍을 점령하고, 그후 미마나(任那)에 일본부(日本府)를 설치하였다가 562년에 신라에게 멸망당했다는 기록도 있다. 그러나 이보다 8년 전에 편찬된『고지키(古事記)』에는 이런 기록도 없고, 더구나 한국의『삼국유사(三国遺事)』나『삼국사기(三国史記)』의 어느 곳에도 이런 내용이 없다. 또 그 당시의 일본이 가야를 지배하고 '미마나 일본부(任那日本府)'를 두었다고 하나, 한국에서는 고대 일본의 야마토 조정의 실천자가 가야인의 권력자였다는 주장까지 있다.

　BC. 2~3세기에 가야지역이던 한반도 남부에서 일본열도로 건너 온 도래인을 야요이인으로 보는 일본역사의 관점에서 볼 때, 왜인이 '미마나 일본부'를 세웠던 것이 아니라 왜인이 미마나에서 왔다고 보는 것이 맞는 것 같다. 가야는 왜인이 지배한 땅이 아니라 왜인이 나온 땅이며 일본인의 고향인 것이다.

박씨 히미코와 이즈모 석씨

구체적으로는 여러 학설이 있겠지만, 고대일본에서 최초의 통일 국가인 야마토조정(大和朝廷)이 되기 전의 일본열도에 있어서 소국연합의 통치자인 야마타이국(耶馬台国)의 여왕 히미코(卑弥呼)의 시대는 아직 한반도 남부(가야지방)와 일본열도 큐슈 북부(야요이시대의 발상지)의 민족적 국가적 구별이 없었다. 어떤 설에 의하면 상가야(上伽耶, 고령지방)의 박씨가 히미코이고 신라의 왕위를 이즈모국(出雲国, 시마네현) 출신의 석씨(昔氏)에게 물려주는 대신 자신은 야마타이국의 왕이 되었다는 이야기까지 있을 정도이다.

과연 신라의 석씨의 즉위는 AD. 184년이고, 왜국(倭国)에서 대란이 일어나고 그것을 진정시키기 위해 히미코가 여왕이 되었던 것도 AD. 183년경이라고 전해지고 있기 때문에 연대적으로도 일치하는 셈이다.

또 석씨(昔氏)의 자손이 되고 소가씨(蘇我氏)의 선조가 되는 타케노우치노 수쿠네(武內宿禰)가 362년에 쿠나국(狗奴国)을 토벌하기 위해 원정했던 추아이천황(仲哀天皇)에게 신라를 토벌하도록 끊임없이 선동하고, 추아이천황의 사후는 그의 자손이 야마토(大和 ; 나라현) 지방에서 야마토조정의 천황에 필적하는 대신이 되어서 많은 백제계의 도래인을 신하로 삼았던 것을 보더라도 역시 AD. 356년에 김씨(金氏)에게 신라의 왕자를 빼앗긴 석씨의 후예의 발자취를 보는 기분이 든다.

이렇게 일본은 일본열도의 원주민과 한반도에서 이주해온 가야족이 하나로 되고, 이즈모국(시마네현)·쿠나국(큐슈)·야마타이국(큐슈? 나라?)을 중심으로 각각 소국을 만들었지만, 이윽고 백제의 가야공작(김해의 쿠야국에 가야족의 주권을 부여하는 것)을 조건으로 가야부족이 백제와 친해지는 것을 구속하는 일을 통해서 가야를 모국으로 하는 이들 일본열도의 3국도 서로 싸우게 되었다는 것이다. 이즈모국을 추종했던 신라파의 야마타이국과, 백제에 친해지려는 쿠나국의 동족동류의 싸움이 되었다. 그러나 백제를 배경으로 하는 쿠나국이 이겨서 야마타이국은 멸망하고 여기에 백제계의 야마토조정이 세워지게 되었다고 하는 것이다.

 ## 일본의 조작? 미마나(任那)

한국의 가야 지방을 일본에서는 미마나(任那)라고 불러왔다. 이

지방은 일본에서 가장 가까운 곳에 위치해 있고, 일본에서는 오래 전부터 왜인(倭人)이 살고 있었던 지역이라고도 주장해 왔다.

이렇게 일본에서는 오랫동안 가야제국(伽耶諸国)을 '미마나'라고 불러왔지만, 한국측의 '일본 역사 교과서 비판'을 받고 최근에서는 미마나라는 말을 피해 '가라(加羅)'라고 부르기 시작한 것 같다. 그래서 현재 일본에서 말하는 가라란 가야제국(6가야를 중심으로 하는 가야지방)을 가리키고 있다.

미마나의 문자가 보이는 최고의 기록은 고구려 '광개토왕(広開土王 : 好太王)의 비석문(414)'이고 이 비문을 일본 군부가 조작한 것으로 논란이 되어왔다. 거기에는 '미마나 가라(任那加良)'라는 지명으로 기록되어 있다.

이것은 낙동강(洛東江) 하류지역인 김해－부산지방으로 이 지방은 아주 옛날부터 일본이 발판으로 하고 있었던 것이라고 한다. 김해는 히미코(卑弥呼)왕 때는 구사한국(拘邪韓国)이었다고도 하였고, 이 구사한국과 야마타이국(耶馬台国)은 연합되어 있었다고 어느 학자들이 기술하는 만큼 관계가 깊다.

일본에서는 야마토(大和)정권이 발족해 국내통일을 진행해 가는 가운데 미마나 지방에 미야케(屯倉)를 놓고 이곳을 황실의 직할지로 했다고 한다. 또 5세기의 '왜(倭)의 5왕(五王)' 시대가 미마나의 전성기였고 그 영역은 전라·경상의 2도에까지 이르렀다고 한다. 특히, 낙동강 연안의 고령(가라)·창녕(비자본)·합천(다라)·함안(안라)·김해(남가라) 등은 미마나의 심장부라고 하고 경산(훼)·대구(탁순) 등도 포함되었다고 한다. 이것이 5세기

말부터는 그 서부는 백제에 할양되고 동부는 신라에 점령을 당해 겨우 낙동강 유역을 지켰을 뿐이었지만, 562년에는 그것도 신라에 인해 멸망하게 되어 '미마나'는 소멸했다고 한다.

여기에서 한국의 사학자들은 가야에 고대 일본이 본국의 거점을 둔 것이 아니라 가야에서 일본 관서지방을 개척하였다는 것이다. 일본 학자들도 고대 일본의 실정으로는 한국 역사학자들의 이론을 인정하기도 한다.

 큰 나라 '쿠다라'

660년 당과 신라의 연합군은 백제를 함락시키고 백제의 대사(위실복신 ; 魏室福信)는 일본군에게 구원을 요청했다. 이것을 받아들여 나카노오에노 황자(中大兄皇子, 세이메이 천황 ; 斉明天皇의 황태자)는 아즈미노 히라후(阿曇比羅夫) 등을 대장으로 하는 대군을 파견하고 세이메이 천황 스스로도 큐슈 땅 아사쿠라미야(朝倉宮)까지 출향했다고 한다.

그러나, 세이메이 천황은 병사하고 663년 6월에 백제군 휘하의 풍장(豊璋)은 백제의 중심인물인 귀실복신(鬼室福信)에게 모반하여 원정군의 사기는 저하될 수밖에 없었다. 이 기회를 포착한 당(唐)군은 663년 대군을 파견해 8월 27일~28일에 금강(錦江) 하구의 '백촌강의 싸움(白村江の戰)'에서 일본군을 쳐부수었다.

이로써 일본은 백제 구원에 실패했을 뿐만 아니라, 신라의 한반도 통일에 따라 한반도에 있어서의 발판도 완전히 잃었고, 결국 백제의 멸망에 따른 일본과 한반도의 관계는 완전히 끊어져버린 상태로 수 세기를 지내왔다고 한다.

그러나 백마강의 패전은 일본의 율령제(律令制)의 실현을 재촉하였다. 즉, 당과 통일신라의 위력을 무서워했던 야마토조정은 당나라를 모방한 율령국가 건설을 강력하게 추진하게 되었다. 그때 많은 백제의 왕족이나 귀족들이 일본으로 망명해 왔다. 야마토 조정은 그들을 우대하여 조정에서 중용하고, 옛날부터 내려온 호족을 조정의 관리로 임용하였으며, 이들을 조직화하여 천황중심의 새로운 신분질서를 편성하였다. 이렇게 해서, 문무천황(文武天皇) 701년에는 타이호율령(太宝律令)이 완성되었고 마침내 율령국가(律令国家)인 천황제국가가 출발하게 되었다.

여기에 황족을 중용하여 천황중심인 천황절대정치가 시작되었다. 그리고 중앙집권적 국가체제하에서는 국가의 부는 전적으로 천황이나 귀족들에게 집중하게 되었다.

그 후 일본은 야마토 조정의 초청에 따라 백제계 문화인의 계속적인 도래, 특히 백제의 멸망을 통한 백제왕족의 일본열도로의 대이동에 의해 정치적·문화적 영향뿐만 아니라, 혈통적으로도 그들에 의해 큰 영향을 받았던 것이다.

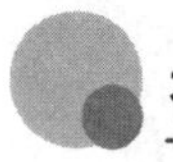

천황의 도래

현재 일본의 '천황'이라고 부르고 있는 것은 야마토 조정 성립 이후의 야마토 왕조의 왕을 의미한다. 야마토 조정은 현재의 나라현(奈良県, 야마토 지방)에서 일어난 통일정권이고 이때 비로소 일본열도는 하나의 정권으로 통일되었다고 한다. 일본의 역사구분에 있어서 고분시대(古墳時代)부터 아스카시대(飛鳥時代)에 걸쳐서 탄생한 왕조인 것이다.

일본사에 있어서는 야요이문화와 고분문화 사이에 문화적 괴리가 있고 특히 거대한 고분 생성의 수수께끼는 지금도 풀지 못하고 있다. 또 야마토 조정은 야마토지방(나라현)에 있었음에 틀림이 없는데도 그전의 왕조인 야마타이국(耶馬台国)의 소재지가 큐슈인지 야마토 지방인지 아직까지 정설이 없는 것도 이상한 일이다.

어쨌든 야요이시대 말기의 야마타이국과 고분시대부터 시작된 야마토조정은 그전의 세력과 전혀 다른 세력이었다는 사실은 부정할 수 없다. 그러므로 전혀 다른 출신의 사람이 나타나 어떤 이유에 의해 일본 땅을 지배하게 되었는지가 해명해야 할 문제이다.

『고지키(古事記)』에서는 도래일족이 한반도에서 온 사실을 시사하고 있다. 또『고지키(古事記)』·『니혼쇼키(日本書紀)』는 초대의 천황(?)이라고 전해지는 진무천황(神武天皇)이 큐슈(九州)에서 동정(東征)하여 야마토(나라)에 이르게 되었다고 기술되어 있다.

미마키천황(수진천황 : 崇神天皇)의 거성(居城)이 있던 '미마'는 실은 미마나(가야)였기 때문에 결국 가야는 미마키 천황의 출신 즉 일본국 발상의 지역이 되는 것이다. 일본의 역사가 지금까지 미마나를 천황의 직할지(直轄地)라고 주장해 온 이유도 여기에 있다고 말할 수 있을 것이다.

이렇게 해서 미마나에서 건너온 야요이인에 의해 야요이문화로 옮겨가, '왜(倭)'라는 나라가 된 일본열도는 다시 가야(미마나) 출신의 왕족 천황가의 도래에 의해 야마토 조정으로서 재출발하게 되고 그것이 백제인의 일본으로 대이동을 통해서 '일본'으로서 새롭게 출발하게 된 것으로 볼 수 있다.

 ## 겹치는 신화

『고지키(古事記)』나 『니혼쇼키(日本書紀)』에는 새로이 일본국토에 강림한 신인 아마쓰신(天神)과 천신으로부터 정복된 일본열도에 원주해 있던 신인 쿠니쓰신(国神)의 두 신의 이야기가 나와 있다. 강림한 땅은 이즈모(出雲)와 큐슈의 쓰쿠시(筑紫)라고 한다.

이것은 아마쓰신(天神)이 외래민족을 나타내고, 쿠니쓰신(国神)이 원주민을 나타낸 것으로서, 외래민족이 한반도 남부에서 이즈모와 쓰쿠시에 온 것을 시사하고 있다고 할 수 있다.

또 동양신화학자인 미시나 쇼에이(三品彰英)는 「카라쿠콕키(駕洛国記)」의 6가야국의 건국전설과 『고지키』, 『니혼쇼키』의 일본

건국전설이 완전히 일치하는 것을 지적하고 있다.

이것으로 보아『고지키』에 야마토(大和)가 '뿌리의 나라(根の国)'라고 기술되어 있는 것은, 가야족이 최초로 일본열도에 새로운 나라를 세운 곳이 이즈모라는 사실을 알 수 있다.

진무천황(神武天皇)의 동정(東征) 전설은 한반도에서 북큐슈(北九州)에 건너온 외래민족이 몇 대 동안에 킨키지방(近畿地方)까지 진출한 사실을 기록하고 있다고 볼 수 있다.

즉, 아마쓰신(天神)인 외래민족은 쓰쿠시(筑紫)에서 세토(瀬戸)내해를 통해 킨키지방에 진출하고, 일본의 건국을 이룩했다는 사실을 시사하고 있는 것이다.

 ## 만들어진 신화

일반적으로 일본신화의 대표라고 할 수 있는『고지키(古事記)』(712),『니혼쇼키(日本書紀)』(720)는 7세기경 고대일본이 천황(天皇) 중심인 중앙집권국가를 형성해 가는 과정에서 필요로 하는 사회제도인 율령(律令)의 정비와 병립하여 사상적 근거를 마련하기 위해 덴무(天武)천황의 명에 따라 의도적으로 편찬된 것이다. 이는 그 때까지 전승해 온 구미전승을 소재로 하고 있다고는 하되 천황 신격화(神格化)를 목적으로 쓰여졌기 때문에 전승내용이 여러 곳에서 왜곡되고 윤색되어 있는 것이 사실이다. 그러므로 이들 신화

내용에는 무리한 체계화나 모순이 때때로 보이며 이는 여러 변명에도 불구하고 납득하기 어려운 의문점을 남기고 있다.

이러한 『고지키』와 『니혼쇼키』는 천지(天地)가 시작했을 때 하늘(高天原)에 일곱의 신(神)이 생겼다는 이야기로부터 시작한다. 처음에 천지가 어떻게 생기는지, 그리고 일곱의 신들이 어떻게 생기는가에 대해서는 언급하지 않고 단 '천지가 처음에 나타났을 때 다카아마노하라(高天原)에 생긴 신의 이름은 아메노미나카누시신(天之御中主神), 다음은 다카미무수히신(高御産巣日神), 다음은 ....'2)라는 식으로 나열해서 쓰여져 있을 뿐이다. 그 다음 '일곱 번째에 생긴 이자나기, 이자나미라는 남녀신은 앞의 신들에게 "이 떠돌고 있는 나라(国)를 수리하여 다지고 완성해라"라는 명을 받고 검을 받았다. 그래서 이 남녀신은 하늘에서 검을 내리고 이를 돌리고 끌어 올렸다. 그러더니 그 검 끝에서 방울져 떨어지는 소금이 쌓이고 섬이 되었다. 이를 오노고로도(島)라고 한다. 남녀신은 여기에 내려서 바로 기둥(天御柱)과 집(八尋殿)을 발견했다'3). 여기서 남녀신은 결혼하여 아이를 낳았지만, 이 아이들이란 다 섬(島)이고 모두 여덟 섬이 있기 때문에 여덟 섬 나라(大八島国)라고 한다. 이 남녀신은 그 후도 계속 섬을 낳았고 그 후에는 신(神)을 낳기 시작했다. 이렇게 해서 남녀신이 낳은 것은 모두 14섬과 35신이라고 한다.

---

2) 山口佳紀・神野志隆光(校, 注, 訳), 『新編 日本古典文学全集 1 古事記』, 小学館, 1997, p.29.

3) 上掲書, p.31.

　이 이야기가 『고지키』와 『니혼쇼키』의 '나라 낳기 신화'라고 말해진 것이며 이를 일종의 창세신화로 보는 견해도 있다. 그러나 이미 많은 선학들이 지적하고 있는 바와 같이 '고지키가 말하고자 하는 것은 신과 직결하는 천황, 신과 관련되는 씨족들의 성립에 대해서이고 (여기서는) 국토나 만물도 일반적인 세계를 말하고 있는 것이 아니다. 그것을 잃고 이자나기, 이자나미 이야기를 천지개벽 이야기라든가 창세신화라든가 하는 것은 옳지 않다'4).

　이들 이야기는 일관성이 없고 많은 문제점을 가지고 있는 것을 알 수 있다.

　우선 하늘과 땅이 이미 존재하고 거기에 일곱 신이 스스로 생겼다는 내용 자체가 의미를 이루고 있지 않다. 신이 하늘이고 땅이 신의 창조물이라면 천지(天地)가 나타나기 전에 신이 존재해야 한다. 그러나 여기서는 천지가 나타난 후에 신이 생겼다고 되어 있어서 중대한 모순을 가지고 있다.

　그리고 남녀신은 결혼을 통해 많은 섬을 계속적으로 낳고 일본 열도의 모양을 이루지만, 왜 그 섬의 창조를 하기 전에 오노고로도라는 섬이 생겼는가? 남녀신이 검을 돌리고 끌었지만, 이 행위는 신이 섬을 낳은 행위가 아니다. 검을 돌리고 끌어 올렸더니 그때 떨어지는 소금이 쌓이고 스스로 섬이 되었다는 이야기이다.

　여기서도 신의 창조가 아닌 만물의 생성이라는 유물론(唯物論)적 발상이 보이며 신화 자체의 모순을 초래하고 있다. 『고지키』

---

4) 神野志 隆光, 『古事記』, 日本放送出版協会, 1995, pp.50-51.

는 '생기다(成る)'라는 말과 '낳는다(生む)'라는 말을 구별해서 사용하고 있어서 깊은 뜻이 있는 것같이 느껴지지만, 신의 창조에 의하지 않고 만물이 생성된다는 것은 신의 창조를 부정하는 것이며 신의 만물창조와 신에 의하지 않은 만물의 생성이 함께 쓰여져 있다는 것은 의미를 이루지 못한 문장이라고 해야 할 것이다.

모든 물질은 자연적으로 생긴다는 일본 특유의 자연관(自然観)에서 나오는 시각이라고 해도 이해되지 않다. 이자나기, 이자나미 신이 창조신과 같이 쓰여져 있기 때문이다. 왜 일본열도나 신들은 남녀신에 의해 태어났는가? 이들 섬이나 신들이 오노고로도와 같이 자연발생적으로 생성되지 못한 이유는 무엇인가? 우리는 여기서 여러 이야기가 편자에 의해 임의적으로 융합되고 갖다 붙여졌다는 사실을 엿볼 수 있는 것이다.

이렇게 보면 이들 신화는 '어디까지나 천황의 세계의 근원으로 천황과 관련시켜 신의 세계를 이야기하는 것'[5]으로 이해할 수밖에 없고 전승 원래의 뜻이나 보편적인 의미내용은 기대하지 못한다. 결국 상기의 일본신화에도 창세신화적 요소는 부분적으로는 내포되어 있으나 이는 이미 문맥 속에 임의로 윤색되어 있어서 이런 신화 전체를 창세신화라고 부를 수가 없다. 『고지키』나 『니혼쇼키』는 어디까지나 정치신화이며 천황을 일본의 국가기원으로 세우는 것 외에 다른 목적이 없었다고 할 수 있는 것이다.

---

5) 前掲書(1995), p.50.

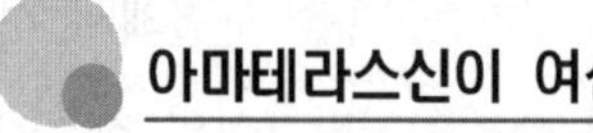

아마테라스신이 여신인 이유

이미 논한 바와 같이 덴무(天武天皇)천황이 강력한 천황중심의 천황제 중앙집권 국가(天皇制中央集権国家)를 만들기 위해 그 개혁의 일환으로서 편집된 것이 『고지키』와 『니혼쇼키』이다. 그러므로 이들 신화는 비록 여러 전승을 계승하여 만들어졌다고는 하되 천황가의 일본 지배를 정당화하기 위해 의도적으로 체계화한 것임은 분명하다.

따라서 일본신화 속에 존재하는 여러 모순은 이러한 무리한 편집 의도에서 초래한 것이라고 할 수 있다. 일본신화 속에도 창세신화적인 전승이 내포되어 있으나 이것도 결국 천황의 신격화와 그를 일본국가 기원으로 세우기 위한 이야기의 한 부분으로 구성되어 전개되었기 때문에 일본신화 전체에서 보면 각 전승은 원래의 의미를 상실하고 있다.

예를 들면 이자나기, 이자나미 신에 의한 나라 낳기 이야기도 원래는 지방전승으로서 남녀신의 결혼과 그에 의한 풍요를 이야기하는 것이었으나, 여기서는 후에 아마테라스신을 등장시키기 위해 모두에 덧붙이게 된 것이다. 이들 신이 나타나기 전에 이미 천지가 개벽되어 있기 때문에 이들 신의 존재의의는 희박하다.

이렇게 일본신화는 천황을 위한 이야기로서 이를 구성하는 일부 전승은 원래의 뜻을 발휘하지 못하고 있다. 그러므로 일본신화 속에 존재하는 일부 전승은 독립적으로 보면 창세신화라고 할

수도 있으나 일본신화 전체의 뜻에서 보면 창세신화라고 하기에
는 무리가 있다.

일본신화에서 귀화인(帰化人)에 대한 특별한 전설로 삽입되어
있는 아메노 히보코 신화에서는 히보코의 처가 일광감정(日光感精)
으로 임신한 여자의 몸에서 태어났기 때문에 태양을 부친으로 삼고
있으며 따라서 그녀는 일신(日神) 즉 태양신(太陽神)의 딸이다.

〈연오랑과 세오녀〉에서는 연오랑과 세오녀가 신라에서 일본으
로 건너간 것과 동시에 '신라에서 일월(日月)이 광채를 잃었다'는
이야기가 나온다. 이것은 태양신을 모시는 무녀(巫女) 또는 태양
신에 대한 제사의례(祭祀儀礼)가 신라에서 일본으로 건너갔다는
뜻으로 이해할 수 있다. 세오녀 대신에 보낸 비단을 사용하고 제
사함으로써 일월이 다시 빛나기 시작했다는 것은 세오녀와 일월
과의 깊은 관계를 나타내고 있으며 세오녀가 일신(日神) 또는 태
양신을 모시는 신처(神妻)와 같은 입장에 있는 사실을 시사하고
있는 것이다.

일본의 아마테라스신은 원래 신처(神妻)로서 신의 옷을 짜면서
신을 모시는 무녀의 모습으로 묘사되어 있다. 이것은 그녀가 원
래 신처의 입장에 있었기 때문이다. 이런 신처를 아마테라스신으
로 부르게 된 이유는 그녀가 스스로 모시는 신과 동격의 입장으
로 올라가기 때문이다. 그러므로 아마테라스신은 우선 일신을 모
시는 신처로서 세오녀와 관련이 있다고 볼 수 있다. 일신에서 태
어난 아메노 히보코의 부인도 역시 세오녀와 관련이 있기 때문에
결국 이들 세 명의 여성 또는 여신은 동일 존재라고 보는 것도 가

능하다.

현재의 일본 천황가가 오오진(応神) 천황으로부터 시작되었다는 역사학의 학설을 답습하면 상기의 이야기는 마치 진구우(神功) 황후가 신라에서 일본으로 오는 뱃길에서 왕자 오오진을 낳았다는 내용을 상징하는 듯하다. 아메노 히보코 신화는 일본 천황가(天皇家)의 조신(祖神)으로 알려져 있는 태양신 아마테라스신의 유래를 비밀리 암시하고 있는 듯하며 오오진의 출생담으로 볼 수 있는 〈신라정토〉 이야기와도 통한다. 〈연오랑과 세오녀〉 이야기 역시 진구우가 신라에서 일본으로 도래하는 모습을 말하는 것이라고 할 수 있다6).

역사학회에서는 오오진(応神) 천황과 그 아들 닌토쿠(仁德) 천황은 나니와 왕조(難波王朝)로서 새로 나니와(難波 : 大阪지방)에 정권을 세움으로써 일본 최초의 통일국가인 야마토 조정(大和朝廷)을 연 천황으로 알려져 있지만,7) 태양의 딸 아메노 히보코의 처가 나니와(難波)에 도착하고 거기에 머물렀다는 히보코 이야기는

---

6) 진구우(神功)황후의 오우진(応神)천황 출생담과 <신라정토>와의 관계에 대해서는 『동아시아 여성신화』(야노 다카요시 외, 집문당, 2003)에 신혼(神婚)의 례의 관점에서 자세히 설명하고 있다.

7) '(応神天皇은) 男系로서는 皇統과 연결하지 못한다. 応神은 다른 系統에서 들어오고 新王朝를 일으켰다'는 미즈노 유(水野祐)설(井上光貞, 『日本国家の起源』, 岩波書店, 1980, p.207.), '大和에 進入한 5세기의 천황은 4세기의 왕권 후계자를 멸망시키고 大和国家의 주인이 되었다. 5세기의 천황(応仁天皇)은 外来者이다'는 나오키 고지로(直木孝次郎)설(直木孝次郎, 『奈良』, 岩波書店, 1971. p.34.), '仁德에서 武烈에 이르는 天皇에게만 한국의 王号와 통하는 독특한 명칭이 있는 것은 이 王朝가 한국의 征服王朝인 것을 암시하고 있다'는 이노우에 미츠사다(井上光貞)설(井上光貞, 前掲書(1980), p.205.) 등이 있다.

그 왕가(호족)의 일본도래의 경위를 설명하는 듯하다. 미시나 쇼에이(三品彰英)는 오오진 천황의 부친에 대해서 아버지로서 추아이(仲哀)천황을 등장시켰지만, 고전설(古伝説)의 본질에서 볼 때 이는 결국 사족에 불과하다[8]고 하지만, 진구우는 실은 신라에서 일신(日神)과 신혼(神婚)하여 일본으로 왔다고 볼 수 있다. 일본에는 아메노 히보코 신화 이외에 신라 특유의 난생신화가 거의 없다는 점이나 그런 가운데 일본 황실의 조신인 아마테라스신을 모시는 이세신궁(伊勢神宮)에는 알(卵)과 계(鷄)를 특별히 모시고 신전에 바치는 풍습이 있다[9]는 점 등은 이제까지의 고찰을 뒷받침해 줄 것이다.

이렇게 일본신화 속에 내포되어 있는 창세신화의 한 요소인 일신(日神)에 대한 이야기를 한국의 그것과 비교한 결과 일본 일신은 신라와 깊이 관련되어 있고 일신의 딸이나 일신의 처가 신라에서 일본으로 건너왔다는 여러 전승, 그리고 일본에서 일신이 일본국가의 성립과 함께 일본 천황의 조상으로 세워진 시기를 볼 때 일본의 일신 신앙은 일신을 모시는 무녀(巫女)의 이동에 의해 형성된 것이라는 가설을 세울 수 있다.

---

8) 三品彰英, 『日鮮神話伝説の研究』, 平凡社, 1972.

9) 伊勢神宮의 式年遷宮의 準備行事의 하나로 鷄卵을 神膳으로서 제사하는 四가지의 神事(山口祭, 採正殿心柱祭, 鎮祭宮地, 造船代祭)가 있다(井上光貞(編), 『東アジアにおける儀礼と国家』, 学生社, 1982, p.261.).

비슷한 문화와 닮은 얼굴

유입의 섬, 일본열도에는 옛날부터 다양한 인종이나 문화가 흘러 들어왔다. 그리고 이 섬나라에서 퇴적되고 축적되고 혼합되어 간 것이다.

인종에 있어서도 원주민은 남방계(南方系)의 죠몬인(현재의 아이누족?)과 북방계(가야족)인 야요이인(弥生人)이 결합하고 그 혼합의 비중은 지역과 부족에 따라서 조금씩 다르다 하더라도 혼혈의 혈맥을 반복해 왔다.

게다가 7세기부터는 백제인의 일본이주를 계기로 해서 일본국가가 세워지고 이들 사람들에 의한 일본지배가 확립되어 왔다. 이렇게 해서 일본열도는 대륙계인 지배층과 원주민계인 피지배층으로 나뉘어 지금까지 그 구조를 계속 유지해 왔다고 볼 수 있다.

고분을 보더라도 알 수 있듯이 대륙계의 도래인의 문화가 놀라울 정도로 고도이고 문화의 차이가 너무 컸기 때문에 피지배층은 지배층을 상대로 싸우는 일 없이 순응했다고도 볼 수 있는 것이다.

이렇게 해서 일본국가의 성립은 도래인의 정복에 의해서가 아니라 도래인에 의한 지배자의 교체에 의해 조용히 이루어졌다고 볼 수 있는 것이다.

그래서 우리들은 여기에서도 문화의 힘을 볼 수 있다. 즉 지배·피지배가 혈통적 싸움에 의해서만 수습되는 것이 아니라 문화의 힘의 강약에 따라 결정된다는 사실이다.

　일본국가는 이렇게 해서 일부의 지배층과 대다수의 피지배층
에 의해 지금까지 유지되어 온 것이고 그것은 아랫사람의 윗사람
에 대한 충성이라는 형태로 유지되어 왔다.

　이마무라 유타카(今村豊)와 이와모토 미쓰오(岩本光雄)는 그 논
문『일본인의 기원』속에서 '한 마디로 일본인이라고 하더라도
형질적으로는 등질(等質)이 아니라, 이질의 것이 다양하게 섞여
있는 것은 분명하고, 그리고 그들 이질에 상당하는 것이 주위 종
족 가운데에서 발견된다는 것은 일본인의 기원을 고찰해 볼 때
무시할 수 없는 사실이다'라고 지적하고 있다.

　일본인의 형질에는 한국인이나 중국인이나 남방 인도네시아계
의 다양한 타입이 뒤섞여 있다고 하는 것이다. 같은 일본인이라
하더라도 그 형질은 상당히 다양하고 풍성하게 이루어져 있는 듯
하다.

　물론, 어느 나라에 가더라도 때로는 이질의 형질이 보이는 듯
하지만 일본인의 경우 지역에 따라 그 차이가 현저하고 특히 다양
한 종류의 형질이 한 사람의 일본인 속에 복잡하게 섞여 있고, 또
그 혼합상태가 사람에 따라 현저하게 다르다는 것이다. 그것은 마
치 아시아 각지의 피가 유입되어 섞여진 것과 마찬가지이다.

일본에서는 아시아인 특유의 민족끼리의 친밀감·유대감이 약하고, 사람과 사람 사이에는 거리를 두고 있으며, 그것을 합리적 방법으로 질서를 세워 사회생활을 하고 있는 듯하다.

우리들은 그것을 메이지 이후 서양화를 지향하다 보니 그렇게 되었다고 생각하는 경향이 있으나 어쩐지 그렇지도 않은 듯하다.

서양인은 원래 혈통이 많이 나뉘어져 닮아 있지만 조금씩 다른 혈통이 각각 유럽대륙 안에서 나라를 만들어 서로 이웃이 되어 생활하고 있다. 그래서 사람과 사람의 교류는 인정이나 정에 의한다기보다도 오히려 합리적인 사회계약이나 관념적 사고에 달려 있다. 일본인도 그것과 공통되는 측면이 보인다.

일본인은 아시아인 가운데에서는 신기하게도 합리적 사고를 신봉하고 인정중심인 사회생활을 영위하고 있다. 그러한 성질은 실제 메이지(明治) 이전인 에도시대(江戸時代)나 그 훨씬 전부터 있었던 것같다.

일본의 예술에 대해서도 옛부터 정밀하고 원래 합리적인 과학적 특질이 보인다고 한다. 이러한 것은 다양한 이질(異質)의 것이 모여 생활해 가기 위해 필연적으로 생기는 개인주의·합리주의·개념주의에 의한 것이 아닐까 생각된다.

전에 한국에서 인기를 얻은 어느 책에서 목욕탕의 사우나가 고장나서 여탕에 남자 주인과 남자 수리공이 들어오는 것에 놀라지 않는 일본 여성들이 수영장의 탈의실에서 가운을 입지 않고 샤워실에 가는 그 책의 필자를 보고 놀랐다는 에피소드가 있다. 여성들끼리인데 나체라고 해서 무엇이 부끄러운 것인가, 라는 논리인데 여기서 일본인과 한국인의 사고방식의 차이를 볼 수 있다.

목적에 반응해 사고하고 행동하고 있는 사람에 있어서는 다양한 상황도 그 목적관에 따라 합리적으로 처리되어 버리는 것이다. 남성이든 여성이든 수리하기 위해 들어온 사람은 수리인이고 수영장의 탈의실에서는 가운을 입고 샤워실로 가도록 되어 있는데도 그렇게 하지 않는 것은 매너가 아니라고 생각하기 때문이다. 이것은 마치 산부인과 남성의사를 이상하게 생각하는 여성은 없는 것과 같다.

그리고 같은 책에서 일본인 부부가 각각의 이불을 사용하는 것을 이상하게 생각하고 '일본인은 부부인데도 정이 없다'고 하고 있다. 이것도 일본뿐만 아니라 서양에서는 보통의 일이다. 신혼 당시는 더블베드를 사용하더라도 나이가 들어감에 따라 각자가 숙면할 수 있도록 또 각각의 램프로 취침 전에 독서 등을 할 수 있도록 침실에 두 개의 침대를 놓는 것과 같은 것이다. 특히 이불은 매일 밤 깔기도 하고 이불장에 넣기도 해야 하기 때문에 무거워서 불편하다. 습기가 많은 일본에서는 장마가 아니더라도 날씨가 좋으면 이불을 그때마다 밖에서 말려야 하는 어려움이 있다. 그것이 일본에서는 더블사이즈의 이불을 만들지 않는 까닭이다. 실제로 1인용의 이불을 두 개 연결하여 놓으면 더블 사이즈로도 되기 때문이다.

이것과 마찬가지로 식사에 대해서도 말할 수 있는데, 일본에서는 옛날부터 식사하는 접시는 모두 각자에게 나뉘어져 있고 큰 그릇에서 작은 접시로 옮겨서 자신의 분량만을 먹었다. 가족조차도 침이 섞이는 것을 비위생적이고 더러운 것으로 생각하여 같은 접시의 음식을 모두 들쑤셔 먹는 습관은 없다. 즉 한 접시의 음식은 다른 젓가락이나 주걱이 준비되어 있어서 그것으로 각자의 접시에 옮겨 먹었던 것이다. 이렇게 일본에서는 자신과 타인을 확실히 구별해서 구분을 지어 생활해 온 것이다.

어떤 한국인은 일본의 술집에서 일본인들이 혼자 고독하게 술을 마시고 있는 모습을 보고 상당히 이상한 광경이라고 이야기했지만, 이것도 일본인의 의외적인 관념적 사고의 세계를 나타내고 있다고 볼 수 있다. 마음의 고통이나 한을 타인에게 털어 놓고 이야기하는 정감적 위로를 얻으려고 하는 것이 아니라 혼자서 잘 생각해서 해결하고자 하는 이유 때문이다.

한국에서 자주 문제시되고 있는 일본인의 와리캉(각자 부담)도 일본에서는 모두 메이지시대부터 시작된 관습이 아닌 것 같다. 자신의 것은 자신이 지불하고 상대의 것은 상대가 지불하는 식으로 확실한 자신과 타인의 구별이 되어 있는 것이다. 이것은 부모와 자식 간에 있어서도 그렇고 부모에게 빌린 돈은 꼭 갚아야 되는 사회이다.

예를 들면, 부자간에도 자신의 아들이 뛰어나지 않을 경우는 아들을 제쳐놓고 데릴사위를 얻어 가게나 기업을 이어가게 한다. 이전에는 아들이 학교를 졸업하게 되면 일본인의 부모는 아들에게 일체 용돈을 주려고 하지 않았다. 아들이든 딸이든 독립해서 부모에게 의지하지 않고 생활해 가는 것을 강조했기 때문이다.

한국처럼 정(情)을 중심으로 한 사회가 아니라 합리적 개념이나 질서를 중심으로 한 사회인 것은 사회를 구성하는 사람들이 같은 종류의 사람이 아니라 여러 가지 다양한 요소를 가지고 있기 때문이 아닐까 생각된다. 대체로 동족간에는 복잡한 법은 필요없다. 그러나 그 사회구성원이 다양해지고 복잡해지면 복잡해질수록 정밀한 법이나 규칙을 필요로 하게 되는 까닭이다.

또 한국에서는 주관을 그 사람의 심정의 표현으로서 관대하고 따뜻한 눈으로 지켜봐 주는 인정적 사회로 보이지만, 일본에서는 대체로 주관을 인정하지 않는다. 무엇이든 객관성을 요구해 왔다. 주관성이 아니라 객관성을, 정이 아니라 개념을, 그리고 말이 아니라 실제성을 중요시해 온 일본이다.

그리고 그것은 서양인의 피가 일본인 속에 섞여 있기 때문이 아니라 일본 섬이 복잡한 아시아인의 피의 도가니이고 그 때문에 다양한 형질과 성질의 사람들이 함께 생활하게 된 결과라고 할 수 있을 것이다.

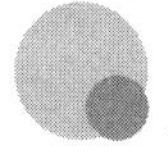

한국어의 잔존

문화는 언어에 의해 형성되어 기록되고 전달된다. 이런 의미에서 언어는 문화의 원형임과 동시에 문화의 결정이라고도 할 수 있을 것이다.

문화의 계통과 언어의 그것은 반드시 일치하는 것이 아니라고는 하지만, 설사 어디에서 들어온 언어이든 문화이든 그들이 하나의 곳에서 만나게 될 때는 서로 영향을 주는 것은 부정할 수 없다는 것이다.

예를 들면, 외국에서 새로 어떤 물건이 들어온 경우에는 그 이름이 외래어로서 남게 될 것이며, 그 증가된 어휘는 문화생활에 새로운 영향을 미치게 될 것이다.

대체로 더 진보한 문화를 가진 언어는 더 뒤쳐진 문화의 언어에 대신하게 될 가능성이 있다. 식물에서 보이는 삼투압 작용은 약한 것이 강한 쪽으로 이동되지만, 문화는 강한 것이 약한 것에 침투할 수 있는 까닭이다.

그리고, 언어나 문화를 소유하는 자는 사람이므로 그 언어나 문화의 유입의 루트는 사람(인종)이나 민족의 이동과 함께 따라간다는 것을 알 수 있다.

그래서, 인종의 혼혈 정도가 언어나 문화의 혼합에도 영향을 미치고 있기 때문에 결국은 이들 인종·언어·문화의 3요소는 서로 깊은 역학적 관계 속에 있다고 해야 한다.

일본에서 국학자로서 유명한 오오노 스스무(大野晋)는 '일본에는 일본열도의 원주민인 죠몬시대인이 뿌리를 내리고 있었다. 그리고 일본에 퍼지게 된 민족인 한인(韓人)이 말하고 있었던 알타이어계의 구조를 가진 언어와 죠몬시대인이 말하고 있었던 언어가 혼합한 언어가 형성되었다. 그것이 왜인(倭人)의 언어이고 현재의 일본어의 원형이다. 그러므로 왜인과 한국인은 아주 가까운 민족이며 특히 그 생활양식은 거의 공통되고 있으면서도, 그 언어의 계통은 이미 그 시대로부터 꽤 크게 갈라지고 있어서 따라서 중국인도 한국인과 왜인을 다른 민족으로 구별하고 있었다'고 주장하였다.

사실, 3세기에는 야마타이국(耶馬台国)에서는 8세기의 일본어와 거의 같은 언어인 북방계로 생각되는 언어를 말하고 있었던 것 같고, 3세기의 일본열도에서 말해진 언어도 8세기의 일본어의 구조와 같이 고대 한국어와 밀접한 관계를 가지고 있었다고 한다.

최근 어학계에는 일본어와 한국어와의 사이에 기본적인 어휘의 대응도 상당히 많이 찾아내고 있다. 그뿐만이 아니라 한국어를 매개로 해서 일본어와 알타이어와의 관련도 점차 밝혀지고 있는 상황이다.

새로운 문화의 제도나 도구나 한반도에서 들어온 것은 언어적으로도 어휘상 크게 반영되고 있다는 것이다.

이렇게 한국어와 일본어는 구조적으로 대부분이 일치한다고 하는데 특히 한국 경상도에서는 지금도 일본어와 같은 악센트를 보유하고 있어서 어휘의 구별에 도움을 주고 있는 것은 다 아는 바이다.

언어학의 학자들에 의하면 일본어는 현재 한국에서 잃어버린 고대 한반도 언어의 일종으로, 그것은 한국에서는 가야지방인 경상도의 방언으로서 남아 있다고 전해진다.

예를 들면, 경상도 방언으로 '한다 해도'를 '케도'라고 하는데, 이것은 일본어의 접속조사 '하더라도(~けれど〔keredo〕)'의 구어체 '하더라도(~けど〔kedo〕)'와 같고, 한국어의 '하세요(~はせよ)'를 경상도에서는 '세요(~せよ)'라고 하는데, 이것은 일본어의 '하다(~する)'의 명령형 '해라(~せよ〔seyo〕)'와 같다.

고대 일본어와 한국어가 같은 것이었다고 하면, 현재 한국어와 일본어도 또 같은 기원을 가진 하나의 동질(同質)의 언어라고 말할 수밖에 없다.

최근 한국에서는 『만요슈(万葉集)』를 고대 한국어로 읽을 수 있다, 없다라는 논란이 제기되어 있지만, 『만요슈』의 문자(만요가나 ; 万葉片名)에 의한 편집이 759년에서 794년 사이에 행해졌으며, 거기에 기록된 가요(歌謠)도 629년(아스카시대 ; 飛鳥時代)부터 759(나라시대중기 ; 奈良時代中期) 사이에 지은 것이 구두로 전승되었기 때문에, 결국 귀화인(帰化人)의 발자취를 찾아내는 것이 그 문제를 푸는 데 열쇠가 되리라고 생각한다.

그러나 한국어와 일본어가 현재 이렇게 달라진 것은 일본에서는 헤이안시대(平安時代)에 '카나'문자가 발명됨에 따라 본래의 8모음에서 5모음으로 모음이 줄어든 결과 37.51%의 발음을 잃어버렸고, 반대로 한국에서는 한글문자의 발명에 의해 8모음에서 21모음으로 모음이 급증한 결과, 발음이 262.5% 늘어났기 때문이라고 한다.

과연, 우리들이 한국어를 배울 때, 문법구조는 거의 동일한데도 어째서 한국어는 이렇게 발음이 어려운 것인가라고 생각하는 이유가 여기 있는 듯하다.

이상과 같이 언어는 시대와 더불어 변화하는 것이겠지만, 일본어는 바깥에서 들어온 도래계 야요이인의 언어가 원래 있었던 언어와 혼합하고, 더 오랜 후에 한자의 전래를 통해 크게 변했던 것으로 생각된다. 오랫동안 세계의 고아라고 불려온 일본어가 실은 혼합어였다는 추측은 거의 틀림없는 것 같다.

 ## 아이누인의 언어

일본어 외에도 계통불명의 고립어로 부르는 언어로서 아이누어가 있다. 아이누어는 발음면에 있어서 일본어와 상당히 다르다. 예를 들면, 일본어의 경우 단어의 끝이 모음을 동반하는 것에 비해, 아이누어는 자음으로 끝나는 말이 꽤 많다고 하는 것이다.

아이누인은 현재 홋카이도(北海道)의 북단에 겨우 1만 명 정도의 인구를 유지하고 있을 뿐이며, 일본열도 남단에 사는 오키나와인(琉球人)과 함께 일본 본토(本土)의 사람들과는 근본적으로 구별되어 있다.

아이누의 민속학자인 가야노 시게루(萱野茂) 씨는 그의 저서 『아이누의 民具』에서 아이누인의 의류양식의 기원에 대해서 다음과 같이 말하고 있다. 그는 아이누인의 옷모양의 기원을 '밧줄(縄)'이라고 생각하고 있고, 그 밧줄 모양이 죠몬(縄文)지대의 특색을 만든 죠몬(繩文)토기의 모양과 일치한다는 것이다.

죠몬토기의 표면에 붙이는 밧줄의 모양의 계보(系譜)는 현재도 '모레우노카'라고 부르는 아이누의 옷모양에 연결되어 있다고 주장하는 것이다.

또 자연인류학자인 하니와라 카즈로우(埴原和郎)씨는 그가 작성한 「일본인 집단의 형성에 관한 2중구조 모식도」에 따라 '아이누인과 본토 일본인은 같은 죠몬인에서 나왔지만, 아이누인은 다른 인종과 혼혈이 거의 없는 상태에서 소진화(小進化)를 이루어 오늘날에 이르고 있으며, 본토 일본인의 경우는 한반도에서 도래한 야요이인(弥生人)과의 사이에서 혼혈을 하게 되어 오늘날에 이르게 되었다'고 한다.

그리고, 저서 『일본인의 기원』에서는 '도래인 즉 동북아시아 민족의 영향을 거의 받지 않았던 사람들이 북단의 아이누와 남단의 류큐인(琉球人)이고, 따라서 이 사람들은 현재도 죠몬인(繩文人)적 특성을 남기고 있다'고 하였다. 또 그것에 대해서는 저서 『인체로부터 일본인의 기원을 탐구하다』에서도 '류큐인의 몸매나 골격을 분석하면 죠몬인이나 아이누인과 같은 종류에 속하게 되고, 북방아시아인의 영향은 거의 없는 것을 알 수 있다. …(中略)… 미야코지마(宮古島)의 사람들은 아이누인에 가까운 특징을 가지고 있고, 그들이 아이누인의 직계자손인 것을 가리키고 있다. 일본열도의 북단과 남단에 비슷한 사람이 살고 있는 것은 일견 이상하게 보이지만, 그들이 죠몬인의 전통을 많이 계승하고 있고, 오히려 일본 본토(本土)의 일본인이 북방 아시아인의 영향을 받고 변화했던 것이라고 생각하면 이해된다'고 지적하고 있다.

오사카(大阪) 의과대학교의 법의학자인 마츠모토 히데오(松本秀雄) 교수는 사람의 항체(抗体)가 가지고 있는 혈액형 'Gm 유전자(遺伝子)'의 형태에 대해서 전세계에서 막대한 자료를 모아서 분석한 결과 아이누인은 오키나와(沖縄)의 미야코지마(宮古島) 나 요나구니지마(与那国島)의 사람들과 참으로 비슷한 형태를 가지는 것을 실증하고 있다. 그는 '북과 남의 양지역에서는 도래인과의 혼혈이 그다지 이루어지지 않았고, 원일본인(原日本人)의 특징을 많이 보존하고 있다'고 하였다.

결국, 아이누어는 죠몬인이 사용하고 있었던 언어가 시대에 따라 조금씩 변화해 온 언어이고, 현재 일본어는 죠몬인이 사용하고 있었던 언어에서 파생했던 것이겠지만, 기원전 3·4세기에 한반도에서의 야요이인의 도래에 의해 그들의 선진된 문화의 영향에 의해 새로운 언어로 변화했던 것이라고 추측할 수 있는 것이다.

일본어 훈독의 수수께끼

일본어는 한자가 전달될 때까지 문자를 가지지 않았다. 일본열도에 한자가 전달된 것은 5세기경이라고 전해지고 있고, 백제인을 통해 중국의 문자(한자)가 전해졌다고 한다.

쇼토쿠태자(聖德太子)가 595년에 고구려에서 도래한 에지(慧子)와 백제에서 온 에소(慧聰)를 스승으로 해서 한문과 불교를 배웠다는 이야기는 앞에서도 언급되었지만, 이렇게 한자는 귀화인(帰化人)의 손에 의하여 야마토 조정(大和朝廷)의 중심세력과 연결하면서 그 우월성을 오늘날까지 유지해 온 것이다.

그후 7세기 아래, 중국어 한자를 그 자음(字音)에 따라 일본어의 발음에 맞추어서 적용하는 '만요가나(万葉仮名)'가 만들어졌다. 『만요슈(万葉集)』(759~794)는 그때까지의 전설을 만요가나(万葉仮名)에 의해 기록한 것이다.

만요가나는 점점 자획(字画)을 간략하면서 8세기에 이르러 새로운 일본의 자형(字形)인 가타카나(片仮名)나 히라가나(平仮名)로 변화해 갔다. 일본인은 수입한 상형(象形)·표의(表意) 문자인 한자를 연구·개량해서 표음문자(表音文字)로 고쳤던 것이다.

현재 한국어 한자는 한국식 한자음으로 읽고 있고, 일본의 경우와 같이 일부러 '훈독(訓読)'해서 사용하는 일이 없다.

그러나, 한국에서도 옛날 가요(歌謡)의 경우나 '이두(吏読)'의 경우도 어떻게 해서라도 한자를 한국어로 나타내려고 노력했다고 한다. 그것이 드디어 실패로 끝나서 거기에 후속으로 발명된 것이 '언문(諺文)'(1443)이라는 '한글'이다.

반대로 일본어의 경우는 한자로 일본말을 나타내는 것, 즉 일본말로 한자를 읽는 것, 더구나 한자를 새로운 일본어의 문자로 만든 것에 성공한 것이다.

예를 들면, '行'은 한국어로서는 '행' 한 음뿐이지만, 일본어로

서는 'コウ(코우)', 'ギョウ(교우)'의 음독(音読) 이외에도 '行く(이쿠)', '行う(오코나우)', '行く(유쿠)' 등의 훈독(訓読)이 있다. 음독이란 중국에서 전해진 발음에 따른 한자의 읽는 방법이며, 훈독이란 일본어의 음을 한자에 접속하여 읽는 방법이다. 이렇게 해서 한자는 중국어가 아니라, 새로운 일본어의 문자로서 변화해 갔던 것이다.

그런데, 훈독이란 원래의 일본어 발음을 그대로 한자에 따라서 사용하게 된 일종의 한자읽기 방법이지만, 오랫동안 이두(吏読)를 사용해서 계속 한자를 사용해 온 한국은 조선 4대 세종대왕(世宗大王)이 '국음(国音)'이 중국어와 다른 데도 불구하고 한자를 통해 그것을 표기해야 하는 어려움을 없애기 위해 창시했다'라고 하여 '한글'이 만들어진 것에 비해, 일본어에는 훈독(訓読)이 성공적으로 만들어진 이유는 무엇일까?

옛날 일본에 한자를 전파한 자들은 3가지 부류의 도래인(渡来人)들이었다고 한다. 최초의 도래인은 한(漢)나라의 낙랑지방 2부(楽浪・帯方 二部)의 멸망(313) 후, 한반도 남부에 난을 피해온 사람들이나 그 자손(漢人)이 4세기에서 5세기에 걸쳐 열도에 정착해 온 사람들이라고 한다.

제2의 도래인은 백제의 멸망(663)과 고구려의 멸망(668) 후, 열도에 온 망명자를 포함한 사람들이다. 그 당시의 백제계 도래인들의 발음인 양자강(揚子江) 하류의 남방지방의 음이 전해진 것이라고 하여, '오음(誤音)'이라고 부르는 것 같이 일본어 한자의 발음의 기초가 되었다.

　그리고, 제3의 도래인은 백제 멸망 후, 난을 피하여 열도로 온 '한인(韓人)'이나, 중국의 장안(長安)에서 온 한인(漢人)이다. 이 사람들은 낙양(洛陽)·장안(長安)을 중심으로 한 지방의 발음(표준어)을 열도에 전했다고 한다.

　이들 도래인들은 단순하게 한자를 열도에 전파해 한자의 읽기나 의미를 가르쳤던 것이 아니라, 중국어의 한자로 일본말(구어)을 기록하는 연구를 했다고 한다. 일본인의 이름이나 일본의 지명을 한자로 쓸 방법을 생각했고, 실제로 그런 특이한 방법으로 문서를 쓰기 시작했다고 한다.

　사실, '스이코유문(推古遺文)'에는 도합 100종류의 만요가나(万葉仮名)가 쓰여져 있는데 그 중에 20%가 『고지키(古事記)』, 『니혼쇼키(日本書紀)』에도 사용되어 있다.

　그 당시에 일본열도에서 사용되고 있던 일본말은 자음과 모음이 단순한 음절구조를 가진 것으로서 도래인들에게는 한자를 일본말 발음에 다는 일은 그대지 어렵지 않았을 것이라고 추측이 된다.

　게다가, 일본에 있어서의 한자 사용은 그 초기단계에 있어서부터 자음(字音)을 차용하기도 하고 일본식의 한문을 짓고 있었다고 한다. 한자 습득의 순서로서는 우선 먼저 따라야 될 순수한문의 사용이 오히려 뒤로 미루어졌던 것이다.

　그리고 왜인(倭人)의 발음을 단지 한자로 표기하는 단계를 넘어 '문자(文字)'를 골라서 사용하고 있었다고 한다.

　고유명사의 표기가 너무 혼란하고 있다는 것이나 이자(異字)가 너무 많다거나 하는 것도 일본말 훈독에 의한 부작용인지도 모른다.

이렇게 일본열도에 한자를 전파한 사람이 일본말을 모국어로 하지 않는 도래인들이고, 그들이 일본말을 하는 사람들에게 한자를 가르치기 위해서는 이중의 언어작업을 필요로 했던 것 같다.

 ## 봉건사회의 모순

인간과 동물의 성행동의 차이점은, 동물은 계절 등 자연법칙에 따라 주기적으로 발정기(発情期)가 오는 것에 비해, 인간은 연중 언제든지 성행위를 할 수 있다는 점에 있다. 그만큼 인간에게는 성의 자유가 있는 것이다.

그리고 다른 차이점은 동물의 성행동은 생식(生殖)을 목적으로 하지만, 인간의 그것은 본능뿐만 아니라, 정신적 사랑을 동기로 해서 행해진다는 점이다.

이렇게 인간과 동물의 차이는 영성(霊性)의 유무에 있다. 동물은 본능만으로 행동하지만, 인간은 원래 정신작용을 무시해서 행동할 수가 없게 되어 있다. 인간의 정신작용은 자기 자신의 본능적 욕망을 억제하거나 제지할 수도 있는 것이다.

결국, 마음(心)과 몸(体)을 가진 인간은 성행위에 있어서도 애(愛)와 성욕(性欲)의 두 가지 요소를 다 만족시킴으로써 정상적으로 행해진다고 말할 수 있는 것이다.

고대 일본에 있어서 사랑하는 것이 결합하는 것이며, '마쿠(婚 <)'라는 말이 있듯이 사랑할 때마다 '결혼'과 관계없이 결합했던 고대 사람들의 성생활은 결국 문화수준이 낮아 아직도 언어를 동반한 관념이나 개념에 의한 규범을 가지지 못했던 결과라고 봐야 될 것이다.

그리고 자기가 사랑하는데도 불구하고 상대방이 자기를 떠나게 된 것을 슬퍼하고 괴로워했던 그들에게는 '아와레'(あわれ ; 가없음)라는 인생관이 생기게 되었다. 사랑의 기쁨이 거꾸로는 항상 헤어짐의 슬픔과 괴로움이 기다리고 있다는 것이다.

그러나 이 '아와레'의 인생관도 10세기(平安末期)에는 여성이 남편 집에 살게 되어 부부가 동거하게 되는 것으로 변화되었다.

즉, 무가(武家)에 있어서의 '이에(家)' 제도는, 모계사회를 부계사회로 바꿔, 호주를 중심으로 한 봉건제도는 여성을 남성 밑에 놓는 부부관계를 만들었다. 여기서 부부관계는 정(情)의 관계보다 지배의 관계, 부인이 남편에 따라가는 충의(忠義)의 관계가 되었다.

그리고 고대사회에 존재하지 않았던 '유녀(遊女)'가 발생했다. 즉, 이에(家)라는 1대1의 고정된 부부관계가 성립되어 부인에게는 정조(貞操)라는 새로운 관념이 생기는 대신에, 남자들은 집밖에서 다른 여자를 사는 매춘(売春)이 시작되었다. 게다가 봉건제인 남성중심의 지배제도를 이용한 남자들은 첩(妾)이라는 이름으로 많은 여자를 소유하기 시작했다.

이렇게 해서 남자들은 집안에서는 아내, 밖에서는 유녀라는 이

중의 성을 향락하게 되었다. 다시 말해서 쾌락과 도리의 분리가 시작되었던 것이다. 문화의 발전과 더불어 여러 규제가 생겼지만, 그것은 인간을 의식적으로 행동하게 만들었던 것이다.

결국, 문화의 발전에 따라, 순결과 음란, 정조와 음행, 처녀와 유녀가 병행해서 존재하는 모순된 사회, 모순된 인간상을 만들어버린 결과가 되었다. 이렇게, 고대의 남녀평등한 프리섹스사회는 중세에서부터 남자만의 프리섹스사회로 변했지만, 어느 쪽도 1대1의 성관계가 실현되지 않았다. 왜냐하면, 인간의 성적 본질은 성욕과 사랑이 한 인간 속에서 일치하는 것이며, 남녀 이성(二性)이 사랑으로 하나 되는 것이기 때문이다.

 ## 가문과 정조

고대인의 성풍속도 귀족 가문에는 10세기 전후, 서민층에서는 12세기 전후로 점점 사라지게 되고, 1대1의 부부의 관계가 고정화되어 가는 것에 대해서는 이미 논했다.

사실, 그것을 어기는 경우에는 '간통'으로서 엄격하게 벌을 받게 되는 역사가 시작된다. '믹카이(密懷)'는 기혼여성이 남편 이외의 남자와 성관계를 맺는 것이며, '미소카고토(밀통)'라고도 불렀다.

12세기에는 무사 사이에서 '요메이리(嫁入婚)'(아내가 남편집에서 동거함)가 시작되었고, 집안에 침입한 외간남자를 죽여도 된다는 관습이 행해졌다. 간부(姦夫)의 살해는 허락되어 있었던 것이다. 그리고 간음한 아내와는 이혼하게 되었다.

이러한 고대에는 볼 수 없었던 현상이 중세에 들어와서 보통 볼 수 있게 되어, 남편 이외의 남자와의 성관계는 일체 허락되지 않게 되었다. '간음(姦淫)은 부정(不貞)'이라는 윤리를 인식하게 된 것이다.

1479년, 어떤 무사가 교토 고죠 카라스마(京都 五条烏丸)의 술 주조자 아내와 밀통했다. 그것을 알게 된 그 여자의 남편은 노상에서 그 간부(姦夫)를 죽였다. 그후에 무로마치막부(室町幕府)는 현장에서 간부를 죽이면, 그 아내도 함께 죽이지 않으면 안된다는 '간부·간부양성패(姦夫姦婦両成敗)'의 새로운 법을 만들었다.

1742년에 에도막부(江戸幕府)의 기본법전『공사방어정서(公事方御定書)』가 제정되었다. 그것에는 혼인 외의 성관계를 가리키는 밀통(密通)에 관한 29개의 제재항목이 규정되어 있다. 이 법에 따르면, 혼인중의 여자와의 밀통은 남녀 다 사죄(死罪)이고, 남편에 의한 간부(姦夫)와 간부(姦婦)의 살해는 무죄이었다. 특히 주인의 아내와의 밀통은 '여자는 사죄이고 남자는 회시(回示)하고 나서 극죄로 사형'이라고 하였다.

근세의 형사판례집인『오시오키예류집(御仕置例類集)』에는 1795년 주인 아내로부터 연문(恋文)을 받은 고용인이 그 아내가 자살하고 나서 벌하였다는 사례가 있다. 이것은 비밀히 만나서 이야기를 나누는 일이 여자의 마음을 흔들리게 하고, 그 여자를 죽게 했다고 판단되었기 때문이다.

이에(家) 제도가 확립된 타이쇼(大正)시대인 1941년에 이쿠타 하나요(生田花世)는 기자로 일하고 있었는데, 그 때 직장의 상사로부터 순결을 빼앗겼다. 그러나, 그 당시 상사에 따르지 않으면 직장을 잃는 상황에 있었고, 그리고 처녀상실이 자기자신을 가혹히 괴롭힌다고 잡지에 써서 화제가 되었다.

그 시대는 자본주의의 발흥기(勃興期)이고 직업부인이라고 불리는 일하는 여성들 가운데 많은 여성들이 체험한 일이었다고 한다. 여자는 집안에 있고 정조를 지키고, 아이를 낳고 가계의 혈통을 존속시켜야 된다는 제도 아래에서 '정조는 여자의 생명, 죽어도 지켜야 된다!'고 말하던 당시의 일이다.

처녀시절의 명예는 순결이고, 그 상실은 불가항력의 경우조차도 죄악으로 결혼에도 장해가 되었다. 결혼이 여자의 유일한 인생이었던 당시에 강간당하고, 처녀를 상실한 여자가 되었다고 자신을 비관해 자살한 여성들도 많았다고 한다.

이렇게 일본에서는 무사의 대두 이후, 가문(家門) 제도의 진전에 따라 여자의 정조가 엄격하게 되어, 그것이 타이쇼(大正)시대에는 미혼여성의 처녀성(순결성)까지 묻게 된 것이다. 특히 메이지(明治)시대에는 서양의학의 도입에 따라 처녀막의 존재를 확인하게 되었다고 한다.

일본의 문명개화란?

메이지(明治) 초기의 일본의 지도자들은 열강(列強)에 뒤떨어지지 않는 강대국이 되기 위해 즉, 일본이 구미의 수준에 따라 붙기 위해서는 우선 국민의 의식 수준을 향상시켜 사람들의 사고방식이나 생활양식을 변화시키지 않으면 안된다고 생각했다.

그래서 메이지 정부는 '문명개화(文明開化)'라는 슬로건을 내걸고 서양 문물을 적극적으로 받아들여 정부주도 아래 서양문화가 사회전반에 급격하게 침투되어 갔다. 즉 문부성(文部省)을 설립하고 학제(学制)를 공포하여 교육령(教育令)을 내리고, 쇼헤이자카학문소(昌平坂学問所)·카이세이소(開成所)·서양의학소 등 각종 학교를 설립했던 것이다.

그것은 도쿄를 중심으로 하는 서양의 모방이었지만 일상생활의 진보·자유·평등의 관념이나 인습에서의 탈피 등 점차적으로 일본사회와 사상을 변화시키는 단서가 되었던 것은 사실이다.

문명개화는 다양한 계몽운동(啓蒙運動)을 촉구하여 그때까지의 유교와 일본의 전통적 신앙인 신토(神道)에 의한 오래된 사고 방식이나 인습을 배척하고 자유주의·개인주의 등 근대사상(近代思想)이 작용해서 '천부인권사상(天賦人権思想)'까지 제창했던 것이다. 특히 서양학문을 공부하는 학자들은 봉건사상의 배제와 근대사상의 보급에 힘썼다. 이렇게 일본의 학자들은 국민의 사상을 바꾸어 나가는 데 큰 역할을 하였다.

또 정부는 근대시민사회 교육관을 주창하고 특히 초등학교 교육의 보급에 힘쓰고 남녀동등의 국민교육을 목표로 하였다. 더욱이 신문의 지방보급은 근대화를 일본전국 구석구석까지 미치게 하였다.

 ## 자유민권운동에서 근대입헌국가까지

자유민권운동(自由民權運動)은 '인간은 자유·평등의 자연적 권리를 소유하는 바, 그것은 하늘에서 받은 권리이다'라는 천부인권사상(天賦人權思想)을 사상적 근거로 해서 메이지(明治)정부의 전제정치(專制政治)에 대한 사회 각층의 불만을 결집한 민주주의운동이었다.

처음에는 불만을 가진 사족(士族 ; 옛날의 하급무사)이 중심이었지만, 얼마 되지 않아 토지세의 경감을 원하는 토지 소유자층이나 상공업자들, 그리고 농민까지 참가해서 전국민적 운동으로 퍼져나갔다. 국회의 개설을 요구하고 국민의 세론(世論)을 정치에 반영시키려고 하는 전제정치에 반하는 운동이었다.

메이지정부의 지도자들도 유럽이나 미국의 강대함을 그 눈으로 직접 보고 근대적 국가제도를 하루라도 빨리 만들어야 한다고 생각하고 있었다고 한다. 그러한 근대적 헌법제도(憲法制度)의 수립이 급한 상황이었을 때 자유민권운동이 일어났다.

전국 각지에서 국회개설(国会開設)을 요구하는 국민의 요구가 점점 높아졌다. 이런 가운데 정부는 유럽 각국을 보고 배우기도 했다고 한다.

결국, 독일과 오스트리아 헌법을 본떠, 국회 위에 군주권(君主権)을 두는 독일의 법이론(法理論)과 전통적 일본의 천황제(天皇制)를 조화시켰다. 이렇게 해서 일본은 군주권이 강한 입헌군주제(立憲君主制)의 길을 걷게 되었던 것이다.

이런 식으로 일본제국헌법(日本帝国憲法)은 천황과 행정부의 권한이 대단히 강한 것이었으나, 신민(臣民)이라고 불린 일본국민도 헌법에 따라서 법률의 범주내에서 소유권의 불가침, 신앙의 자유, 언론·출판·집회·결사의 자유가 인정되고, 제국의회(帝国議会)를 통해 국정에 참가하는 길도 일단 열렸다. 또 사법권(司法権)도 행정권(行政権)으로부터 독립되어 기본적으로는 삼권분립제(三権分立制)로 되어 있었다. 이렇게 해서, 일본은 19세기에 아시아에서 처음으로 근대적 입헌국가를 실현했다.

 **타이쇼 데모크라시**

일본의 근대화는 그 눈부심과는 반대로, 근린제국을 무시하고, 일본 서민의 생활을 희생시킨 결과로 진행되었다. 다시 말하면 일본의 근대화는 아시아 제국의 파괴와 일본 서민의 희생 위에

성립된 것이다.

이미 근대화를 이룩하여 이번에는 세계시장을 요구하였던 제국주의(帝国主義)로 나온 구미 열강의 아시아 침략을 아시아 제국과 함께 방어하는 것이 아니라, 오히려 스스로가 아시아 침략의 길을 걷고 한국이나 중국, 그리고 동남아시아 여러 나라들을 연달아 희생의 길로 몰아넣게 되었다.

근대에 있어서 일본의 아시아로의 침략은 전쟁과 지배에 의한 국가적 이익만을 위한 것이었다. 일본은 구미열강에게 압박받은 나라에서, 구미열강과 나란히 서서 한국이나 중국을 압박하는 나라가 되었고 식민지를 가진 제국임과 동시에 오히려 구미열강에게 아시아 착취(搾取)의 길을 열어 주고 심지어 그 대가를 요구하는 일까지 자행하게 되었다.

일청전쟁(日青戦争)의 '대승리(大勝利)'는 군인과 고급관료에게 훈장과 작위를 주고 자본가에게 큰 이익을 남겼지만, 국민대중에게는 고통밖에 주지 않았다. 다만 국민들에게 천황과 군인 그리고 관리의 열광을 국민의 열광으로 칭찬하게 하고, 전쟁에 의한 재벌의 이익을 국민의 이익으로 믿게 하기 위해 한국인이나 중국인을 멸시하는 지배민족의 교만성을 국민에게 심어주었을 뿐이었다.

당시 방직 공장의 노동시간은 보통 14~17시간이었고 광산(鉱山)의 납옥제도(納屋制度), 방적(紡績)이나 방직의 기숙사제도, 토목공사의 함바제도(飯場制度 : 노동자를 감금하는 제도) 등으로 노동자를 구속하고 감급(減給)·감식(減食) 등의 징벌제도(懲罰制度)까지 있었다.

공장노동자의 6할은 방적·제사의 여공(女工)이었고, 그녀들은 대개 가난한 농민의 딸이고 가계를 돕기 위해 몸을 파는 것과 다름없이 공장으로 끌려가 수년 동안 노동에 종사하고서 농촌 집에 돌아왔다고 한다.

이렇게 일본의 자본주의 산업의 노동력은 주로 기생지주제(寄生地主制)의 중압에 괴로워하는 가난한 농민 출신자에서 공급되었고 그들의 비참한 생활을 토대로 해서 저임금·장시간 노동력이 가능하게 되었다.

또 역으로 극단적인 저임금과 열악한 노동조건 때문에 여공이나 청년 노동자의 자립이 방해되어 그들을 가부장제도(家父長制度)에 묶어두게 되었다. 오히려 그들의 송금에 의해 비로소 농민은 소작료(小作料 : 지주에 내는 토지 대여금)를 낼 수 있었기 때문에 도시산업의 저임금과 열악한 노동조건은 결국 지주제(地主制)에 있어서도 불가피했다는 것이다. 이렇게 일본의 자본주의와 지주제는 서로 이용하고 단단히 결속해서 발전했다.

메이지(明治)에서 타이쇼(大正), 쇼와(昭和)에 걸쳐서 이러한 제국주의의 성질을 가지고 모순을 내포한 일본 자본주의의 발전 속에 일본의 '근대화'가 역설적으로 진행될 수 있었던 것이다.

부국강병(富国強兵)과 식산흥업(殖産興業)을 수단으로 하는 자본주의의 육성은 따라서 서양문화의 섭취에 의한 문명개화를 필요로 하였고 이들의 구화정책(欧化政策)과 계몽주의는 과학기술의 발달에 의한 산업혁명(産業革命)뿐만 아니라 서양근대사상에 의한 자유와 평등사상에 국민을 눈뜨게 하는 결과가 되었다.

그 때문에 천황중심의 절대주의(絶対主義) 국가체제를 겨냥하는 정부는 국민 사이에서 생겨나는 자유사상의 싹을 오히려 지적하여 그것을 탄압·통제하기 위해 부심하였고 자유라는 말과는 정반대의 사태로까지 발전되었다.

이렇게 해서 자신에게 필요한 것만을 받아들이려고 하는 정부와 문화의 근본적 문제에 고민하지 않을 수 없는 국민 사이에 자유와 탄압, 통제와 반항이 확산되어 갔다. 그것은 자유민권운동뿐만 아니라 사상계와 문화계에까지도 미치게 되었다. 이렇게 해서 정부의 탄압과 사상적 압제는 정부주도의 '근대화'의 모순을 나타내면서 점점 심각한 양상을 나타내게 되었다.

그러나 이러한 가운데에서도 착실한 근대정신 지향의 이행이 일부의 지식인을 통해서 이루어지고 있었던 것을 간과해서는 안 될 일본 근대사의 중요한 단면이다.

제1차 세계대전을 계기로 해서 타이쇼(大正) 데모크라시라는 민주주의적·자유주의적 기운이 사회 전반에 고양되고 시민문화가 급속하게 발달되었다. 또 시민문화의 흥륭과 보급은 신문·라디오를 시작으로 하는 매스컴을 통해서 점차 대중화(大衆化)해 갔던 것이다. 전문적 지식을 통해서 지식보급을 필두로 하여 민중을 계몽하는 것도 성행하게 되었고 학문의 대중화도 진행되었다.

이렇게 해서 타이쇼시대에는 민주주의의 고양에 더하여 교육수준의 향상이나 저널리즘·출판계의 융성도 초래하였다. 영화가 본격적으로 제작되었고 음악에 있어서도 서양음악이 보급되고 야구를 비롯한 각종 스포츠가 성행하게 된 것도 이 무렵이다. 바로 일본시민문화의 개막이라고 할 수 있다.

시민문화를 구축한 사람들

우리는 서양의 근대화에 있어서 물질적 산업혁명뿐만 아니라, 정신적 시민혁명(市民革命)이 있었던 것을 잊어버리는 경향이 있다.

한국에 있어서도 금후 과학기술이나 경제체제 그리고 사회체제에 한층 더 발전의 과제가 되겠지만 어디까지나 우리들이 잊어서는 안되는 것은 그것들의 기초는 문화이고 그 문화를 만드는 것은 다름 아닌 인간이라는 사실을 명심해야 할 것이다. 그것은 다시 말하면 외국의 문화나 외국의 사람 그 자체를 무시하고 외국의 기술이나 체제만을 배울 수는 없다는 것을 의미한다.

예를 들면 일본의 메이지유신은 서양문명의 국가적 도입에 있어서도 사회적·산업적 기술이나 체제의 도입만이 아니라 거국적인 '문명개화'에 의한 사상변혁이 있었다. 즉 물질면의 도입과 함께 인텔리나 문화인 사이에는 정신적 서양문화의 도입을 이루려는 국가정책과는 관계없이 때로는 그것에 대립하면서 국민으로의 계몽운동이 전개되었다.

권력에 약해 보이는 일본인에게 있어서조차도 민간 차원에서 자발적 계몽운동이 있었던 것은 다행스러운 일이다. 그리고 그것들을 주도한 학자나 문화인들은 자신의 출세나 명성을 목적으로 한 것이 아니라 결코 사심이 없었기 때문에 그런 일을 할 수 있었다는 것이 중요한 교훈이다.

예를 들면, 이에(家 : 가계)를 중심으로 하였던 가부장제와 봉건적 도덕의 압박에서 개인의 해방이라는 주제는 이미 일청전쟁(日青戰爭) 이전부터 키타무라 토코쿠(北村透谷)를 필두로 메이지문학의 공통된 과제였고 일러전쟁(日露戰争) 후에는 청년 시인 이시카와 타쿠보쿠(石川啄木)가 '강권천황제(強勸天皇制)'가 일본의 청년을 질식시키고 있는 사실을 민감하게 느끼고 일본의 권력과 대결해서 일본의 내일을 개척해야 한다고 강조했다. 그는 그의 시에서 '지도 위의 한반도에 새까맣게 먹물을 칠하면서 가을바람을 듣는다'고 그 슬픔을 토로하였다.

또 일본지폐의 천엔권 속에 초상화가 실려 있던 나쓰메 소세키(夏目漱石)는 일본이 일러전쟁에서 러시아에 이기고 세계의 '일등국(一等国)'이라도 된 것처럼 잘난 체하고 있던 당시의 일본 세상에 대해 '일본만큼 돈을 빌리는 가난에 시달리고 있는 나라는 없다. 이 빚이 그대에게 언젠가 되돌려 준다고 생각하는가 … 그런데도 불구하고 자신을 일등국이라고 믿고 있다. 그리고 무리하게 일등국의 무리에 들어서려 하고 있다. 때문에 모든 방면에서 깊이 없는 일등국으로서의 체면만을 갖추었다. 중동무이(中途半端)로 하기 때문에 더욱 비참한 결과가 된다. 소와 경쟁을 하는 개구리와 같은 것으로, 이제 그대 배가 터져 버릴 것이다. 정신의 고달픔과 신체의 쇠약은 불행하게 되는 것은 피할 수 없는 것이다.

그것뿐만 아니라, 도덕의 퇴폐도 함께 오고 있다. 일본국내 어디를 전망해 보더라도 빛나고 있는 단면은 조금도 없는 것은 아닌가'라고 『그리고(それから)』에서 쓰고 있다.

불과 1세대 전까지는 일본은 아직 서구열강들과 맺었던 불평등조약(不平等条約)에 괴로워하는 소국이었지만, 지금은 치외법권(治外法権)을 철폐하고, 관세자주권(関税自主権)도 회복해서 구미와 완전 대등한 조약을 맺고 있을 뿐 아니라, 본국 면적의 8할에 가까운 식민지를 가지고 세계 일류의 육해군을 갖춘 대국이 되었다고 자부하고 있었을 때였다. 공업은 발달하고 초등교육은 아동의 거의 전부에게 보급되고 구미의 과학기술도 멋지게 옮겨 놓았다. 고등교육을 자국어로 하고 있는 나라는 구미 이외에서는 일본 외에는 없다고 자신들을 과장하고 일본을 일등국(一等国)으로 믿어온 타이쇼시대 당시의 이야기이다.

천황제와 군국주의에 농락당하여 국민생활과 그 문화의 저력이 자라나지 못하고 문화적인 기초를 동반하지 않는 '일등국'이 얼마나 깊이가 없고 어리석은 일인가? 소세키(漱石)는 앞서서 지적하고 있었던 것이다. 문화적 기반이 없는 상태에서는 정치도 경제도 벽에 부딪히지 않을 수 없는 것이다.

제1차 세계대전 중에 일본은 근대제국주의의 경제적 토대인 독점자본주의를 확립하고, 미국 자본주의에 이어 눈부시게 발전했다. 게다가 이 시기는 산업자본의 전성기이기도 하고 재벌자본뿐만 아니라 특권을 가지지 않은 일부 산업자본가 계급과 근대적 중산계급이 광범위하게 성립해서 이른바 산업이 양성된 시기이기도 했다.

　새로운 신흥시민계급(新興市民階級, bourgeois)을 중심으로 개인주의적·자유주의적·민주주의적 사상이나 문화 또는 풍조가 일러전쟁(日露戰争) 후에 발전한 것이다.

　서구 낭만주의(浪漫主義)의 사상적 지도자였던 키타무라 토코쿠(北村透谷)의 뒤를 이은 시마자키 토손(島崎藤村)은 자연주의(自然主義) 문학을 구축하고 가부장제와 봉건도덕에 반항할 뿐만 아니라, 자기고백이나 사회의 암흑면의 폭로를 통해 개인의 내면적 자유를 추구하고자 하였다. 나쓰메 소세키와 모리 오가이는 인간의 에고(자아 ; ego)와 싸우고자 하였다. 그들은 모두 근대지식인으로서 진실로 인생에 대해 고뇌했던 작가들이었다.

　또, 무사노코지 사네아쓰(武者小路実篤)나 아리시마 타케오(有島武郎) 등은 사회적 모순 속에 살아가면서도 인도주의적인 정의와 사랑의 실현을 목표로 '새마을(新しき村)'이라는 마을까지 현실로 만들었다. 이것이 농지해방(農地解放)의 최초의 시도였다.

　중산계급의 여성들도 또 봉건적 질서에서 탈피를 시도하였고, 히라즈카 라이조(平塚雷鳥) 등의 부인문학가들은 세이토사(青鞜社, 1911)를 결성하고, '새로운 여성은 남자의 편이를 위해 만들어졌던 낡은 도덕·법률이 파괴되기를 원하고 있다'라고 혁신적인 태도를 버리지 않았다. 드디어 그녀들은 관헌(官憲)의 탄압과 인습적 여론의 비난에 맞서 이길 수 있는 힘을 가지지 못해 마침내 어쩔 수 없이 해산되고 말았다.

　이렇게 시민문학은, 천황제와 제국주의에 대항할 수 없다는 한계를 지녔지만, 그 한계내에서도 개인주의·자유주의 사상을 지식인 사이에 점차 확산시켜 나갔던 것이다.

법학계에 있어서도 미노베 타쓰키치(美濃部達吉, 1873~1948)는 대일본제국헌법(大日本帝国憲法)의 해석에 있어서 '주권(主権)은 천황에 있는 것이 아니라, 국가 자체에 있고 천황은 국가의 최고기관에 지나지 않는다'고 주장하였다. 그의 주장은 '천황기관설(天皇機関説)'로서 '천황신권설(天皇神権説)'과의 극심한 논쟁을 거친 끝에 여론의 강한 지지를 얻어 마침내는 학설이 되었다. 또 정치학자인 요시노 사쿠조(吉野作造)도 '민본주의(民本主義)'를 제창하고 중의원(衆議院)을 기초로 한 정당내각제(政堂内閣制)를 주장했다. 그리고 이들의 학설은 타이쇼 데모크라시(大正 democracy)의 유력한 이론이 되었던 것이다.

결국, 일본의 근대문화의 모범은 서양의 사상이나 문학이었지만, 그것이 일본의 사회상황 속에서 그 사회의 현실과 깊은 관련을 가지면서 전개되었고 동시에 인간의 내면세계를 계몽해 갔다고 말할 수 있다.

일본여성해방사

일본의 근대사상이나 문화는, 구미제국이 200년의 세월에 걸쳐서 쟁취하고 쌓아올린 인권사상·문화·교육제도 등을 배우고 적극적으로 받아들이는 일에서부터 시작되었다.

이는 메이지시대 초기에 이미 '천부인권사상'이 번역되어 남녀평등 사상을 광범위하게 국민에게 전하였던 것으로 여성들에게 그때까지의 유교적 여성관을 뛰어넘는 정신적 양식이 되었다. 남녀 모두 평등하게 교육을 받아야 한다고 하는 학교교육이 시작됨에 따라 남자보다 상당히 뒤쳐졌던 여성의 취학률도 점차 늘어나게 되었다.

그리고 여성들은 교육의 힘을 통해 실력을 쌓아 사회를 향해 발언할 수 있는 여성상을 만들기까지 되었다. 이윽고 자유민권운동이 행해지게 되자 여성의 자유와 참정권(参政権)이 여성 스스로의 입을 통해 주장되기 시작했다. 여성들은 괴로운 결혼생활 등의 시행착오를 거듭한 끝에 자립을 추구하기 시작한 것이다.

또 신 앞에서의 남녀평등이나 일부일처(一夫一妻)를 주장하는 크리스트교의 신앙을 통해서 여성의 권리에 눈을 돌린 부인단체 등도 만들어지기 시작하였고 도시를 중심으로 미션계(전도단체)의 여학교도 설립되었다. 이들은 여성의 향학심을 자극하고 또 그것은 여권신장에 기여하였다.

이러한 가운데서 옛부터 여성이 자기를 표현해 온 탄카(短歌) 등을 계승해 메이지시대 중반이 되자 여성이 문학계에도 등장하게 되었다. 여성의 자립을 사회전반에서 문제시하게 된 것이다. 아마 한국에서도 초기 기독교의 영향으로 이전의 일본의 예와 같은 신여성(新女性)을 배출한 것과 같은 맥락을 이루었을 것이다.

일본의 경우, 국가통합의 수단으로써 천황주권의 지배체제를 취하고 개인을 자유로운 존재로 여기지 않는 이에(家)의 제도를 철저히 행하고 있었다. 이에(家)라는 것은 유교를 배경으로 하는 에도시대의 토쿠가와가(德川家)에 의해 만들어진 사상 내지는 제도이고 가장을 중심으로 모든 가족원이 따르고 특히 여성은 '삼종지덕(三從の德 ; 한국에서는 三從之道라 말한다)'이라고 해서 결혼하기까지는 아버지에게, 결혼하고 나서는 남편에게, 아들이 성인이 되고 가장이 되면 자식에게 따르는 것을 도덕으로 했다. 또 이에(家)제도는 가장의 명령에 따르지 않는 가족을 칸도(勘当 ; 의절)라 해서 가족의 인연을 끊어 버리는 제도적 구속력을 가지고 있었다.

그래서 서양에 뒤쳐진 자본주의의 길을 밟게 된 일본은 여성을 근대사회의 성별 역할이나 분업에 통제하기 위해 현모양처(賢母良妻)라는 부인의 도덕관을 강화하고 여성을 집안에서 가사·육아에만 전념하도록 교육한 것이다.

그러나 일러전쟁 후, 산업혁명이 가져다 준 자본주의가 급속하게 발달해 가자 농촌에서 도시로의 노동자가 유입되었고, 이러한 상황 속에서 도시 주민에 대한 지금까지의 이에(家)의 구속력은 약화되어, 여성도 또 노동에 진출하는 등 점점 자유로운 계약주체자로서의 직업여성(職業婦人)으로 변화해 갔다.

따라서 서구 시민사회라고 일컬어지는 서구 자본주의의 근본사상인 근대인권사상(近代人權思想)이 일본에서도 받아들여지게 되었던 결과, 그것에 상당하는 사회기반이 형성된 것이다.

현모양처주의의 교육은 점차로 여자학교나 여자대학(女子大学)

에 진학하는 여성을 늘어나게 하고 여성 저널리스트의 증가 등 여성의 사회기반이 강화되고 저술활동을 일으키는 여성도 증가해 갔다.

한편, 자본주의는 개인을 자유롭게 함과 동시에 노동능력에 의한 차별을 심화시켰고, 여성노동자나 어린이를 가진 여성 노동자에게 비참한 입장을 강요했다. 그것은 여성의 생존권(生存權) 등 사회적 인권에 대한 자각을 불러일으킨 원인이 되었다고 할 수 있다.

이렇게 해서 다양한 사상의 싹이 트게 되고 타이쇼 데모크라시 시기에는 교육이나 문화면에서 여성의 진출에 눈을 크게 뜬 사람도 있었다. 실력을 가진 다수의 선구적인 여성이 배출되어 스스로의 경험과 논리로 여성해방(女性解放)을 위한 논쟁을 전개해 간 것이다.

또 쇼와(昭和) 초년에는 이에(家)제도의 폐지·모성보호·부인참정권·공창제도(公娼制度)의 폐지 등이 주장되었고 각 부인동맹(婦人同盟)이나 조합에서의 부인부활동(婦人部活動) 그리고 정당의 정책 등에까지 영향을 미쳤다. 이러한 내용은 여성의 근대인권사상으로서 도달점에 달했다고 할 수 있다.

이것이 만주사변(満洲事変, 1931) 이후는 교육이나 저널리즘 등 모든 것이 총력전을 위해 동원되어 가는 국가총동원(国家総動員)의 전쟁돌입시대가 되었고, 여성은 모성찬미(母性讚美)에로 일관되었다.

이렇게 해서 결국 여성은 민족·국가를 위해 모성으로서 찬미

되면서도 끝없이 희생을 강요당하게 된 것이다. 그러나 이러한
체험은 전후의 민주화 과정 속에서 일본의 여성권리를 확립하는
사상적 기초가 되었던 것이 사실이다.

 ## 최근의 성추행재판

‘성추행’은 섹슈얼 하라스먼트(sexual harassment)라는 미국에
서 온 법률 용어로 일본에서는 ‘세쿠하라’라고 불린다. 한국어로서는
성추행이라고 부르고 있는 범죄의 한 항목이다.

이것은 회사 등 권위나 이해 관계로 지배받고 있는 이익사회
(Gesellschaft)에 있어서 그 지위나 경제적 약점을 이용해서 약
한 자를 성적으로 침범해서 인간의 권리를 빼앗는 행위이고, 결
국 성을 통한 범죄라고 할 수 있다. 적게는 회사 내에서의 사소한
여성멸시의 언동으로부터 크게는 상사가 부하 여사원에게 행하는
파렴치한 행위에 이르기까지 모두를 포함한다.

현재 그 피해자의 대부분이 여성인 것은 말할 필요가 없다. 이
제 미국뿐만이 아니라, 일본에 있어서도 ‘성추행’ 사건의 법정 다
툼이 빈번해졌고, 당사자뿐만이 아니라, 회사 책임자 등 회사까지
도 ‘회사의 관리부족’이라고 해서 처벌하는 세상이 되었다.

최근 고발(告発)이나 여성들 자신의 고소(告訴)에 의해 ‘성추행
재판’이 많아진 결과, 성문제는 매일같이 신문 지면을 요란하게

만들고 사람들의 새로운 관심사가 되었던 것이다.

상황판단을 할 수 있는 능력을 갖고 있지 않은 정신박약자나 정신이상자, 그리고 유소자(幼少者)는 무능력자(無能力者)로서 법률행위(法律行為)에 대한 책임을 면할 수 있지만, 그 이외의 사람들은 범행의 책임을 피할 수 없는 것은 말할 필요가 없다.

종래 유교의 여성차별사상(女性差別思想)이나 불교에서 말하는 여성죄업관(女性罪業観) 등 여성멸시의 전통을 가진 한국이나 일본에 있어서는 언제나 여성들이 피해자라고 하기보다 오히려 범죄의 장본인으로 죄인의 입장에 처하게 되는 경우가 대부분이었다.

그러나, 현대사회의 성추행 재판은 상술한 것 같은 인습적 사회편견을 교묘하게 이용하면서 자기의 못된 짓이 공개되지 않는 것을 알고서는 비열한 행위를 자기 멋대로 해온 비겁한 사나이들의 행위를 중지시킬 것이다.

인간이 평등하게 되기 위해서는 우선 사회가 평등하게 되지 않으면 안된다. 그렇게 되기 위해서 우리가 놓치면 안되는 것은 '남녀평등'에 대한 인식이다. 남녀평등을 인식하지 못한 사회에서는 반드시라고 해도 좋을 만큼 권위주의의 형태를 볼 수 있다. 반대로 민주적인 사회는 꼭 남녀평등에 대한 깊은 인식을 가지고 있다고 해도 과언이 아니다. 결국, 역사를 되돌아보면 '민주주의의 근본은 남녀평등이다'라는 결론까지 도달하는 것이다.

일찍이 봉건사회에 있어서는 인간은 인간을 인격적 존재로 보지 못하고, 단지 힘의 강약에 따라, 또는 사회적 상하관계에 따라 무력이나 권력을 이용해서 동물이나 물건처럼 인간을 지배해 왔다. 그것은 이성간에 있어서는 더욱 심했고 완력이 센 남자는 완력이 약한 여자를 우격다짐으로 지배하고 사회적 지위나 경제적 조건을 이용해서 강탈을 제멋대로 해 왔던 것이다.

이러한 비겁한 수법은 여자를 인간으로서 인격체로서 보지 않고, 단지 자기 욕망을 만족시킬 수 있는 도구인 여체로서 보고 있기 때문에 가행할 수 있었던 것이다. 또 그것을 용인해 온 사회도 마찬가지이고, 결국 자기욕망을 만족시킬 수 있는 편에 서 있었던 것이다.

강자가 약자를 이용하는 사회나 이것을 허용하는 사회에서는 사회발전을 기대할 수가 없고, 또 그러한 추악한 인간상으로서는 문화의 육성도 기대할 수 없다. 우리는 우선 남자도 여자도 인간이며, 귀중한 인격을 가진 존재라는 사실을 인식해야 할 것이다.

 ## 현대인의 퇴행현상

구미 선진국에서는 가정파괴의 문제를 부르짖고 해결책에 부심한 지 오래 되었다. 전미건강통계(全美健康統計)센터에 의한 미국의 출산조사에서는 신생아의 28%가 혼외자(婚外子)이며, 'EC판 여성백서'에 의하면 덴마크에서는 신생아 중의 반수 가까이가 혼외자, 프랑스·영국에서도 3분의 1이 혼외자라고 한다.

또 이탈리아 국세조사(国勢調査)에서는 이탈리아의 신생아 출생률이 세계 최저인 것이 판명되었는데, 30년 전에 25세부터 35세 사이에서 결혼하고 있었던 대부분의 남녀가 최근에 와서는 다 독신자가 되어 거의 부모와 동거하고 있다고 한다.

이런 일은 일본의 경우도 마찬가지이고 일본의 후생성인구문제연구소(厚生省人口問題研究所)에 의한 국세조사(国勢調査)의 발표에서는 도쿄(東京)의 20대 여성의 미혼율은 53%, 일본 전국에서는 40%라고 한다. 또 일본 총리부조사(総理府調査)에 의한 '여성백서'에 따르면 '여자의 행복은 결혼이다'라고 생각하는 여성은 14%에 불과하고, '결혼은 해도·안해도 된다'고 생각하는 여성이 55%에 이르고 있다고 한다.

일본 후생성(厚生省)의 인구동태통계(人口動態統計)에 의하면, 최근 1년간의 이혼건수는 169000쌍이며, 그 중에서도 고령자 이혼이 25000쌍에 이르고 있고(20년전의 5배), 고령자 재혼도 많아지고 있다고 한다.

일본 총리청(総理府)의 가계조사(家計調査)에 의하면 미혼자나 고령자의 독신생활이 많아진 결과, 이제는 4가구 가운데 1가구가 단신자세대(単身者世帯)가 차지하는 단계까지 이르렀다고 한다.

최근 미국의 심각한 사회문제의 하나는 중·고등학교의 여학생들이 교실에 자기 아기를 데리고 와서 시끄러워서 수업을 진행하지 못한다는 문제이고, 이제 미국의 학교에서는 '가정'이라는 말을 사용할 때, 부모(parents)라는 말을 조심해서 써야 된다는 것이다.

그리고 이들의 공통점은 남편·아내·아버지·어머니라는 말의 상실이고, 세상에는 남자와 여자밖에 존재하지 않아, 좋아하는 사람끼리 좋아하는 기간만 성을 즐기고 죽으면 된다라는 자기중심의 찰나주의(刹那主義)의 만연이다.

그러나 정조는커녕 결혼이라는 개념까지 잃어 가는 현대의 성의 상황은 고대의 그것과 조금도 다를 바가 없다.

일본 역사에서는 이 고대 프리섹스를 이에(家)의 성립과 그 발전에 의해 '부인의 정조'와 '미혼녀의 순결'의 고수로 발전해 갔지만, 현대인의 성행동은 그것이 다시 고대의 그것으로 역행하고 있는 것같이 보인다.

2. 일본민속문화와 사랑

2. 일본민속문화와 사랑

현재 일본대중문화의 작품들을 보면 폭력성과 살인, 선정(煽情)성과 쾌락, 그리고 귀신에 대한 공포 등이 눈에 띈다. 이는 세계적으로 현대 대중문화의 하나의 특징이라고도 할 수 있으나 한국의 그것이 순애와 가족애, 그리고 부부의 정조문제를 포함한 순결문제 등이 주제가 되고 있는 것과 비교하면 대조적이다. 특히 같은 아시아권에 있으면서도 가장 차이가 있는 것은 남녀관계에 대한 표현이나 사랑의 관념일 것이다.

그런데 현재 전개되어 있는 이러한 대중문화도 역사적 각 민족의 문화의 결실이라는 것은 말할 필요가 없다. 일본 대중문화의 주제나 특징도 실은 일본의 민속문화의 하나의 특징이라고 할 수 있으며 그들 모티프는 이미 민속 속에 존재한다. 여기서는 일본의 민속문화를 모티프에 따라 살펴보고 일본대중문화와의 관계에 대해서 고찰하기로 한다.

# 결혼과 변신

　일본대중문화 속에도 결혼은 큰 모티프이다. 그러나 남녀간의 사랑의 표현이나 사랑의 관념은 한국의 그것과 많이 다르다. 민속적으로는 고대일본인의 결혼은 신(神)과의 결혼을 의미했으며 신이 인간 모습으로 나타난다는 뜻으로 변신(変身)이라는 모티프가 동반한다.

　신이 인간으로 변신하는 것이지만, 여기서 신이란 범신론적이고 토템적이기 때문에 하늘에 있는 여러 신들도 동물들도 같이 하나의 신으로 등장한다. 특히 뱀은 옛날부터 일본인의 신으로 숭배의 대상이 되기도 했다. 이하 일본신화부터 살펴보기로 하자.

　일본『고지키』(古事記)10)의 천손 강림(天孫降臨)이야기는 다음과 같이 시작한다.

> 此地は韓国に向ひ、笠沙の御前を真来通りて、朝日の直刺す
> 国、夕日の日照る国ぞ。故、ここは、いとよき地11)
> 　여기는 한국으로 향해 가사사 앞을 통해 아침에 해가 비치는 나라요, 석양빛이 비치는 나라이다. 고로 여기는 아주 좋은 곳이라

　이 신화는 규슈(九州) 히무카(日向) 지방에 있는 카라쿠니(韓国岳)이라는 산 정상에 일본 황족의 조신(祖神)인 니니기신 등 천신

---

10) 본고에 나오는 외국문헌의 한국어 번역은 필자가 한 것이다. 단 서명·지명 등 고유 명사의 한글 표기는 원어의 발음대로 하는 것을 원칙으로 했다.

11) 山口佳紀 外(校注·訳),『古事記』, 小学館, 1997. p.118.

(天神)들이 강림하여 일본 역사가 시작했다는 이야기를 전승한 것이다. 이 신화는 어디까지나 천황가(天皇家)에 의한 일본국가 통치의 근거를 설명하는데 목적이 있는 것에 대해서는 이미 논했다.

일본 신사(神社)에는 크게 나누어서 이세신궁(伊勢神宮)과 이즈모대사(出雲大社)라는 말하자면 두 종류의 큰 본관이 있는데, 일본 신화에 있어서도 일반적으로 일본 황실의 신이라고 전해진 천신(天神)에 대한 이야기와 일본 토착신(土着神)이라고 말해진 국신(国神)에 대한 이야기가 있고 전자를 다카아마노하라(高天原)계통 신화, 후자를 이즈모(出雲)계통 신화라고 해서 구별한다.

결국『고지키』,『니혼쇼키』라는 천황의 명에 따라 편찬된 일본 신화 속에는 두 종류의 대립하는 신이 존재하고 크게 나누어서 두 종류의 신화를 형성하고 있다고 할 수 있다. 그리고 이것이야말로 일본신화에 있어서 아직 풀지 못한 의문 중의 하나인 것이다.

『고지키』에 기록된 국신(国神)인 오오모노누시신(大物主神)과 이쿠타마요리비메(처녀)의 결혼에 대한 이야기는 다음과 같다.

活玉依毗売、其の容姿端正し。ここに、壮夫有りき。(中略)夜半の時に、たちまちに到来る。故、相感でて共婚ひて、供住める間に、未だいく時も経らねば、其の美人妊身みぬ。しかして、父母其の妊身める事をあやしみて、其の女に問ひていひしく「汝は自ら妊めり、夫なきに何の由にか妊める。」と。答へていひしく「麗美しき壮夫有り。其の姓名は知らず。夕毎に到来りて、供住める間に、自然ら懐妊みぬ。」といひき。ここを以ちて、其の父母、其の人を知らまく欲り、其の女にをしへていひしく「(中略)紡麻以ち針に貫き、其の衣のすそに刺せ。」と。
故、教の如くして、旦時に見れば、針着けし麻は、戸のかぎあな
よりひき通りて(中略)糸の従に尋め行けば、美和山に至りて、
神の社に留まりき。故、其れ神の子とは知りぬ。12)

　이쿠타마요리비메는 매우 아름다웠다. 여기에 한 남자가 있었
다. (중략) 밤에 갑자기 왔다. 그리고 관계를 맺어서 함께 살고
있는 사이에 아직 몇 일도 지나지 않았는데, 이 미인은 임신했
다. 그 까닭에 그 부모는 딸이 임신한 것을 이상하게 생각하여
그 딸에게 물었다. "너는 혼자서 임신했네. 아직 남편도 없는데
어떻게 아이를 가졌는냐"라고 했더니, 이 처녀가 대답하기를 "그
의 이름도 모르지만, 아주 멋인 남자가 매일 밤마다 나에게 와서
그와 함께 살고 있는 사이에 나도 모르게 아이를 가지게 되었어
요"라고 했다. 이것을 듣는 그 부모는 그 남자가 누구인지를 알
고 싶어서 "(중략) 실을 바늘에 꿰고 그 남자의 옷에 찔러라"고
했다. 부모가 시킨 대로 해서 다음 날 보았더니, 그 실은 문의 구
멍을 뚫리고 (중략) 실의 뒤를 따라 갔더니, 그 실은 미와야마에
도착했고 신사(神社)위에 머물렀다. 그 까닭에 그 아이가 신의
아이인 것을 알았다.　　　　　　　　　　　　　　（『古事記』）

　이것은 일본에서 미와야마(三輪山)신화라고 불러진 사신(蛇神)
과 처녀의 결혼을 묘사한 전형적인 신혼(神婚)신화이다. 여기서
사신은 오오모노누시(大物主)신이지만, 그는 원래 미와야마 지방
의 토착신(土着神)이었다. 그는 오오쿠니누시(大国主)신의 분신인
것으로 알려진 국신 중의 한 신이다. 이 사신과 처녀사이에 태어
난 아이 이스케요리히메라는 처녀는 진무(神武)천황이라는 일본

---

12) 上田正昭 外(編), 『古事記』, 角川書店, 1983, pp.181－182.

신화 속에 등장하는 최초의 천황의 아내가 되고 여기서 일본 천황 가의 역사가 시작된 것으로 되고 있다. 진무천황은 천신의 후손이 고 황후(皇后)는 국신의 후손이기 때문에 천신과 국신은 후손들의 결혼을 통해 하나로 맺어지고 나라가 생겼다는 이야기이다.

한편, 『삼국유사』에 실려 있는 후백제 왕 견훤의 탄생에 대한 이야기는 다음과 같다.

> 고기(古記)에는 옛날에 한 부자가 광주(光州) 북촌에 살았는
> 데, 一녀가 있어 모양이 단정하였다. 그의 부친에게 이르기를
> "매양 자색 의복을 입은 남자가 침실에 와서 교혼(交婚)한다"하
> 였다. 그의 부친이 "네가 긴 실을 바늘에 꿰어 그 (남자의) 옷에
> 찔러 두라"고 하였다. (그 딸이) 그리하였던 바 날이 밝아 실을
> 찾아보니 바늘이 북쪽 담 아래 큰 지렁이의 허리에 찔리어 있었
> 다. 그 후 임신이 되어 한 사내아이를 낳으니 나이 15세에 자칭
> 견훤(甄萱)이라고 하였다.13)   (『三国遺事』)

여기서 야래자(夜来者)의 정체는 큰 지렁이이다. 후백제왕이 지렁이와 처녀사이에 태어났다는 이야기이지만, 이 이야기의 줄 거리는 위의 일본신화와 일치하는 것을 알 수 있다.

이러한 사신(蛇神)신화는 일본에서는 미와야마라는 산이 있는 야마토(大和 : 현재 奈良県) 지방뿐만이 아니라, 일본 전국에 널리 분부하고 있다. 다음은 『히젠노쿠니노후도키(肥前国風土記)』에 기

---

13) 一然 外/李丙燾 外(訳), 『韓国의 民俗, 宗教思想』, 三省出版社, 1977, pp.117-
118.

록되어 있는 사신신화이다.

> 褶振の峯大伴の狹手彦の連、発船して任那に渡りし時、弟日
> 姫子、此に登りて、褶を用ちて振り招きき。(中略)然して、弟
> 日姫子、狹手彦の連と相分れて五日を経し後、人あり、夜毎に
> 来て、婦と共に寝ね、暁に至れば早く帰りぬ。容止形貌は狹手
> 彦に似たりき。婦、其を怪しと抱ひて、忍黙えあらず、ひそか
> にうみ麻を用ひて其の人の襴に撃け、麻の随に尋め往きしに、
> 此の峯の頭の沼の邊りに到りて、寝たる蛇あり、14)

히레후리(현재 나가사키현 가라쓰시) 봉우리에서 오오토모노
사데히코라는 귀족이 배를 타고 임나에 건너 가려고 할 때, 젊은
여성이 여기에 올라가 (그에게) 목도리를 흔들어서 불렀다. (중
략) 이렇게 해서 이 젊은 여성은 사데히코라는 남자와 헤어져 오
일 지난 날, 한 남자가 있었는데 밤마다 와서 그 부인과 자고 새
벽이 되면, 일찍 떠났다. 그의 용모는 (그녀의 남편인) 사데히코
와 닮았다. 부인이 그 남자를 수상하게 생각해서 남 몰게 실을 그
남자의 옷단에 채우고 그 실을 따라 갔더니 그 봉우리 앞에 있는
늪 주변에 도착하여, (거기에는) 잠을 자고 있는 뱀이 있었다.

(『肥前国風土記』)

이는 큐슈 북부 지방의 이야기이지만, 여인의 남편이 한반도의
임나(任那)로 떠나는 모습이 잘 묘사되어 있다. 그 남편은 임나에
서 왔기 때문에 다시 거기로 돌아가려고 하는지, 그가 관리이어
서 어떤 공무 때문에 임나로 가야 되는지는 알 길이 없다. 그러나
여기서 남편의 부재중에 여인을 찾아오게 된 것은 남편과 닮은

---

14) 秋木吉郎(校注), 『風土記』, 岩波書店, 1958, p.397.

뱀이었다. 또한 현재 일본 관동(関東)지방에 속하는 그레후시야
마(晡時臥山) 신화란 다음과 같다.

　　茨城の里。此より北に高き丘あり。名を晡時臥の山といふ。
　　(中略)時に、妹、室にありしに、人あり、姓名を知らず、常に
　　就て求婚ひ、夜来りて昼去りぬ。遂に夫婦と成りて、一夕に懐
　　姙めり。産むべき月に至りて、終に小さき蛇を生めり。15)
　　이바라기(현재 이바라기현 : 관동지방)의 시골 북쪽에 높은 언
　　덕이 있었다. 이름은 구레후시 산이라고 한다. (중략) 어느 때,
　　여동생이 방에 있었을 때, 어떤 남자가 왔다. 그의 이름을 모른
　　다. 언제나 동침하고 밤에 오고 낮에 떠난다. 마침내 부부가 되
　　어 하루 밤만에 임신했다. (아이를)낳을 때가 되어서 드디어 작
　　은 뱀을 낳았다. 　　　　　　　　　　　　　　　(『常陸国風土記』)

　이 이야기에서는 야래자의 정체를 밝혀내는 것이 아니라, 야래
자와 여인사이에 태어난 아이가 뱀이었다는 줄거리이며 야래자전
설이 전달되는 과정에서 약간 줄거리가 달라진 사실을 알 수 있다.
　『고지키』(712)나『니혼쇼키』(720) 그리고『후도키』(風土記)(713)
가 편집된 시기는 8세기 초이며 당시 히타치노쿠니(常陸国)나 아즈
마(東国)라고 불러진 관동지방 일대는 거의가 들판이었고 나라(奈
良)의 조정(朝廷)이 파악마저 못했던 후진적 시골지역이었다.
　『니혼쇼키』에 의하면 '665년에 백제인 남녀 450명을 오우미노
쿠니(近江国 : 현재 滋賀県) 간자키군(神前郡)으로 이주시키고 669년

---

15) 上掲書, p.79.

에는 여자신(余自信) 등 (백제인) 남녀 700명을 오우미노쿠니의 가모군(蒲生郡)으로 이주시켰다. 687년에는 고구려인 56명을 히타치노쿠니(常陸国 : 현재 茨城県)로 이주시키고 716년에는 고려인 1799명을 무사시노쿠니(武蔵国)로 이주시켰다'16)고 기록되어 있다.

당시 관동지방 일대는 개간(開墾)을 경하고 도래인의 거주지로 정해졌다고 볼 수 있다. 이 이야기는 이러한 히타치노쿠니라는 토지에서 이야기해진 것이다. 이렇게 미와야마 신화는 야마토(大和)의 미와야마(三輪山)를 비롯하여 일본 전국에 걸쳐서 넓게 분포하고 있는 사실을 알 수 있다.

다음은 국신의 조신(祖神)이라고 할 수 있는 스사노오신에 의한 이즈모노쿠니(出雲国)에 있던 대사퇴치(大蛇退治)의 이야기이다.

> 故、避追はらえて、出雲国の肥の河上、名は鳥髪といふ地に降りたまひき。此の時箸其の河より流れ下りき。是に須佐之男命、人其の河上に有りと以為ほして、尋ねもとめて上り往きたまへば、老夫と老女と二人在りて、童女を中に置きて泣けり。爾に「汝等は誰ぞ。」と問ひ賜ひき。故、其の老夫答へ言ししく、「僕は国つ神、大山津見神の子ぞ。(中略)亦「汝が哭く由は何ぞ。」と問ひたまへば、答へ白言ししく、「我が女は、本より八稚女在りしを、是の高志の八またの遠呂智、年毎に来て喫へり。今其が来べき時なり。故、泣く。」とまほしき。爾に「其の形は如何。」と問ひたまへば、答へ白ししく、「彼の目は赤加賀智の如くして、身一つに八頭八尾有り。」(中略)爾に速

---

16) 上田正昭, 『帰化人』, 中央公論, 1977, pp.159－160.

須佐之男命、其の御かせる十挙剣を抜きて、其の蛇を切り散り
たまひし[17]

　그러므로 (스사노오신은) 하늘에서 추방되어 이즈모노쿠니(出
雲国)의 강이 있는 도리카미(鳥髪)라는 곳에 내렸다. 그 때 강
상류에서 젓가락이 흘러 내렸다. 그래서 스사노오노신은 강 상
류에 사람이 있는 것을 알고 올라갔더니, 한 노인과 노파가 처녀
를 가운데 놓고 울고 있었다. "당신은 누구냐"고 물었더니, 노인
이 대답하기를 "나는 국신 오호야마쓰신의 자식이다. (중략) "또
당신이 울고 있는 이유가 뭔가"라고 물었더니, "내 딸은 원래 여
덟 명 있었는데, 저 고시(高志)에 사는 야마타노 오로치(뱀)가
해마다 여기에 와서 (내 딸을) 먹어 버렸다. 지금은 또 다시 (그
뱀이) 올 때이다. 그래서 운다"고 대답하였다. "그(뱀의) 모습은
어떤가"고 물었더니, 대답하기를 "그의 눈은 빨갛고 몸은 하나에
머리가 여덟 개나 있다. (중략)" 스사노오노신은 칼을 내서 그
대사(大蛇)를 잘라버렸다. 　　　　　　　　　　　　　(『古事記』)

　이 이야기는 누나 신인 아마테라스신(天照大御神)[18]의 노여움
을 사고 하늘세계인 다카아마노하라(高天原)에서 추방당한 스사
노오노신이 지상 이즈모(出雲)에 내리고 나서 만난 일을 이야기한
것이다. 야마타노오로치(八岐大蛇) 이야기는 원래는 사신(蛇神)의
신혼(神婚)이야기가 뱀 퇴치(退治) 이야기로 변한 것이다.[19]
　이상과 같이 일본 사신전승(蛇神伝承)은 국신의 조신(祖神)인
스사노오노신이 이즈모 지방에 있었던 야마타노오로치라는 큰 뱀

---

17) 倉野憲司 外(校注),『古事記 祝詞』, 岩波書店, 1958, pp.85－87.
18) 이하 아마테라스 오오미카미를 아마테라스신으로 쓰기로 한다.
19) 日本文学研究資料刊行会(編),『古代歌謡』, 有精堂, 1985, p.102.

과 싸워 그를 퇴치하는 이야기를 비롯해 신 자신이 사신인 것을 말하는 미와야마(三輪山)형 전설에 이루기까지 국신에 대한 이야기로서 일본 전국에 널리 분부된 이즈모 계통 신화로 알려지고 있다.

신궁(神宮)이라는 호칭은 백제나 고구려에는 없고 신라에서만이 있는 특유한 명칭이다.20) 신라의 설화에는 알(卵)에 대한 이야기가 대단히 많은데, 알은 신라, 가야 지방의 설화를 형성하는 데 빠질 수 없는 하나의 중요한 요소라고 할 수 있다.

다음은 신라의 시조(始祖)인 박혁거세 (朴赫居世)왕의 탄생 이야기이다.

> 진한(辰韓)에는 옛날에 六촌(村)이 있었다. (중략) 六부의 조상들이 각기 자제들을 데리고 알천 안(閼川 岸) 위에 모여서 의논하기를 "우리가 위에 백성을 다스릴 군주가 없어, (중략) 백마(白馬) 한 마리가 꿇어 앉아 절하는 형상을 하고 있다. 그곳을 찾아가 보니 한 갈색 알〔혹은 푸른 큰 알이라고도 한다〕이 있는데, 말은 사람을 보고 길게 울다가 하늘로 올라가 버렸다. 그 알을 깨어보니 모양이 단정한 아름다운 동자(童子)가 나왔다.21)
>
> (『三国遺事』)

또 신라의 석탈해(昔脱解)왕의 탄생담은 다음과 같다.

왜국(倭国)의 동북쪽으로 천리 떨어진 곳에 용성국(竜城国)

---

20) 大和岩雄, 『日本古代王権 試論』, 名著出版, 1981, p.191.

21) 一然(1977), 前掲書, pp.58−59.

이라는 나라가 있었다. 이 나라에는 일찍이 스물 여덟 용왕이 나
타나서 다스렸는데, 모두 사람의 태(胎)를 빌어서 세상에 태어
났다. (중략) 〈석(昔)〉자로 성을 삼고, 궤를 열고 알에서 나왔다
는 뜻으로 이름을 〈탈해(脱解)〉라고 지었다.22)　(『三国遺事』)

　그리고 가야국(伽倻국)의 왕인 수로(首露)왕의 탄생신화는 다음
과 같다.

　　중인이 다시 모여 합을 여니, 여섯 알(卵)이 화하여 동자가 되
　　었는데, (중략) 처음으로 나타났다고 하여 휘(諱)를 수로(首露)
　　라 하고.23)　　　　　　　　　　　　　　　　　　　（『三国遺事』）

　이상과 같이 신라계열 설화에 나타난 신라 및 가야 왕의 탄생
신화는 모두가 난생모티프로 되어 있다. 그러나 '일본신화에는 난
생전설(卵生伝説)은 이야기되어 있지 않는다.'24) 오로지 몇 개의
유사한 기록이 남아 있을 것뿐이다.
　다음은 일본『고지키』에 기록되어 있는 아메노 히보코(天ノ日
矛)의 이야기이다.

　　昔、新羅の国主の子有りき。名は天の日矛といひき。この人
　　参渡り来つ。参渡り来つる所以は、新羅の国に一つの沼有り。
　　名は阿具奴摩といひき。この沼のほとりに、一賤しき女昼寝し
　　き。これに日虹の如く耀きて、基の陰上に指ししを、(中略)こ

---

22) 黄浿江,『韓国의 神話』, 단대출판부, 1988, p.78.

23) 一然(1977), 前掲書, p.127.

24) 三品彰英,『古代祭政と穀霊信仰』, 平凡社, 1973, p.128.

の女人、基の昼寝せし時より妊身みて、赤玉を生みき。（中略）
其の玉をもち来て、床に置けば、即ち美麗しき嬢子に化りき。
よりて婚ひして嫡妻と為き。（中略）其の国主の子、心おごりて
妻を罵るに、其の女人の言ひけらく、「凡そ吾は、汝の妻と為
るべき女に非ず。吾が祖の国に行かむ。」といひて、即ちひそ
かに小船に乗りて逃げ渡り来て、難波に留まりき。これに天の
日矛、其の妻のにげしことを聞きて、乃ち追ひ渡り来て、難波
に到らむとせし間、（中略）多遅摩国に泊てき。（中略）故、其の
天の日矛の持ち渡り来し物は、玉つ宝と伝ひて、（中略）あわせ
て八種なり。25)

　옛날 신라 국의 왕자가 있었다. 그 이름은 아메노 히보코라고
했다. 그는 일본에 건너 왔다. 그가 (일본에) 오게 된 유래는 다
음과 같다. 신라에 어떤 늪이 있었다. 이름은 아구 늪이라고 한
다. 그 늪 주변에서 어떤 여자가 낮잠을 자고 있었다. 그것에 햇
빛을 막게 되어 (중략) 그 여자는 이것 때문에 임신하게 되어 빨
간 옥을 낳았다. (중략) 그 옥을 가져와 잠자리에 놓았더니 아름
다운 처녀로 변했다. 그러므로 결혼하여 아내로 삼았다. (중략)
그 나라의 왕자는 오만하게 되어 그 아내에게 욕을 하니, "대저
나는 당신의 아내가 될 사람이 아니다. 내 조상 나라에 간다."고
해서 남 몰래 배를 타고 (일본으로) 건너 와 나니와(難波)에 머
물렀다. 그래서 아메노 히보코는 그 아내가 도망한 것을 듣고 그
녀의 뒤를 좇아 (일본으로) 건너 나니와에 가려고 하다가 (중략)
다지마에 도착했다. (중략) 이렇게 해서 아메노히보코가 가지고
온 것은 옥의 보물로써 (중략) 모두 여덟 종류이다.

（『古事記』）

---

25) 倉野憲司 外(校注),『古事記 祝詞』, 岩波書店, 1958, pp.255－257.

이 이야기는 신라국왕의 자식인 '아메노 히보코'가 일본으로 도래해 온 그 유래에 대해서 이야기한 것이다. 그가 결혼한 여인은 햇빛을 막고 낳은 빨간 옥(玉)이 변한 처녀였다. 알(卵)과 옥(玉)이 다르지만, 이들은 비슷한 모양을 하고 있다는 점, 무엇보다 이 이야기에서 옥은 여인이 처녀의 몸으로 아이를 낳았다는 것을 상징적으로 표현하려고 있다는 점을 볼 때 신라계통의 난생신화와의 유사성을 알 수 있다. 이 이야기는 특히 일찍 일본으로 이주해 온 한인(韓人)집단에 대한 정사로서 또는 오오진(応神)천황의 모친인 진구우 황후(神功皇后)의 조신(祖神)신화로서 전승해 왔다고 알려져 있는 것에 주목해야 한다.

오오진(応神)천황은 일본 천황가의 계보 속에 첫 번째의 실제 인물로 간주해 온 천황이다. 일본 야마토(大和) 왕조의 성립시기가 바로 이 시기인 것을 생각하면 아메노 히보코 이야기의 중요성을 알 수 있을 것이다.

 **일야처**

일본신화는 신과 처녀의 결혼인 신혼(神婚)의례가 기본이 되어 있다. 당시 신혼은 즉위의례(即位儀礼)의 일부였고 천신(天神)의 후손은 국신(国神)의 후손으로서의 호족의 처녀와 결혼하는 것이다. 천황이 산 정산에 올라가 가방을 바라보는 구니미(国見) 의례

도 토지의 여성들과의 신혼의례(神婚儀礼)를 통해 행해졌으며 외부에서 방문해 온 내방신(来訪神)으로서의 천황이 지상의 처녀와 신혼하는 것으로 하늘과 땅이 하나가 되어 만물의 풍요가 약속된다는 하나의 농경의례였다고 할 수 있다. 현실적으로는 이러한 의례를 통해 일본 원주민들이 천황가의 세력에 동화해 갔다고 볼 수 있다.

다음은 『만요슈』에 실려 있는 천황의 노래이다.

籠もよ み籠持ち ふくしもよ みぶくし持ち この丘に 菜摘ます児 家聞かな名告らさね そらみつ やまとの国は おしなべて 吾こそをれ しきなべて 吾こそませ 我こそは 告らめ 家をも名をも26)

바구니야 바구니를 가지고 꼬치야 꼬치를 가지고 이 언덕에서 풀을 따는 처녀야 너 집이 어디 있는지 묻자 이름을 알려 주세요. 야마토 나라는 모두 내가 군림하고 있고 모두 다 내가 다스리고 있다. 내가 있다. 나야말로 이름을 밝히자 가문도 이름도.

(『万葉集』)

이것은 유우랴(雄略)천황이 어떤 처녀에게 구혼하는 노래로 알려져 있지만, 여기서 천황이 구혼한 처녀는 야마토(大和)의 호족의 딸이며 그 지방은 황실의 직할지(直轄地)이지만, '풀을 따는 처녀'는 천신인 '나' 앞에 나타난 국신으로서의 여자인 것이다.27)

---

26) 佐佐木信綱,『新訓 万葉集 上卷』, 岩波書店, 1927, p.43.
27) 日本文学研究資料刊行会(編),『古代歌謡』, 有精堂, 1985, p.70.

이 노래는 외부에서 먼 길을 마다 않고 방문해 온 내방신(来訪神)으로서의 천황이 토착의 처녀와 신혼(神婚)하는 모습을 표현하는 것이라고 할 수 있다. 즉 외부에서 살 땅을 찾아 온 천신의 후손인 천황이 토착의 국신과 하루 밤 결혼하는 것이다.

사랑과 비밀

일본 고대사회는 대우혼(対偶婚)에 의한 모계(母系)적 사회이었다. 이 사회의 특징은 남녀가 함께 살지 않고 남자가 밤마다 여성의 집을 방문하는 것을 원칙으로 하고 자녀는 어머니 쪽에 소속했다. 딸은 나이가 되어 남자가 오게 되면 어머니 집 옆에 작은 집을 만들어서 거기서 남자의 방문을 기다렸다. 당시 배우자라는 존재는 다른 이성과 결정적으로 구별되어 있지 않았다. 다시 말해 당시에 배우자란 아직도 결정적인 동반자가 아니었다.

고대 당시의 남녀간의 연애(恋愛)는 '요바이(ヨバヒ)'라고 불렀는데, 남자가 먼저 자기 자신의 이름을 부르고 상대방의 여성도 그것에 응해 그의 이름을 밝히면, 서로 동의했다는 뜻으로 관계를 맺었다고 한다. 이러한 요바이 행위가 반복되면, 그들의 관계는 '쓰마도이(ツマドヒ)'라고 부르게 되는데, 이것은 현대인이 말하는 결혼과 유사하다. 쓰마도이 단계에 있어서는 양자의 관계를 동네 사람들에게 알려주고 마을 사람들로 하여금 사회적 인정을 받으려

고 하는 경우가 있고, 여자 쪽의 집에서 간단한 연회(宴會)를 할 때도 있었다고 한다.

연회(宴會)를 하게 되면 그 여성은 일단 남의 부인(人妻)이 되지만, 남녀가 동거하지 않고 밤마다 남자의 방문을 기다려야 되는 방문혼(訪問婚)에 있어서는 남자가 찾아오지 않게 되는 날에는 '요카레(ヨカレ)'라고 해서 사실상 이혼과 같았다.

이런 식으로 일본 고대 당시의 농촌 취락사회에서는 같은 마을의 남녀가 같은 공동체내에서 서로 공유하는 원시적 군혼(群婚)습속의 형태가 남아 있었던 것 같다. 일반적으로는 혼인이라고 해도 배우자의 결정이나 결혼후의 사회적인 구속력이 없었던 것으로 추측된다.

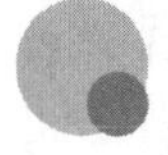

요바이와 연애

이미 논한 바와 같이 요바이는 일본고대의 연애행위를 말하며, 남자가 먼저 자기 이름을 부르고 여자가 이에 응해서 자기 이름을 밝히고, 서로 정을 통하는 하나의 구애양식이다. 이 요바이 행위는 옥내뿐만 아니라, 야외에서도 행해졌으며 구애에 대한 자연스러운 고대인의 자세를 엿볼 수 있다.

다음 노래는 그 모습을 표현한 것이다.

武蔵野は 今日はな焼きそ 若草のつまもこもれり われもこも
れり28)

무사시노 들은 오늘만은 태우지 마오. (그 안에) 내 여자도 있
고 나도 있으니.　　　　　　　　　　　　　　　　　(『伊勢物語』)

이 노래는 산의 풀을 태우는 초봄에 사랑하는 남녀가 둘이 들
에서 있었는데 산의 마른 풀을 태우는 일이 시작된 상황을 노래
한 것이다. 당시의 남녀가 들에서 숨어서 정을 통하고 있는 모습
이 잘 나타나고 있다. 그런데 이런 행위는 연속성이 약속되어 있
지 않는 일시적인 남녀관계라고는 하지만, 현대인의 그것과는 큰
차이가 있다.

다음 노래는 요바이를 불렀던 것이다.

ゆふ懸けて 祭るみもろの神さびて 斉ふにはあらず 人目多み
こそ29)

끈을 늘어뜨려서 제사하는 신사(神事) 때문에 몸을 지키고 있
는 것은 아닙니다(당신을 멀리하는 것은 아닙니다). 사람들의
눈을 생각해서입니다.　　　　　　　　　　　　　(『万葉集』1377)

嘆きせば 人知りぬべみ 山川のたぎつ情を せかへたるかも30)
한숨을 쉬면 사람들이 (우리의 관계를) 알게 될 까바 계곡의 격
류와 같은 과격한 내 열정을 참고 있는 것뿐요.(『万葉集』1383)

---

28) 高橋正治 外(校·注),『竹取物語 伊勢物語 大和物語 平中物語』, 小学館,
　　1972, pp.144−145.

29) 佐佐木信綱(編),『新訓 万葉集 上巻』, 岩波書店, 1927, p.308.

30) 上掲書, p.309.

이들 노래가 보여주고 있는 것처럼, 당시의 여성들은 요바이 단계의 남자와의 관계가 다른 사람들의 소문이 나는 것을 두려워하고 있다. 요바이는 아직도 사람들에게 공개하지 못한 남녀관계였던 것이다.

다음 노래는 그런 사정이 여성 쪽 뿐만이 아니었음을 보여주고 있다.

> 人眼多み あはなくのみぞ 情さへ妹を忘れて わが思はなくに[31]
> 사람들의 눈치를 보고 만나지 않는 것뿐요, 마음 속으로 그 여자를 잊고 사모하지 않는 것은 아니요...　　　　　　(『万葉集』770)

> 心には 千重に百重に 思へれど 人目を多み 妹にあはぬかも[32]
> 마음속으로는 너무나 너무나 사모해도 사람들의 눈치가 있어서 그 여자를 만나지 못하는 것뿐요.　　　　　　(『万葉集』2910)

이들 노래를 통하여 요바이란 어디까지나 남녀 두 사람 사이의 비밀행위인 것을 알 수 있다. 이 관계는 아직도 주변 사람들에게 인정을 받지 못해서 숨어서 해야 될 행위로 이해되는데, 그 이유는 무엇인가? 다음 노래는 그 이유를 시사하고 있다.

> 汝が母に こられ我は行く 青雲の出で来 我妹子相見て行かむ[33]
> 너 어머니한테 꾸중을 듣고 나는 간다. 좀 나와. 네 얼굴 한 번

---

31) 上掲書, p.201.
32) 佐佐木信綱(編), 『新訓 万葉集 下巻』, 岩波書店, 1927, p.52.
33) 佐竹昭広 外(校注), 『万葉集 三』, 小学館, 1973, pp.491-492.

보고 가자.   (『万葉集』3519)

  이 노래는 여성쪽의 어머니가 허락하지 않아서 청년은 처녀와
의 만남을 단념해서 그대로 들어갈 수밖에 없는 상황을 표현했던
것이지만, 다음 노래도 역시 여성쪽의 어머니가 청년에게 욕을
해서 청년이 할 수 없이 떠나야 되는 상황을 표현한 것이다.

  等夜の野に 兎ねらはり をさをさも 寝なへ児故に 母にころ
はえ[34]
  도야(等野) 들에서 토끼를 잡는 일과 같이 (그녀를 잡기가 너
무 어려워서 아직 그 여자와) 한 번도 자지도 않았는데도 그녀
때문에 (그녀의) 어머니로 꾸중듣고...   (『万葉集』3529)

  위의 노래와 같이 처녀와 아직 몇 번도 교제하지 않았는데도
불구하고 여자 쪽의 어머니가 잔소리 내서 청년은 교제를 단념해
야할 때도 있었다. 그렇다고 하면, 반대로 여성이 이미 모친의 허
락을 받고 청년에게 방문을 청하는 경우도 있었다.

  かくのみし 恋ひば死ぬべみ たらちねの 母にも告げつ 止まず
通はせ[35]
  이렇게까지 (당신을) 사랑하면 죽을 것 같아서 (이미) 어머니
에게 (우리의 관계를)이야기했습니다. (안심하고 앞으로도) 계
속 오세요. 끊어지지 않고...   (『万葉集』2570)

---

34) 上掲書, pp.493−494.

35) 上掲書, pp.219−220.

이렇게 어머니의 승낙을 받으면 그때부터 그들의 관계는 쓰마
도이 단계로 이행한다.

이제 딸의 어머니 입장의 노래를 보기로 하자.

    石上 布留の早稲田を 秀でずとも 縄だに延へよ 守りつつを
らむ36)
    깜찍한 딸은 예쁘지 않아도 조심해야 되요. 새끼줄이라도 매
놓고 지켜봐야 되요.   (『万葉集』1353)

위 노래와 같이 딸의 음분(淫奔)이 심한 것을 걱정하고 있는 어
머니의 모습을 볼 수 있고, 또 다음 노래와 같이 아직도 세상을
잘 모르는 무지한 딸에게 남자를 조심해라고 충고하는 어머니의
모습도 볼 수 있다.

    わが屋前に 生ふる土針 心ゆも想はぬ人の 衣に摺らゆな37)
    우리 집에서 자라는 우리 풀(딸)요, 아무리 잘 못했다고 해도
사랑하지도 않는 남자의 옷(살)을 대는 것 같은 실수를 범하지
말아.   (『万葉集』1338)

그렇다고 하면, 다음 노래와 같이 딸이 나이가 되는데도 남자
가 생기지 않는 것을 걱정하는 어머니의 모습도 볼 수 있다.

    はしきやし 吾家の毛桃 木しげく 花のみさきて ならざらめ

---

36) 佐佐木信綱(1927), 前掲書(上), p.306.
37) 上掲書, p.305.

やも 38)

　아아, 우리 집 나무요, 꽃만 피고 성취하지 (남자가 생기지) 않는 것이 아니겠지요.　　　　　　　　　　　　　(『万葉集』1358)

특히 요바이에 대해서 주목해야하는 것은 수치심(羞恥心)이다. 다음은 남자의 구애에 대해서 처녀가 그 수치심 때문에 그를 거부하는 노래이다.

　玉島の　この川上に家はあれど 君をやさしみ あらはさずあり
き39)
　저의 집은 이 강 위에 있습니다만, 당신 앞에 부끄러워서 밝히지 못했습니다.　　　　　　　　　　　　　　　　　(『万葉集』854)

한편, 남자가 여자에게 짝사랑하고 있는 노래도 있다. 남성 역시 수치심 때문에 동경(憧憬)하는 여성에게 구혼하지 못해 혼자서 사랑 때문에 번민하고 있는 것이다.

　ますらをと おもへる吾を かくばかり みつれにみつれ 片思を
せむ40)
　사나이답다고 생각했던 나를 (당신은) 이렇게 약하게 만들어 버렸네. 나는 짝사랑하고 있네.　　　　　　　　　　　(『万葉集』719)

결국 당시의 연애란 남녀상호간의 동의와 사랑의 감정을 빼고

---

38) 上掲書, p.306.
39) 上掲書, p.221.
40) 上掲書, p.196.

서는 성립되지 않았다는 사실을 알 수 있다. 이렇게 보면 고대 당시의 일본인들의 요바이라는 연애행위는 현대일본인의 그것과 유사하고 그다지 차이가 없는 것을 알 수 있다. 『만요슈』(万葉集)가 편집된 것은 8세기 초이기 때문에 지금부터 1300년 전의 사람들의 연애행위와 현대인의 그것이 그다지 변화가 없다는 결론이 된다. 사랑에 대한 인간의 심성(心性)과 행동은 시대의 흐름과 관계가 없다고도 할 수 있을 것이다.

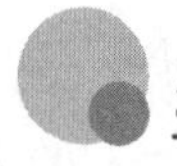 ## 쓰마도이와 결혼

부부가 한 곳에 살지 않고 '가정(家庭)'이라는 존재를 아직 모르는 당시의 사회에 있어서는 여성들이 일정한 토지에 정착하고 남자들은 밤마다 제각각의 여성을 방문하는 것이 일상이었다.

다음 노래는 쓰마도이를 불렀다고 생각되는 남성의 노래이다.

春日山 おして照らせる この月は 妹が庭にも さやけかりけり41)

가스가산을 하늘 높이 비치는 이 달은 아내 집의 정원에도 (비치고) 밝아지겠지.　　　　　　　　　　　　　　(『万葉集』1074)

이렇게 남자는 밤마다 달빛을 의지하면서 산길을 걸어 여자 집

---

41) 上揭書, p.283.

을 방문하고서는 아침 첫닭이 울기 전에 여자의 집을 떠나야 했다.

　あかときと　夜鳥鳴けど　この山上の　木末の上は　いまだ静け
し[42]

　이미 새벽이 왔다고 밤 까마귀가 울고 있지만 나뭇가지 끝은
아직 조용하네.　　　　　　　　　　　　　　　　（『万葉集』1263）

위와 같이 아침 첫닭 울기 전에 여자 집을 떠나야 하는 상황에
서는 다음 노래와 같이 상대의 얼굴조차 잘 모르는 경우도 있었다.

　朝戸出の　君が容儀を　よく見ずて　長き春日を　恋ひや暮らさ
む[43]

　아침에 떠나는 당신의 얼굴도 잘 모르고 긴 봄날을 그리워하면
서 보내야 되는가.　　　　　　　　　　　　　　（『万葉集』1925）

그러나 이러한 미개의 고대사회에 있어서도 인간의 사랑의 정
(情)은 현대에 사는 우리의 그것과 그다지 차이가 없었다하겠다.

　この月の　ここに来れば　今とかも　妹が出で立ち　待ちつつあ
るらむ[44]

　이 달이 여기까지 오면 아내는 문 앞에 나와서 나를 기다리고
있을 거야.　　　　　　　　　　　　　　　　　（『万葉集』1078）

---

42) 上掲書, p.298.

43) 上掲書, p.412.

44) 上掲書, p.284.

위의 노래는 아내가 자신의 방문을 이제나저제나 기다리고 있
다고 생각하고 가슴이 뛰면서 밤길을 서두르는 남자의 모습을 노
래한 것이다.

다음은 남편을 기다리는 여성의 노래이다.

闇の夜は 苦しきものを いつしかと 我が待つ月も はやも照
らぬか45)
어두운 밤은 (남자가 오지 못해) 괴로워서 언제 나올 가하고
기다리고 있는 달이 빨리 비치면 좋겠네.　　(『万葉集』1374)

위와 같이 남자의 방문을 애타게 기다리는 아내의 모습을 잘
알 수 있고 이는 당시 부부의 소박하고 순수한 연정(恋情)을 보여
주고 있다.

다음 노래는 그 사모의 정(情)이 얼마나 큰지를 보여주고 있다.

相見ては いく日も経ぬを ここだくも 狂ひに狂ひおもほゆる
かも46)
당신을 만나서 몇일도 지나지 않는 데도 당신을 보고 싶어서
미치는 정도입니다.　　　　　　　　　(『万葉集』751)

이 노래에서도 알 수 있는 것처럼, 아내는 오로지 남편의 방문
을 기다리고 있다. 아직 혼인으로서의 아무런 구속력을 가지지
않는 당시의 사회라고 해도 배우자를 생각하는 마음은 진지했던

---

45) 上掲書, p.308.
46) 上掲書, p.199.

것을 알 수 있다. 특히 다음 노래는 그 마음이 여성뿐만 아니었던 사실을 시사하고 있다.

> 一日にも 千重にしくしく 我が恋ふる 妹があたりに しぐれ 降る見ゆ[47]
> 내가 하루종일 그리워하고 있는 저 여자의 집 주변에 비가 내 리고 있네.　　　　　　　　　　　　　　　　　　（『万葉集』2234）

옛날 일본에서는 사랑하는 남녀가 일정기간 멀리 살아야 했을 때, 서로가 속옷을 교환하여 그것을 입고 상대의 안전을 기원하는 풍습이 있었다.

다음 노래는 아내의 속옷을 입고 그녀를 그리워하는 남자의 노래이다.

> とほるべく 雨はなふりそ 吾妹子が 形見のころも 吾下に著り[48]
> 속옷에 배는 만큼은 비야 내리지 마오, 내 아내의 속옷을 입고 있으니.　　　　　　　　　　　　　　　　　　（『万葉集』1091）

특히, 다음 노래에서는 남편의 아내에 대한 성실함이 나타나 있다. 남편이 아내와 떨어져 사는 동안 몸을 지키려고 결의하는 노래이다.

> 吾妹子が 形見の衣 下に着て 直にあふまでは 吾脱がめやも[49]

---

47) 小島憲之 外(校注・訳), 『万葉集 ③』, 小学館, 1999, p.131.
48) 佐佐木信綱(1927), 前掲書, p.285.

나는 아내의 속옷을 입고 있다. 다시 아내를 만날 때까지는 왜
이 옷을 벗겠어. (어떤 일이 있더라도 지키겠네.)

(『万葉集』747)

위의 풍습과 비슷한 것으로서 일본 고대에는 남녀가 만나서 정
을 통하고 나서 다시 만날 때까지는 그때 입은 그 옷을 갈아 입지
않는 풍습이 있었다고 한다.

다음 노래는 그러한 여성의 노래이다.

夜も寝ず 安くもあらず 白たへの 衣も脱がず 直にあふま
で[50]

밤이 깊어져도 잠도 오지 않고 마음이 평화롭지도 않네. 그와 다
시 만날 때까지는 (그와 만났을 때 입은) 이 흰옷을 벗지 말겠어.

(『万葉集』2846)

위의 노래는 남자와 만나고 나서 다시 만날 때까지 자기 몸을
지키려는 여성의 노래이다. 우리는 이 노래를 통해서 당시 일본
여성의 정조관(貞操観)을 살필 수 있다.

또 일본고대에는 사랑하는 남녀가 서로 속옷의 끈을 매주고 다
시 만날 때까지 안 푸는 것을 맹세했다고도 한다. 다음 노래는 그
러한 결의를 하는 남자의 노래이다.

我がひもを 妹が手もちて 結八川 またかへり見む 万代まで

---

49) 上掲書, p.199.
50) 佐佐木信綱(1927), 前掲書(下), p.47.

に[51]

　내 옷의 끈을 아내의 손으로 매는 모습을 다시 (여기에 와서)
보자, 계속, 계속...　　　　　　　　　　　　　　（『万葉集』1114）

다음 노래는 남녀가 서로 상대방의 끈을 매고 서로 다시 만날
때까지 정조(情操)를 지키는 것을 맹세하는 노래이다.

　二人して　結びしひもを　一人して　吾は解き見じ　直にあふま
では[52]
　우리가 서로 (사랑을 맹세하고) 함께 맨 이 끈은 어떤 일이 있
더라도 혼자 풀지 않겠어요. 다시 그와 만날 때까지는.
　　　　　　　　　　　　　　　　　　　　　（『万葉集』2919）

　이렇게 이성을 사모하는 사랑의 마음은 일본고대에 있어서도
귀중했고 소박하고 순수했던 것을 알 수 있다. 이미 논한 바와 같
이 이 시대의 일본사회에서는 아직도 결혼제도가 없었다. 남녀가
따로 따로 살고 밤마다 남자가 여자를 찾아가는 이런 환경에서는
일대일의 부부의 관념이 정착하기 어려운 것으로 보인다.
　그러나 위의 노래에서 알 수 있는 것처럼 이미 당시에 사랑하
는 남녀가 서로 몸을 지키는 풍습이 있었던 사실을 알 수 있다.
이것은 정조관념의 존재함을 의미하는 것이다.
　이러한 고대일본에서 결혼제도가 없었던 사실을 볼 때 정조관
념을 존재하게 한 것은 사회제도가 아니라는 것을 알 수 있다. 당

---

51) 佐佐木信綱(1927), 前揭書(上), p.287.
52) 佐佐木信綱(1927), 前揭書(下), p.52.

시 귀족층에는 불교가 침투하기 시작했으나 유교는 아직 들어오지 않았다. 불교는 남녀관계를 모두 번뇌(煩惱)로 보고 애욕(愛慾)으로 해서 피하는 것을 권하기 때문에 남녀의 정조에 대한 가르침은 없었다.

이렇게 보면 일본 고대에 나타난 정조관념은 남녀가 사랑하는 가운데 생기는 것 또는 존재한 것이라고 할 수 있다. 정조관념은 사랑의 성립과 깊이 관련되고 있는 것이다.

다음 노래는 고대인의 사랑의 감정이 얼마나 과격했는지를 말하고 있다.

かくばかり 恋ひつつあらずは 高山の 岩根しまきて 死なましものを[53]
이렇게 그리워서 괴로운 것이라면 오히려 암을 베개로 해서 죽은 것이 낫다.　　　　　　　　　　　　　　　　　　　　　　　(『万葉集』86)

고대일본에서는 남녀사랑을 영혼(靈魂)의 합일(合一)로 봤다. '요바이'는 원래 '부르다'는 말에서 나온 것이며 사랑하는 상대의 이름을 부르는 것 즉 상대의 영혼을 부르는 것을 의미한다.[54] 사랑하는 남녀의 영혼이 육체를 떠나 서로 만나서 하나가 된다는 것이다.

그러므로 사랑하는 남녀가 서로 옷의 끈을 밴다는 것은 두 사람의 영혼을 매고 떨어지지 않게 하는 의미가 있었다. 남자가 오

---

53) 小島憲之 外(校注・訳), 『万葉集 ①』, 小学館, 1994, p.80.
54) 小野寛 外(編), 『上代文学研究事典』, おうふう, 1998, p.667.

는 것을 기다릴 수밖에 없었던 당시 여성에 있어서 사랑의 정은 영혼으로 자신의 육체를 벗고 상대를 찾아가고 싶은 만큼 초조하고 인내하기 어려웠던 것이다.

이제까지 보고 온 것과 같이 일본고대의 혼인형태는 남성이 여성의 집을 방문하면서 사는 것을 원칙으로 하고 있었다. 일반적으로 남녀의 동거가 행해지지 않은 이런 사회에서는 남녀관계는 늘 불안하고 남성이 여성을 찾아오지 않는 날에는 사실상 그들의 관계는 소멸했기 때문에 일대일의 남녀관계는 어려웠다. 이것만을 보고 이제까지 이런 원시사회를 잡혼(雜婚)이나 군혼(群婚)이라고 부르고 그런 사회에서 사는 인간의 정신성을 무시하는 경향이 많았다.

그러나 상기의 노래로 알 수 있듯이 고대일본의 일상적 남녀간의 정(情)은 순수했고 수치심(羞恥心)을 동반하는 것이었다. 당시의 연애라고 할 수 있는 요바이는 남의 눈을 피하면서 행해졌으며 어디까지나 청년과 처녀사이의 비밀로 사회에서 숨겨졌다. 이는 공개할 수 없는 본인들만이 아는 행위였던 것이다.

이는 현재의 결혼이라고 할 수 있는 쓰마도이가 되면 사회에 공개되어 사람들의 인정을 받게 되는데 그때도 두 사람에 대한 사회적 구속은 없었다. 남녀가 동거하지 않는 이러한 사회에서는 부부간의 의무도 책임도 없었던 것이다. 그럼에도 불구하고 정조관념이 존재한 것을 상기의 노래나 민속을 통해 확인할 수 있다.

이미 보았듯이 1300년 전의 고대일본인의 연애행위는 현대의 일본민중들의 그것과 그다지 큰 차이가 없고 오히려 연애 단계의 남녀간의 수치심이나 결혼 단계의 부부간의 정조관념은 현대인의 그것보다 순수하고 원형적이었다고 볼 수 있다. 사회형태의 진전 또는 변화와 관계없이 남녀의 사랑은 서로 정조를 원했고 또 요구했다. 남녀의 정조가 남녀사랑의 조건인 동시에 사랑의 증명인 것은 시대와 무관하고 사랑의 본질인 것을 알 수 있다.

사랑과 영혼

연애(恋愛)를 원래 일본에서는 '고이(こひ)'라고 불렀다. 고이(恋)는 원래 멀리에 있어서 만나지 못한 사람을 그리워하고 사모한다는 뜻이었다. 만나지 못했기 때문에 사모의 정(情)은 더욱 커지고 애타게 그리게 되는 것을 의미한다.

여기서 주의해야 하는 것은 고이(恋)는 원래 이성에 대한 마음을 표현한 것이라는 점이다. 이것은 이성에 대한 사모의 정이고 심정(心情)이다. 그러므로 이는 남녀가 현실로 만나거나 함께 사랑행위를 하는 것을 의미하지 않았다는 점에 유의할 필요가 있다.

현실적으로 남녀가 만나는 것에 대해서는 '아우(会ふ, 逢ふ)'라고 해서 다른 말을 사용해야 되고 이는 대면하는 의미뿐만 아니라, 남녀가 관계를 매는 의미까지 포함되고 있었다. 고대일본에서는 요바이나 쓰마도이가 이것에 해당할 것이다. 이러한 마음의 사모로서의 사랑에 대해서는 『만요슈』(万葉集)에서도 되풀이해서 노래 부르고 있다.

　心には　思ひ渡れど　よしをなみ　外のみにして　嘆きそ我がす
る[55]
　마음으로는 사모하고 있는데도 만날 기회가 없어서 (이렇게)
멀리에서 나는 한탄하면서 살고 있어요.　　　　　　(『万葉集』714)

　이렇게 일본고대의 연애란 육체를 가지고 나타날 수 없는 이성
을 일편 그리워하고 사모하는 것이다. 이와 반대로 정신적 사랑
의 감정이 현실적 만남을 통해 사라질 수도 있었다.

　まそ鏡　直目に君を　見てばこそ　命に向かふ　我が恋止まめ[56]
　직접 당신을 만나야 만이 생명을 걸린 내 과격한 사랑의 정도
가라앉겠지요.　　　　　　　　　　　　　　　(『万葉集』2979)

　이들 노래는 만나고 싶은데 만나지 못한 고통과 슬픔을 호소하
고 있다. 그러나 동시에 현실적인 만남과 만나지 못해서 사모의
정만이 커지는 연애감정과의 차이를 잘 나타내고 있다. 이렇게
멀리 떨어진 곳에 있는 이성에 대한 동경(憧憬)이야말로 연애의
본질이라고 할 수 있다.
　현실적으로 만나지 못해 자꾸 커져서 풀지 못하게 된 사랑의
감정은 곧 스스로 지배하지 못하게 되어 제정신을 잃고 혼자 헤
매게 된다. 이것이 영혼이 상대를 찾아 방랑하는 상태이며 자신

---

55) 小島憲之　外(校注・訳), 『万葉集①』, 小学館, 1994, p.352.
56) 小島憲之　外(校注・訳), 『万葉集③』, 小学館, 1999, p.324.

의 영혼이 육체를 벗어나는 것을 말한다. 육체를 떠난 영혼은 그
리운 상대가 있는 곳까지 가서 거기서 상대의 영혼과 하나가 되
었다. 이것을 영혼의 합일(合一)이라고 하고 연애의 성취로 보았
다. 이러한 마음 세계에서의 만남은 꿈속에 이루어질 수도 있었
고 또는 환상으로 눈앞에 나타날 수도 있었다.

　　灯火の　かげにかがよふ　うつせみの　妹が笑まひし　面影に見
ゆ57)
　　등불에 비치는 그림자가 흔들리고 있다. 살아 있는 실제 그녀
　의 웃은 얼굴이 환상으로 보인다.　　　　　　　（『万葉集』2642）

　위의 노래는 환상 또는 영혼을 살아 있는 인간처럼 인식하게
되는 심경을 표현한 것이다. 환상인 것을 알면서도 실제 여성으
로 보여 이미 현실과 구별할 수 없는 경지에 있는 것을 알 수 있
다. 고대인에게는 꿈도 하나의 현실로 인식되었다고 한다.
　풍족한 물질 속에 사는 현대인과 달리 마음위주의 그들 생활에
있어서는 꿈도 환상도 현실과 그다지 차이가 없는 중요한 감각
중의 하나이었던 것을 알 수 있다. 이렇게 현실적으로 만나지 못
한 이성에 대한 그리움이 연애의 본질이지만 그런 마음이 더 이
상 참을 수 없게 되면 그들의 영혼이 육체와 분리하여 육체를 벗
고 상대의 영혼을 찾아간다고 봤다.

　　筑波嶺の　をてもこのもに　守部据ゑ　母い守れども　魂そ合ひ

---

57) 上掲書, p.237.

にける[58]

　쓰쿠바산 여기저기서 (우리가 만나지 못하게) 어머니가 지키
고 있지만, 우리는 이미 영혼 모습으로 만나서 결혼해버렸어요.
(『万葉集』3393)

　위의 노래는 자꾸 청년이 찾아와 딸과 통하려는 것을 어머니가
막으려고 하는데 젊은 남녀는 이미 영혼 상태로 만나서 결혼해버
렸다는 것이다. 이 노래는 고대농경의례인 카가이(嬥歌)나 우타
가키(歌垣)와 같은 축제 현장에서 불러진 것으로 생각된다. 당시
남녀의 결혼을 우습게 표현하고 어머니의 속박을 빠져 나오고 만
나려는 젊은이를 놀리는 것이라고 생각된다. 웃음과 비꼬아 함을
동반한 민요적인 노래이지만 '영혼 모습으로 만나서 결혼한다'는
것은 당시 연애의 결실로 믿고 있던 영혼의 합일(魂合)을 노래한
것이다.

　이런 식으로 일본고대의 남녀 사랑은 영혼의 합일을 동기로 하
고 있었으며 그러므로 사랑의 행위는 영혼을 부르는 행위이기도
했던 것이다.

 ## 사랑과 Gender

　일본의 고대가요는 구전(口伝)의 노래의 가사를 부르는 것으로

---

58) 上揭書, p.471.

전승해 온 것이지만, 이 전승가요의 대표로서 카가이(燿歌)나 우타가키(歌垣)를 들 수 있다. 아즈마(東国)지방에서는 카가이라고 부리며 일본 전국에서는 우타가키라고 하는 이 축제행사는 일년에 두 번 촌락의 남녀가 한 곳에 모여서 노래 싸움을 밤이 깊어감에 따라 향락적 행위로 진전한 것이라고 할 수 있다.

일반적으로 일본고대의 농촌 축제행사로서의 카가이는 남녀가 번갈아 노래를 부르며 하루 밤을 보내는 것으로서 거기서 불러진 노래는 와카(和歌)의 출발점 또는 일본문학의 기원으로 간주되어 왔다. 그리고 카가이에서 불러진 노래가 남녀가 서로 주고 받고 하는 노래인 것으로 그들 노래를 연가(恋歌)로 보는 것이 지금까지의 일본문학계의 일반적인 견해이었다.

특히 일본문학계에서는 카가이의 행동을 정욕의 해방이라고 보는데 있어서 의문을 가지고 있지 않는 것 같다. 그러나 카가이에서 불러졌던 노래와 일상생활 속에서 불러진 남녀간의 노래는 근본적으로 다른 성격을 가지고 카가이의 노래를 연가로 보는 경애나 카가이 축제에 있어서의 남녀간의 행동을 정욕의 해방으로 보는 해석은 상당한 무리가 있다.

카가이란 원래 하늘인 신과 땅인 사람이 하나가 되는 신혼(神婚)의식을 통해 천지(天地)가 하나가 되어 농경의 풍작이 약속된다고 믿는 촌락을 중심으로 하는 농경의례를 그 핵으로 삼고 있다. 즉 카가이는 일년에 두 번, 봄과 가을에 농촌 사람들 모두가 모여서 마시고 노래를 부르며 노는 고대일본 농촌마을의 축제행사이다. 그리고 그때, 남녀가 노래로 싸우게 되는데, 이 노래싸움

에 진 사람이 이긴 사람의 일야처(一夜妻)가 되어야 된다는 일종
의 놀이가 되었던 것이다.

일본의 신혼(神婚)축제로서는 고대 아즈마(東国)지방에서 행해
졌다고 전해진 니이나메(新嘗) 축제행사 등이 있으나, 카가이는
이러한 신혼의례를 농촌 마을 사람들 모두에 의해 모방하려고 했
다고 생각할 수 있을 것이다. 다음 노래는 카가이의 축제 모습을
노래한 것이다.

> 坂より東の諸国の男女、春の花の開くる時、秋の葉の黄ずる
> 節、相携ひつらなり、飲物をもちきて、騎にも歩にも登り、遊
> 楽しみ遊ぶ。59)
> 고개에서 동쪽에 사는 여러 지역의 남녀들이 봄에 꽃이 필 때,
> 또 가을에 단풍잎이 아름다울 때, 다 함께 음식을 가지고 말을
> 타고 산에 오르는 사람들이나 걸어서 오르는 사람들이나 다 함
> 께 즐기고 놀고 또 논다.　　　　　　　　　　　(『常陸国風土記』)

신사(神社)의 광장 등에 모인 남녀가 함께 마시며, 번갈아 노래
를 부르며 카가이의 밤은 깊어진다.

다음은 쓰쿠바산(筑波山)에서 행해진 카가이에서 불러진 것으
로 전해진 노래이다.

> 筑波峰に 逢はむと言ひし子は 誰が言聞けばか み寝逢はずけ
> む60)

---

59) 土橋寛 外(編), 『古代歌謡集』, 岩波書店, 1957, pp.225－226.

60) 上掲書, p.226.

쓰쿠바산(의 카가이의 날)에서 함께 보내자고 약속한 그 처녀
는 누구의 말을 듣고서 나와 만나지 않는 건가?

(『常陸国風土記』)

이 노래는 카가이의 축제날에 만나자고 약속한 여자가 다른 남
자에게 가버린 것을 한탄하고 있는 남자의 노래이지만, 이상하게
도 약속한 여자가 다른 남자와 만나는 것에 대한 비난의 정을 볼
수가 없다. 단지 자기가 그 여자와 만나지 못했던 것을 슬퍼하고
있는 것뿐이다.

　筑波峰に いほりて妻なしに 我が寝む夜ろは 早も明けぬかも[61]
　쓰쿠바산(의 카가이의 날)에 상대도 없이 자야될 (외로운)밤
은 빨리 새면 좋겠네. 　　　　　　　　　　(『常陸国風土記』)

이 노래도 역시 카가이의 밤에 여자를 얻지 못해서 혼자 보내
야 될 것을 비관한 남자의 노래지만, 노래의 내용은 카가이의 밤
에 여자를 얻지 못했던 것을 비관하고 있을 뿐이다.

카가이는 노래의 경기를 통해 이성을 획득하는 것에 목적이 있
었고 그 때 불러진 노래도 바로 그 내용을 표현한 것이다. 따라서
이들 노래는 결국 이성을 선정(煽情)하는 것에 목적이 있었다.

여기서 카가이의 성격을 잘 나타내고 있는 흥미가 있는 이야기
를 소개하려고 한다. 우나이노 마츠바라(童子女の松原)의 두 자루
의 소나무의 까닭이란 다음과 같다.

---

61) 上揭書, p.226.

以南に、童子の松原あり。古、年少き僮童子あり。男を那賀
の寒田の郎子と称ひ、女を海上の安是の嬢子と号く。ともに形
容端正しく、郷里に光華けり。名声を相聞きて、同に望念を存
ち、自愛む心滅えぬ。月を経、日を累ねて、燿歌の会に、邂逅
に相遇へり。

　時に、郎子、歌曰ひけらく、

　　　いやぜるの安是の小松に木綿垂でて吾を振り見ゆも安是
　　小島はも

　嬢子、報へて歌曰ひけらく

　　　潮には立たむと言へど奈西の子が八十島隠り吾を見さば
　　しり

　すなはち、相語らまく欲ひ、人の知らむことを恐り、遊の場よ
り避り、松の下に蔭て、手携はり、膝を促け、壊を陳べ、憤を吐
く。既に故き恋の積もれる疹を釈き、還新たなる歓びの頻きる
咲を起こす。時に、玉の露おく杪候、（中略）夕は寂寞かにして
巖の泉旧り、夜はさびしくてけぶれる霜新たなり。近き山には
自づから黄葉の林に散る色を覧、遥けき海には唯蒼波の磧に激
つ声を聴く。こよひここに、楽しみこれより楽しきは莫し。偏
へに語の甘き味はひに沈り、頓に夜の開けむとするを忘る。俄か
にして鶏鳴き狗吠えて、天暁け日明らかなり。爰に僮子等、為
す所を知らず、遂に人の見むことをはぢて、松の樹と化成る。郎
子を奈美松と謂ひ、嬢子を古津松と称ふ。

　그 남쪽에 소년소녀의 소나무 벌판이 있다. 옛날에 소년소녀가
있었다. 남자는 나카(那賀)의 사무타(寒田)의 소년이라고 하며,
여자는 우나카미(海上)의 아제(安是)의 소녀라고 했다. 둘이 다
용모가 뛰어나게 아름답고 마을에서 특별히 빛나고 있었다. 서
로 상대방의 것을 소문으로 듣고 알고 있었고 한 번 만나고 싶다

는 소원을 같이 가지고 있었고, 그 사모의 정은 나날 커져가고 있었다. 그런 가운데 세월이 지나는 데, 어느 카가이의 날에 우연히 만나게 되었다. 그 때 소년이 노래를 부르는데,

> 눈에 띄고 아름다운 아제(安是)의 아가씨가 손에 무변을 붙인 소나무를 잡고 나를 향해 흔들면서 춤추고 있어요.

이 노래에 대해 소녀가 응해서 답하기를

> 당신은 군중 속에 섞어서 계셔도 나를 응시하고 있어서 당신이라고 바로 알 수 있었어요.

이렇게 해서 만나게 된 두 사람은 서로 이야기하고 싶어서 남들이 알게 될 것을 두려워해서 사람들이 있는 카가이의 장소를 떠나 둘이 소나무 밑에 숨어서 손을 잡고 무릎을 맞대고 서로의 마음을 고백해 원한을 풀었다. 이제는 오래 동안 쌓이는 상사병도 끝나고 새로운 기쁨이 터져 나왔다. 때는 밤이슬이 내려서 나뭇가지를 적시는 때이고 (중략) 산은 조용하고 바위 사이의 샘은 솟아 나오고 있다. 밤은 슬슬하고 서리가 내린다. 가까운 산에는 단풍 엽이 숲에 떨어지며 아득히 먼 바다에는 단지 파도가 해안을 때리는 소리를 들 수 있는 것 뿐, 이 밤은 더 이상 즐거운 일이 없다. 오로지 달콤한 사랑의 속삭임에 빠지고 열중해서 날이 새어가는 것도 몰랐다. 그러더니 새가 울고 개가 짖고 하늘이 밝아지고 해가 올랐다. 여기에 이 두 사람은 어떻게 할 줄 모르고 자기들의 일이 공개될 것을 부끄러워해서 그 자리에서 한 쌍의 소나무가 되었다. 소년의 나무를 나미 소나무(那美松)라고 하고 소녀의 나무를 코즈 소나무(古津松)라고 한다.62)

(『常陸国風土記』)

이 이야기를 요약하면, 옛날에 나카(那賀 : 히타치노 쿠니常陸国,
현재 이바라기현茨城県에 있다)의 사무타(寒田)라는 마을에 사는 청
년과 우나카미(海上 : 시모후사下総, 현재 치바현千葉県에 있다)의 아
제(安是 : 茨城県과 千葉県의 경계에 있다)라는 마을에 사는 처녀가
용모가 뛰어난다고 서로 소문을 듣고 만날 날을 기다리고 있었는
데, 드디어 어느 날 카가이 축제에서 우연히 만나게 되었다.

서로가 기다린 사람이라는 것을 노래로 확인했고 사람들이 있
는 카가이의 축제장소를 떠나 둘이 떨어져서 사랑하고 있었더니
아침이 된 것도 몰랐다. 이미 해가 뜨고 자기들의 행동이 공개될
것을 부끄러워한 두 사람은 자기들의 모습을 감추기 위해 그 자
리에서 두 자루의 소나무가 되었다는 이야기이다.

이 이야기가 의도하는 것은 무엇인가? 그것은 카가이에서는
진지한 사랑의 감정이나 애달픈 연애의 마음은 존재할 수가 없다
는 것을 이야기하고 있는 것이 아닌가? 집단이 요구하는 그 의외
의 행동이나 생각은 일체 허락되지 않았다는 것을 말하고 있는
것으로 볼 수 있다. 원래 카가이는 고대 촌락의 논경의례행사로
서 신(또는 귀신)이 다스리는 장소 내에서 참가자 모두에 의해 다
함께 축제행사의 시간 내에 행해져야 했다. 카가이의 룰(약속)을
어기는 개인적인 일은 일체 허락되지 않았던 것이다.

일본 고대사회와 같은 원시 자유방임사회에서는 사회적 인간
관계를 규제하는 규법이 없었던 반면에 사람들은 삼라만상(森羅万

---

62) 植垣節也, 『風土記』, 小学館, 1998, pp.398−401.

象) 속에 숨어 있는 신이나 귀신을 두려워하고 사람들 앞에 일어나는 모든 사건을 이들과의 관련 속에 이해하고 있었다. 당시 사람들은 귀신이나 신령(神靈)을 무엇보다도 무서워했기 때문에 이와 영통한다는 무녀를 모시고 살았던 것이다. 무녀의 계시를 신영의 말로서 그들의 생활 속에 제일 중요하게 생각하고 있었기 때문에 무녀는 동네에 있어서 신의 화신(化身)으로서 또는 신의 처(妻)로서 동네 사람들을 지배하여 군림했다.

이런 사회에서 행해지는 카가이의 행사는 개인이라는 관념을 완전히 박멸시키는 것이며, 개인의 존재를 상실한 시간, 공간 세계라고 할 수 있다. 즉 거기에는 마을 사람들의 마음도 몸도 하나가 되어 공유하게 되어 있고 이 모두가 귀신에게 잡혀 있는 상태라고 할 수 있다.

일반적으로 축제는 일정의 정해진 장소에서 일정의 같은 시기에 참가자는 반드시 일정의 사람들에 의해 행해진다고 한다. 그때 행해지는 놀이도 역시 일정의 구성원에 의해 미리 정해진 일정의 시간 내에서 행해지는 비현실적 가상(仮象)으로서 일반적으로 같은 장소에서 구성원 모두에 의해 행해지는 것이다.

이 이야기에서 소년소녀는 신령이나 귀신이 다스린다고 믿고 있었던 카가이의 장소를 떠나 자기 마음대로 장소를 선택했고 카가이가 신사인 동시에 놀이인 것을 잊어버리고 둘이 실로 사랑에 빠졌다. 그리고 카가이는 밤부터 새벽 사이에 행해져야하는데도 불구하고, 이 두 사람은 너무 열중하고 있어서 시간이 지나간 것도 모르고 이미 때는 아침이 되어 있었다는 것이다. 이렇게 카가이의 룰을 어긴 두 사람은 결국 갈 곳이 없어졌다는 이야기이지만, 이것은 공동체를 추방당했다는 것을 의미하는 듯하다.

그러므로 이 이야기는 결국 카가이가 촌락 공동체에 의한 집단 놀이로서 개인적 행동이나 개인적 생각을 일체 허락하지 않았던 것을 시사하고 있다. 마치 구성원 전체에게 귀신이 들린 것처럼 모두가 시간과 공간을 초월한 공동의 무아(無我)의 경지(ecstasy)에 달한 것이다.

그리고 이 이야기는 아직 인간에게 있어서 개인이라는 개념을 인지하지 못하고 각 개인의 감정이나 정신활동이 허용되지 않았던 시대, 즉 촌락이라는 마을 공동체 집단이 토지나 축제, 그리고 놀이를 공유하고 제사나 풍습을 통해 인간을 지배하고 있었던 시대로서 아직 인간의 개인적 창조적 정신성은 출현하지 못했던 것을 보여주고 있다. 아직 인간의 세계관은 동네와 지역사회라는 공동체와 그가 두려워하고 있는 신영이나 귀신일 뿐인 것이다.

그러나 아무리 인간이 공동체의 소유로서 때로는 공동체에 공유된다고 해도 인간의 정신적 사랑의 감정은 외부의 힘에 의해 강제적으로 생길 수가 없다. 또 이를 받아들 수도 없기 때문에 인간은 사랑에 눈뜨고 자신의 존재를 자각하게 되면, 자아를 방해하는 모든 환경을 벗어나려고 몸부림치는 법이다. 즉 사회적 공동체의 관습에 따라가야 된다는 사회적 억압은 인간의 육체를 지배할 수 있는지 모르나, 남녀간의 관계가 실로 정서적이고 진지한 관계가 될 때, 그들은 일대일의 사랑의 관계를 바라게 될 것이므로 그 한 쌍은 카가이와 같은 집단을 떨어지게 될 수밖에 없는 것이다.

이렇게 볼 때, 이 이야기는 아직 개인의 존재를 모르는 제사 공동체 사회에서 남녀간의 사랑을 알게 된 한 쌍의 남녀가 공동체와 대립하게 되고 갈등하는 모습을 묘사했다고도 볼 수 있을 것이며, 일대일의 영원한 관계를 바라는 사랑의 본질의 필연성에 의해 일시적이고 상대적인 카가이의 집단놀이 행위는 쇠퇴해 가는 것을 시사하고 있다고도 볼 수 있다.

여기서 문제가 되는 것은 진지한 사랑의 감정을 귀중하게 생각했던 당시의 사람들이 어떻게 카가이와 같은 연애의 유희를 할 수 있었는가라는 문제이다.

대저 사랑이란 인간 개인의 사적 감정이며, 자아를 자각하지 못한 정신적 성장단계나, 자아를 지각하지 못한 정신상태에서는 이는 성립할 수가 없다. 그러므로 사람들이 한 곳에 모여서 공연하게 집단적으로 행해지는 하나의 마을행사로서의 카가이는 설사 그것이 남녀간의 행동이라고 해도 사랑의 행동이라고는 말 할 수 없을 것이다.

연속성을 기대하지 못한 일시적 관계인 요바이에 있어서 마저 그 감정과 행동은 다른 사람들의 눈앞에 감추어지며 숨기고 있었던 것에 대해서는 이미 논의했다. 원래 사랑의 성질이 (그것이 실현되는지 않는지는 다른 것으로 해서) 일대일의 관계를 원하게 되는 것이기 때문에 카가이에 있어서의 남녀의 행동은 사랑의 본질에 배반하는 것은 분명하다. 대저 사랑이란 적어도 어떤 이성을 사랑하고 있는 동안은 서로간의 정절(貞節)을 요구하는 법이다. 여기에 사랑의 미(美)가 있고 동시에 번민이 있는 것은 말할 필요도 없다. 사랑의 번민이 문학의 주제가 되는 것도 바로 그 이유 때문이다.

근대 이전까지 일본에는 서양에서 말하는 것 같은 사랑(愛)이라는 관념이 존재하지 않았다고 한다. 즉 남녀간의 감정은 근대적 사랑이 아니고 일본적 정(情)이었던 것이다. 근대적 사랑은 윤리를 동반하지만, 일본의 전통적 정(情)에는 원래 특별한 사상을 기초로 하는 윤리보다는 지역사회의 관습이나 관행이 중요한 것으로 보고 있고 어떤 집단에 소속하면서 이상보다 현실을 택하는 현세적 성격이 그 특징이라고 할 수 있다.

명치(明治)시대가 되어서 키타무라 토코쿠(北村透谷)은 원래 정(情)으로밖에 설명할 수 없었던 일본인의 남녀관계에 대해서 플라토닉 러브(platonic love)를 주장하여 사랑(愛恋)과 정욕(情慾)의 차이를 설명하고 일본문학에서 처음으로 남녀관계에 대해서 이원론(二元論)적인 파악을 시도해 봤지만, 원래 일본에는 남녀관계에 있어서 사랑과 욕망의 구별은 없었다. 이토 세이(伊藤 整)도 『여성에 관한 十二장』(1954) 속에서 '일반적으로 사람들이 결혼생활을 시작하게 하는 것은 사랑이 아니고 정서(情緒)인 것 같습니다. 우리 세속적인 사람들 남녀는 사실은 사랑따위 느끼지도 않고 이해하지도 못하고 원하지도 않는 것 같습니다'고 고백하고 있다.

『만요슈』(万葉集)에는 '여성 쪽에는 연애의 기쁨을 마음으로부터 불렀다고 볼 수 있는 노래가 거의 없다. 이것도 그 대부분이

방문혼(通い婚)에 의한 하루 밤, 하루 밤의 기쁨이고, 내일의 운명을 예측할 수 없는 여성의 비탄에 의한 것이었다[63]'고 전해지는 것처럼, 이제까지 우리는 카가이를 논하는 데 있어서 남성중심의 시각만으로 언급해 온 경향이 있었던 것이 아닌가 생각된다.

물론 남성도 여성도 사랑의 감정과 관계없이 어떤 본능적 자극에 의해 욕망이 발동할 수 있다. 그러나 여성의 경우, 사랑은 전신 전영(全身全靈)적인 것이기 때문에 정욕도 사랑의 감정을 일킬 수가 있고 이 사랑의 감정은 커질 수도 있으나, 남성은 그러한 경우가 드물며 욕망은 욕망대로 끝나는 경향이 있다. 결국 남녀의 성(gender)에는 성차(性差)가 있는 것을 알 수 있다.

정신적·생리적으로도 자기 몸에서 새로 생기는 생명에 책임을 질 수밖에 없는 여성에 있어서는 원래 사랑과 성이 하나가 되어 있는 것이다. 그 만큼 생명을 낳는 역할을 하는 여성은 새로운 생명의 발생의 원인이 되어야 되는 정신적 사랑과 깊은 관계를 가지고 있고 이들 양자는 서로 깊이 연결되고 있는 것이다. 이렇게 볼 때, 카가이가 당시 여성에 있어서도 정말 놀이였다는 근거는 없다. 적어도 여성에 있어서는 사랑이 희생된 가능성이 크다고 할 수 있다.

지금까지 카가이에 있어서 사랑의 문제가 문제로 인식되지 못했던 것은 남성중심적 문화에 의한 남성중심적 문학의 해석태도 때문이라고 생각한다. 남녀의 사랑이라고 할 때 상대방을 생각하

---

63) 日本文学協会(編), 『日本の小説2』, 東京大学出版会, 1954, p.29.

여 상대방을 위해서 존재하려고 하는 정신적 사랑과 자신의 육체
적 욕망을 채우는 것뿐인 일시적 정욕의 개념이 혼동해 왔으며,
여성의 사랑의 유린이 당연한 것으로 생각해 왔기 때문이다.

 ## 저주와 귀신

  일본대중문화에는 말할 필요 없이 괴물이나 귀신들이 많이 등
장한다. 이들은 일본대중문화에 꼭 있어야 될 character인 동
시에 주인공이기도 하다. 서양에서도 드라큘라나 프랑켄슈타인
등 기괴한 괴물이나 이야기가 있지만, 일본의 귀신은 시공을 초
월해서 나타나고 인간의 그림자와 같이 근처에 존재하며 불특정
한 사람을 상대로 무조건 해치려고 한다. 그 모양과 함께 우리에
게 불안과 공포를 주고 우리를 떨게 한다. 그러나 이러한 괴담이
나 이야기들은 실은 일본민속의 중요요소이다. 여기서 옛날부터
전해진 일본 귀신의 이야기들을 살펴보기로 한다.
  다음은 『곤쟈쿠모노가타리슈』 권27 제26화의 이야기이다.

  옛날 옛날에 야마토 지방의 □군에 사는 사람이 있었다. (중
략) 이 젊은이는 저 야마토의 아가씨가 아름답다고 소문을 듣고
편지를 보내면서 열심히 구혼했다. 이 아가씨의 부모는 처음은
이 젊은이를 받아들이지 않았지만, 너무 집요하게 청해서 드디어
허락하였다. 그리고 나서 이 두 사람은 서로 사랑하여 살고 있었

는데, 삼년이나 지나서 뜻 밖에도 남편이 병에 걸려 수일 동안 누워 있다가 드디어 죽었다. 아내는 이것을 한탄하여 죽은 남편을 사모하면서 몹시 슬퍼하고 있었다. 지방의 남자들이 계속 연애편지를 보내어 구혼했지만, 전혀 상대하지 않고 오로지 죽은 남편만을 그리워 슬퍼할 뿐이었다. 이렇게 해서 세월이 흘러가 삼년째의 가을, 여인이 평소보다도 더 눈물을 흘리면서 울고 있었을 때 한 밤중에 피리 소리가 들리기 시작했다. "아아, 옛날 남편의 피리 소리와 비슷하구나"하고 슬픈 마음으로 듣고 있었더니, 이 소리는 점점 다가오고 드디어 여인의 방밖의 창문 밑까지 왔다. "이것을 열어"라는 말이 틀림없이 남편 목소리이기에 너무 기쁜 반면에 무서워서 가만히 일어나서 틈으로 엿보니 정말 남편이 거기에 서 있었다. 그리고 그는 울면서 이렇게 말했다.

"죽음의 산을 넘어서 지금 저승에 있는 내가 이렇게 슬픈 것은 사랑하는 당신과 만나지 못하기 때문이다".

(중략) 여인은 무서워서 말도 못하고 있었더니, 남편은 "무리가 아니다. 당신이 너무나 나를 그리워하고 있어서 (중략) 왔지만, 이렇게 무서워하니 이제 다시 돌아가리라. 나는 하루 세 번이나 불타는 고통을 받고 있어"하고는 홀연히 사라져 버렸다.[64]

(『今昔物語集』)

이 이야기는 죽은 지 3년 만에 남편이 영혼의 모습으로 부인을 찾아온 것이다. 젊은 남녀가 함께 오래 살지 못하고 언제나 헤어저서 살아야 하는 안타까운 운명을 묘사하고 있다. 오래 이루지

---

64) 国東文麿(校注・訳), 『今昔物語集④』, 小学館, 2002, pp.85－87.

못했던 사랑이 드디어 이루어 두 사람이 부부가 되었다고 생각하자마자 남편이 타계하고 두 사람은 또 다시 두 세계로 갈라지게 되었다. 이 사실을 알고 구혼해온 남자들에게 부인은 거들떠보지도 않고 오로지 죽은 남편만을 사모하고 울면서 하루하루를 보내고 있었다. 그런 어느 날에 남편이 저승에서 그녀를 다시 찾아온 것이다.

여기서 남녀는 몸은 서로 영계와 육계로 갈라졌으나 사모하는 마음은 전과 같고 그들의 마음은 변하지 않았다. 그러나 남편이 어렵게 지상을 찾아왔는데도 불구하고 영혼의 모습으로 변한 남편을 본 부인이 너무나 놀라기에 할 수 없이 그는 다시 저승으로 사라져야 했다. '하루 세 번이나 불타는 고통을 받고 있어'라는 남편의 말이나 부인이 너무 무서워하는 모습을 볼 때 이 남편은 지옥에서 온 것으로 간주된다. 생전에 특별한 죄를 범한 것도 아닌데도 살아 있을 때 행복하게 살지 못하고 죽은 후에도 지옥에서 고통을 받고 있다니 불교에서 말하는 전세의 인연(因緣)이 상당히 나쁜 것으로 보인다. 복수(復讐)가 남에게 받은 고통의 대가를 가해자에게 되돌리는 벌(罰)과 같은 것이라면 전세(前世)의 나쁜 인연 때문에 받아야 될 현세의 고통 또한 과거의 범행에 대한 벌이라고 할 수 있다.

다음은 『곤쟈쿠모노가타리슈』권27 제25의 이야기이다.

옛날 옛날에 수도에 신분이 낮은 어떤 무사가 살고 있었다. 일이 없고 생활할 길이 없었는데 예기치 않게 지방관에 임명되었

다. (중략) 이 무사에게는 평소에 다니는 아내가 있었는데 집은
가난했지만, 나이도 젊고 용모도 아름답고 마음씨도 좋아서 계
속 다니고 있었다. 그러나 이 남자는 지방으로 가게 되자 이 아
내를 떠나 다른 부자 집 여자를 아내로 삼았다. (중략) 이렇게
해서 아무 부족함이 없이 살고 있던 사이에 수도에 버리고 왔던
원래의 아내가 생각나 그리워서 참을 수가 없게 되었다. "빨리
가서 보자. 어떻게 살고 있을까?" (중략) 언젠가 세월이 지나가
지방간의 임기도 끝나고 수도로 들어갔다. (중략) 남자는 여행
모습으로 원래의 아내가 있는 곳으로 갔다. 집 문이 열어 있기
때문에 안으로 들어갔더니 옛날과 달라져 집은 황폐하고 사람이
살고 있는 것같이 않았다. (중략) 때는 구월 십일 정도이며 하늘
에는 달이 밝게 비치고 있었다. 바람이 차고 불쌍해서 마음이 아
팠다. 방안으로 들어가 보니 이전과 같은 곳에 아내가 혼자 앉아
있었다. 아내는 남자를 원망하고 있는 것 같지 않고 단지 기쁜
모양이고 "어떻게 오셨어요? 언제 오셨어요?"라고 하니 남자도
지방에 가서 그녀를 그리웠던 이야기를 하고 (중략) 밤이 깊어
져서 "이제 자자."고 남쪽 방에 가서 서로 안고 잤다. (중략) 햇
빛이 반짝반짝 들어오고 있었다. 남자가 잠을 깨었더니 안고 있
던 이 여자는 뼈와 껍질만 남아있는 사체였다.65)

(『今昔物語集』)

이 이야기는 남편에게 버림받은 여자가 그의 돌아옴을 기다리
다가 죽었는데 저승에 가지 못하고 영혼의 모습으로 그를 맞이했
다는 이야기이다. 남편은 아내를 떠나면서도 뒷머리를 끌리는 듯
한 마음에 시달리게 되었고 그녀를 다시 찾아가게 되었다. 남편

---

65) 国東文麿(2002), 前揭書, pp.81-85.

에게 배신을 당하면서도 그에 대한 미련을 버리지 못한 여성의 영혼은 남편을 불러 드디어 그를 자신의 집까지 오게 한 것이다. 이렇게 돌아온 남편과 전과 같이 동금(同衾)해야만 여성의 영혼은 그곳을 떠날 수가 있었다.

이 여인은 몸은 죽어도 그녀의 영혼은 전과 같이 그대로 거기에 남아 있었고 귀신이 되어 오로지 남편의 돌아오기만을 기다리고 있었다. 사랑의 배신에 대해서 원한을 가지는 것은 세계 어느 곳에서도 볼 수 있는 예사이다.

특히 한국이나 일본의 설화에는 현실적으로 복수할 수 없는 여성들이 귀신이 되어서 복수를 이루는 경우가 많다. 그러나 이 여인의 한(恨)은 남편이 자신을 다시 찾아서 전과 같이 사랑을 나눔으로 인해 풀 수 있었다.

다음은 『니혼료이키』(日本霊異記)에 있는 이야기이다.

쇼무(聖武)천황의 시대에 (중략) 야마토 지방 도오치군 아무치 마을 동쪽에 대단한 부자 집이 있었다. 성은 가가미쯔구리노 미야쯔코라고 했다. 딸이 하나이었는데 이름은 만노코라고 했다. 아직 시집도 가지 않았다. 용모가 아주 예뻤다. 지위가 높은 사람이 구혼해도 거부해왔고 이제 나이를 먹었다. 그럴 때 어떤 사람이 구혼하러 왔고 서둘러 선물을 보냈다. (중략) 겸하여 가까워져 친하게 지내게 되어 드디어 이 여자의 침실에 들어가는 것을 허락했다. 그 날 밤에 그 방에서 소리가 나고 "아파"라고 하는 것도 셋 번이나 들었다. 부모가 서로 말하기를 "아직 익숙하지 않아서 아픈 것이구나."고 해서 그대로 잤다. 다음 날 늦게 일어나서 (중략) 이상하게 생각해서 (딸의 침실을) 열어보았더니

얼굴과 손가락만 남고 나머지는 다 (귀신이) 먹은 상태였다.66)

(『日本靈異記』中卷第三十三)

이 이야기는 정체불명의 괴물이 남자로 변해 처녀를 찾아와 첫날밤을 보내는데 그날 밤에 그녀를 먹었다는 기괴한 이야기이다. 여기서 이 괴물을 귀신(鬼神)이라고 볼 수도 있고 또 고대일본인들이 믿고 있었던 신(神)이라고 볼 수도 있다.

고대일본에서는 여성은 원래 신의 아내로서 인간 남자와 결혼하기 전에 먼저 신의 허락을 받아야 된다는 민속이 있었기 때문에 신혼의례(神婚儀礼)가 이 이야기의 배경이 되어 있다. 신에게 처녀를 바치는 풍습이 존재했는데 이 이야기는 이러한 신에 대한 이야기가 시대의 흐름에 따라 괴물에 대한 이야기로 변한 것이다.

다음은 『곤쟈쿠모노가타리슈』(今昔物語集) 권20 제7의 이야기이다.

옛날 옛날에 소메도노노 황후라는 분은 몬덕(文德)천황의 어머니이시고 관백(関白) 다이죠(太政)대신이신 요시후사(良房)공의 딸이다. 그녀의 용자의 아름다움은 각별했다. 그러나 이 황후는 늘 사령(死霊) 때문에 고생하고 있어서 여러 가지 기도(祈祷)를 하고 있었다. 그리고 영험(霊験)이 잘 나타난다고 소문이 난 스승을 초대하여 이것저것 수법(修法)을 행했으나 조금도 효과가 없었다. 그런데 야마토(大和)지방의 가즈라키(木)산 정상에 곤고(金剛)산이라는 곳이 있어 거기에 어떤 귀한 성인(聖人)이 살고 있었다. (중략) 천황과 황후의 부친이신 대신이 그 소문

---

66) 中田祝夫,『日本靈異記』, 小学館, 1995. pp.215－217.

을 듣고 "그 스님을 모시고 그녀의 병에 대한 기도를 하게 하자"
고 생각하여 궁중에 오도록 명령이 내렸다.(중략) 그래서 황후
앞에 와서 봉사하게 했더니 바로 효과가 나타나 황후의 하인 중
한 여자가 갑자기 착란(錯乱)하게 되어 울기 시작했다. 그녀에게
무언가가 들리고 여기저기 달리면서 소란을 피우고 외쳤다. 성인
이 더욱 더 힘을 내고 기도하면 그 여자는 동여 묶인 것같이 심하
게 괴롭혔다. 그러더니 그 여자의 가슴에서 여우가 나와 (중략)
황후의 병은 하루만에 나았다. 대신은 기뻐하고 "성인, 잠깐 여기
계시오"라고 하므로 말씀대로 거기에 있었다. 그 때는 여름의 일
이며 황후는 얇은 옷을 입고 있었고 바람이 불어 간막이의 늘어
뜨리는 옷감이 뒤집은 그 사이에서 스님은 희미하게 황후의 모습
을 틈으로 엿보았다. 이제까지 이러한 아름다운 여성을 본 적이
없었기 때문에 스님은 금방 눈이 어두워지고 내장도 찢어지는 것
같이 느끼고 황후에 대해서 깊은 애욕(愛慾)의 정(情)을 느끼게
되었다. 그렇다고 해서 어떻게 할 수도 없기 때문에 혼자 고민하
고 있었지만, 가슴속으로는 불을 타는 것과 같이 황후의 모습이
깜박거리고 순간도 잊을 수가 없었다. 드디어 사련, 분별을 잃어
전후의 구별도 못하고 때를 기다리다가 간막이 속으로 들어갔다.
(중략) 스님은 뇌옥(牢獄)에 들어갔지만, 한마디도 하지 않고 하
늘을 쳐다보고 울면서 맹세했다. "나는 지금 즉시 죽고 귀신(鬼)
이 되어 이 황후가 살아 있을 때 내 소원대로 황후와 통할 것이
다" 이것을 듣고 (중략) 스님을 석방해주고 전의 산으로 들어가
게 했다. (중략) (스님은) 현세에서는 도저히 이루어질 수 없는
일이라고 생각해서 그런지 "결심대로 귀신(鬼)이 되자"고 빌고
금식했기 때문에 그는 십일만에 아사(餓死)했다. 그러더니 바로
귀신(鬼)이 되었다. (중략) 그런데 이 귀신(鬼)의 혼(魂)이 황후
의 정신을 잃게 했기 때문에 황후는 예쁘게 몸치장을 하고 웃음

을 띄우면서 부채로 얼굴을 감추고 각만이 속에 들어가서 귀신
(鬼)과 동침했다. (중략) 그 후에도 이 귀신(鬼)은 매일 같은 모
습으로 찾아 왔지만, 황후는 이것을 무서워하지도 않고 오로지
이를 그리워하기만 했다.[67]   (『今昔物語集』)

여기서 승려가 귀신이 된 것은 그때까지 애욕[68]을 참고 왔으
나 한번도 본 적이 없었던 아름다운 여성을 일별함으로써 자기정
신을 잃었기 때문이다. 승려가 변한 이 귀신은 불과 같이 그때까
지 풀지 못했던 정욕을 풀기 시작했고 음란(淫乱)을 제 멋대로 하
게 되었다. 황후도 원래 사령의 들림에 시달리고 있었기 때문에
귀신과 무관하지 않았다. 이는 그 때까지 경험하지 못했던 음행
(淫行)을 할 것을 결의한 이 귀신에게는 아무 대책이 없었다는 이
야기이다.

『야마토모노가타리(大和物語)』 제150화의 우네메(采女)에 대
한 이야기란 다음과 같다.

옛날, 나라(奈良)에 계시는 천황을 모시는 어떤 우네메가 있
었다. 이 처녀는 대단히 아름다워서 많은 남자들이 구애했고 궁
중의 지위 높은 관리들마저 구애했지만, 그녀는 아무에게도 응
하지 않았다. 그녀가 아무도 대하지 않았던 이유는 천황을 사모
하고 있었기 때문이다. 어느 날 천황이 이 처녀를 불렀다. 그러
나 그 후에 다시 부르지 않아 그녀는 그것을 아주 괴롭게 생각하

---

67) 国東文磨 外(校注・訳),『今昔物語集③』, 小学館, 2001, pp.46-50.
68) 愛慾은 원래 仏法語이며 仏道에 배반하는 睡棄해야만 하는 慾心 중 하나이
다(小峯和明,『今昔物語の形成と構造』, 笠間書院, 1985, p.205.).

고 있었다. 이렇게 이 처녀는 밤낮으로 천황을 생각하고 한 순간
도 잊은 적이 없이 사모하고 있었으나, (천황은 그렇지 않아서
그녀는) 한탄하고 있었다. (중략) 이 처녀는 더 이상 살아갈 수
가 없어서 드디어 어느 밤에 남몰래 궁중을 나와 사루사와(猿
沢) 못에 몸을 던졌다. (중략) 천황은

> 사루사와 못이 원망스러워. 내가 그리운 저 처녀가 못
> 에 가라앉고 수초밑에 누웠다면 (못아) 곧 말라버려라

하고 노래를 지었다. 그리고 천황은 이곳에 묘를 만들게 하고 돌
아갔다는 이야기이다.69) (『大和物語』第百五十)

이 이야기는 일본에서는 일반적으로 천황에 대한 처녀의 실연
(失恋) 이야기로 전승해 왔다. 그러나 이 이야기의 핵심인 천황이
지었다는 노래를 보면 처녀의 실연의 슬픔이라기보다는 말할 수
없는 처녀의 원한(怨恨)이 흘러 있는 것을 알 수 있다.

우선 일본 우네메(采女)란 고대당시에 일본 각 지방에서 공헌된
호족들의 딸이나 여동생들이며 그녀들은 신(神)을 모신다는 명목
으로 궁중에 오게 되었지만, 실제로는 정치적 인질(人質)에 불과
했다. 당시 천황제(天皇制)를 떠받치는 이념으로서 신혼의례(神婚
儀礼)가 존재했지만, 이는 천신(天神)의 후손으로서의 천황과 국
신(国神)으로서의 각 지방의 처녀가 하나가 됨으로서 만물이 번식
된다는 것이었다. 우네메는 그러한 무녀(巫女)의 입장으로 궁중에

---

69) 高橋正治 外(校注・訳),『竹取物語, 大和物語, 伊勢物語, 平中物語』, 小学
館, 1999., pp.383-384.

온 것이다. 그러나 궁중에 오게 되면 그녀들은 밤마다 자신의 차
례를 기다려야될 마치 정부와 같은 입장에 처하게 되었다.

이 이야기는 아직 궁중에 와서 얼마 되지 않은 한 처녀가 순수
하게 천황을 사랑했는데도 불구하고 천황은 처음부터 그녀를 위
로의 대상으로밖에 생각하지 않았기에 이 사실을 알게 된 처녀가
투신한 것을 이야기했던 것으로 해석된다. 순결과 사랑의 틈새에
서 살 길이 없어진 그녀는 한(恨)을 품고 자살을 선택할 수밖에
없었던 것이다.

위 노래는 이렇게 죽은 처녀의 영혼이 사람을 해치지 않을까
걱정해서 불러진 것으로 이해된다. 여기서 천황은 처녀가 투신한
이 못을 원망한다고 했고 이 못에게 말라버리라고 명령하고 있지
만, 실은 이는 처녀의 영혼에게 건 주문(呪文)이라고 볼 수 있다.
못을 원망한다는 것은 처녀의 한(恨)을 가리키며 말라버리라는
것은 처녀의 원한(怨恨)에 대한 말일 것이다. 이로 인해 처녀의
한이 풀릴 수 있을 지는 의문스럽지만, 이 노래는 한을 품고 죽은
영혼을 진압시키고 그녀가 귀신이 되어 해를 주지 않도록 불러진
것으로 해석된다.

이렇게 이들은 수도승이나 처녀 등이 사랑이나 애욕에 대한 한
(恨)을 품고 죽어 귀신이 된 (또는 귀신이 될 가능성이 있는) 이야기
이다. 여기에 나오는 귀신들의 특징은 모두 생전에 순수한 생활
을 해온 독신자들이다. 그들이 귀신이 된 (또는 될) 이유는 첫 사
랑이 이루어지지 않았기 때문이다.

간(姦)의식

다음은 『곤쟈쿠모노가타리슈(今昔物語集)』 권29 제23화의 이야기이다.

옛날 옛날에 수도에 사는 어떤 남자가 그의 아내가 단바(丹波) 지방 출신이었기에 그녀를 데리고 단바 지방을 향해 떠났다. 아내에게 말을 타게 하고 자신은 걸어서 말의 뒤를 따르는데 그는 화살을 열 개정도 넣은 전동을 등에 매고 활을 들고 있었다. 그러던 중에 오오에산(大江山) 근처에서 어떤 칼 하나만을 허리에 맨 아주 강하게 보이는 젊은 남자와 길동무가 되었다. (중략) 칼을 맨 남자가 "내가 맨 이 칼은 미치노오쿠노(陸奥) 지방에서 얻은 아주 유명한 칼이다. 한 번 보시오"라고 해서 뽑아서 보여주었다. 자세히 보니 정말 훌륭한 칼이었다. 앞에 남자는 이것을 보고 가지고 싶어서 참을 수가 없게 되었다. 젊은 남자는 그 모습을 보고 "이 칼을 가지고 싶으면 당신이 가지고 있는 그 활과 바꾸시오"라고 했다. (중략) 곧 바로 교환했다. 이렇게 해서 함께 가는 중에 이 젊은 남자는 "내가 활만 들고 다니는 것은 보기 이상하다. 산중을 가는 동안만 그 화살을 빌려주시오. 어차피 이렇게 함께 가는 우리에게는 당신이 가져도 나가 가져도 같은 것이 아닌가"라고 했다. 앞에 남자는 "그것도 그렇다"고 생각하고 (중략) 말한 대로 화살을 두 개 빼고 주었다. (중략) 얼마 안 있어 점심을 먹으러 대나무 숲 속으로 들어가려고 하니 이 젊은이는 "사람이 다니는 길가에서는 보기 싫다. 조금 더 안으로 들어갑시다"고 하니 더 안으로 들어갔다. 그리고 아내를 말에서 안고 내리게 하고 있었더니 이 활을 가진 남자가 갑자기 활에 화살을 시위에 메기고

앞 남자를 겨냥하고 강하게 활을 끌면서 "너, 움직이면 쏘아 죽이
겠어"라고 한다. 앞에 남자는 불의의 일로서 당연히 선 채 꼼짝
못했다. (중략) (젊은이는 앞 남자를) 타도하여 말의 손 줄로 나
무에 붙들어 맸다. 이렇게 해서 여자 옆에 와서 보니, 여자는 나
이가 스무 살 정도이며 신분은 낮지만 매력적이고 아름답다. 남
자는 이를 보자마자 제정신을 잃었고 (중략) 두 사람이 누었다.
여자가 할 수 없이 남자가 시킨 대로 하는 것을 남편은 나무에
묶이면서 보고 어떤 심경이었을까. 그 후 (젊은) 남자는 일어나
(중략) 어디로 가는지 알 수 없었다. 그 후에 여자는 남편 옆에
가서 줄을 풀어주었더니 남편은 어안이 벙벙하고 있었다. 여자는
"당신은 얼마나 어이없는 남자요. 앞으로도 이렇다면 도저히 당
신을 의지할 수가 없어요"라고 했지만, 남편은 한 마디도 하지 않
고 그곳에서 여자를 데리고 단바를 향했다.70)

(『今昔物語集』卷二十九 第二十三)

이 이야기는 사람을 의심할 줄 모르는 호인인 남자가 적에게
모두 무기를 주어 버린 끝에 아내의 정조까지 빼앗긴 어리석음을
이야기한 것이다. 당시로서는 경솔한 행동을 경고하기 위해 말해
진지도 모른다. 그러나 우리에게 충격을 주는 것은 역시 남편을
나무에 묶어서 남편 눈앞에서 강간(強姦)이 행해지는 장면이다.

그 때 순진한 그 남편은 어떤 마음으로 그 모습을 끝까지 지켜
봤을까? 그리고 그 일이 일어난 후에 두 사람은 어떻게 살아갔을
까? 이 이야기에서 간음(姦淫)은 침묵 속에서 진행했다. 그 후 남
편은 한 마디도 하지 않고 여자를 데리고 그곳을 떠났다고 한다.

---

70) 山田孝雄 外(校注), 『今昔物語集 五』, 岩波書店, 1979, pp.175－176.

부인의 입장은 어떤가? '할 수 없이 남자가 시킨 대로하는 것'도 문제가 되지만, 이 장면을 남편은 '나무에 묶이면서 보고' 있었던 것이다. 여성으로서 최대의 수치(羞恥)를 처음부터 끝까지 남편에게 드러내게 된 그녀는 수치심과 자책(自責)에 사로잡히고 도저히 살지 못할 것이라고 느끼는 것이 우리의 정서이다. 그러나 여기서 여성은 '남편 앞에 가서 줄을 풀어 주'고, "당신은 얼마나 어리석은 남자요"라고 해서 남편을 책망한다. 이전과 변함이 없는 자세로 남편을 꾸짖고 있는 것이다. 이것을 의지가 굳세고 흔들림이 없는 여성이 남편을 달랬다고 해석할 수도 있으나 이 문맥에서 볼 때, 그녀는 정말로 문제의 원인은 남편에 있다고 생각했던 것 같다. 이 이야기를 기록한 사람 또한 그러하다는 것도 편자의 부기에서 알 수 있다.71)

우리는 여기서도 여성의 정조(貞操)관념의 결여와 그것을 비난하지 않는 당시의 사회풍토를 볼 수 있는데 이것은 여성 스스로가 간음의 죄를 자각하지 못했다는 사실을 의미한다. 그러나 그것은 남편이 배우자의 간음을 아무렇게도 생각지 않았다는 뜻은 아니다. 이 이야기에서도 남편의 침묵은 바로 그의 심정을 표현하고 있다 하겠다. 즉 이는 그의 인욕(忍辱)을 의미하고 있는 것이다.

이렇게 이 이야기에는 간(姦)에 대한 남편의 자의식(自意識)이 현저하게 나타나 있다. 순진한 남편은 순결을 상징하고 있고 그

---

71) '원래남자(남편)는 언어 도단이다. 깊은 산 속에서 전혀 모르는 남자에게 자신의 무기를 준다는 것은 정말 어리석다'(上揭書, pp.176-177.).

의 아내의 강탈은 그의 심정(心情)의 유린(蹂躪)을 의미한다. 결국 여기서 '간(姦)'이란 남의 부인의 순결을 빼앗은 것이며 남편의 심정을 유린하는 것으로 드러나고 있다.

다음은 『곤쟈쿠모노가타리슈』 권26 제21화의 이야기이다.

> 옛날 옛날에 □지방에 □군에 사는 사람이 있었다. (중략) (남편이) 이삼일 동안 집으로 돌아오지 않아서 집에서는 아내가 혼자 있었다. 그 때 한 수도승이 와서 경을 읽고 음식을 빌었다. (중략) 그 승려와 여자 단 두 사람은 깊은 산 속으로 들어가 (중략) 거기서 제문을 읽었다. 여자는 (중략) 집으로 돌아가려고 했더니 승려는 여자가 젊고 순진한 것을 알고 한 순간에 정욕이 일어나 제정신을 잃었다. (중략) 여자가 잡은 손을 뿌리치고 도망하려고 하니 칼을 내서 (중략) 사람이 없는 산중의 일로서 어찌할 수가 없어서 (중략) 여자는 승려가 시킨 대로했다. (중략) 바로 그 때 여자의 남편은 거기를 지나고 있었더니, 덤불 속에서 뭔가 움직이는 낌새가 있었다. 그 남편은 "이 덤불 속에 사슴이 있군"하고 생각해서 (중략) 그 움직이는 곳을 향해 화살을 쏘았더니 (중략) 여자 위에 승려가 덮고 있어 승려의 등에 명중하고 있었다. (중략) 그래서 그 승려(의 사체)를 산골짜기에 떨어뜨리고 아내를 메고 집으로 돌아갔다.[72]　　　　(『今昔物語集』)

이 이야기에서도 간음의 결과는 죽음으로 끝나고 있다. 간부(姦夫)는 천벌(天罰)을 받은 것이다. 특히 간음하는 도중에 남편이 마침 길옆을 지나갔다는 우연한 만남은 그들의 피할 수 없는

---

72) 国東文磨 外(校注・駅), 『今昔物語集 三』, 小学館, 2001, pp.569－571.

운명을 잘 묘사하고 있다. 악행의 대가가 꼭 벌(罰)이라는 도리를 가리키고 있는 것이다.

『아곤교(阿含経)』에는 '한 번 여자를 능욕하면 반드시 지옥 중의 지옥인 무간(無間)지옥에 떨어진다'[73]고 쓰여져 있다. 그러므로 수도승이 범한 간음행위에 대한 대가는 죽음에 상당했다. 남편은 사실을 모르는 사이에 원수를 갚은 결과가 된 것이다.

이들 설화는 간음과 그에 대한 대가로서의 죽음을 이야기하고 있다. 자신의 신분을 떠나 과분한 욕망을 채우려고 죄를 범하게 된 중들은 모두 그에 대한 대가로서 천벌(天罰)을 받게 되었다. 결국 이들 이야기는 인과응보(因果応報)의 도리를 통해 죄(罪)와 벌(罰)의 관계를 묘사하고 있다.

여기서 우리는 사통(私通)에 대한 의식의 변화를 잘 나타낸 한 설화를 보자. 『곤쟈쿠모노가타리슈』 권26 제4화 이야기란 다음과 같다.

옛날 옛날에 대학료(大学寮)의 장관인 후지와라노 아키히라라는 박사가 있었는데 그는 젊었을 때 궁중에서 일하는 어떤 뇨보(女房)와 깊은 사이가 되어서 남몰래 (그 여자 방을) 다니고 있었다. 역시 어느 밤에 방문했지만 거기서 여자와 자기에 형편이 나빠서 근처에 살고 있는 하인에게 "너 집으로 뇨보를 불러 거기서 잘 수 있겠소?"라고 부탁했다. 마치 그 집의 남자 주인은 (중략) 전에부터 "아내가 다른 남자와 사통하고 있다"고 소문을 듣고 있었지만, "그 사통남자가 오늘밤은 곧 올 것이다"고 가르쳐

---

73) 笠原一男, 『日本史にみる地獄と極楽』, 日本放送出版協会, 1976, p.43.

주는 사람이 있어서 "어떻게든 해서 그 현장을 잡아 남자를 죽이
겠다"고 생각하여 아내에게는 멀리에 가서 몇 일 돌아오지 않다
고 하여 떠난 것처럼 하고 상황을 보고 있었다. 그것도 모르고
아키히라가 편안히 자고 있던 한밤중에 (중략) 살짝 집안에 들
어가고 (중략) 칼을 뽑아 거꾸로 쥐고 (사통남자의) 배 위라고
생각하는 곳을 (중략) 팔을 번쩍 올린 순간에 지붕 널 사이에서
들어온 달 빛 때문에 "그새 내 아내에게 이런 귀인복(貴人服)을
입은 사람이 찾아 올 리가 없을 텐데 (중략) 하고 망설이고 있었
더니 좋은 향기가 나와서 "역시 이상하다"고 (중략) 물러났더니
아키히라도 잠을 깨어 (중략) 큰 소동을 일으켰다.74)

(『今昔物語集』)

이 이야기는 하인 부부가 동거하고 있는 것을 볼 때, 일본 고대
말기의 이야기인 것 같다. 고대일본의 혼인양식은 남자가 여성의
집을 밤마다 다니는 방문혼(訪問婚)이며 이 풍습은 12세기말 경에
부계(父系)중심의 봉건사회가 이루어질 때까지 쉽게 사라지지 않
았다고 한다.

중세가 가까워짐에 따라 부부의 동거가 점점 시작했다고 하는
데 그 과도기에는 이전과 같이 밤마다 여성을 방문하는 외간남자
가 집안에 있는 남편에 의해 죽임을 당하는 일도 적지 않았다고
한다. 이 이야기는 이러한 시대상황을 묘사하고 있는 것이다. 고
대말기에는 이러한 종래의 고대적 요소와 새로운 중세적 요소가
교차하고 겹치면서 모순된 양상을 보이는 일이 적지 않았다.

---

74) 国東文麿(2001), 前掲書, pp.468-470.

고대의 무속적 공동체 사회에 있어서 인간의 삶은 집단적이며 거기에는 '자기'와 '남'의 구별이 명확하지 않았다. 이런 사회에서는 늘 공동체 전체의 이익이 우선되어 때에 따라서는 개인이 희생되는 경우가 많았기 때문에 보편적 사고나 가치관은 싹트기 어려웠다. 집단적 공유를 원칙으로 하는 마을 공동체에서는 풍요를 위한 생산수단은 물론, 번식을 담당하는 남녀마저 때로는 공유될 가능성이 있다.

그러므로 상기와 같은 부인들의 행동으로 알 수 있듯이 '남성'을 받아들이기가 쉽고 그에 대한 죄의식 또한 약한 것이다. '당시의 사료(史料)에는 간통(姦通)을 의미하는 내용이 없는 것뿐만 아니라 간통을 의미하는 일본어 자체가 없다'[75]는 것도 바로 이러한 이유 때문이겠다.

결국, 이들 이야기는 아직 일대일의 혼인풍습이 정착하지 않았던 모계적 사회에서 부계적 사회로의 과도기의 사회상을 묘사한 것이라고 할 수 있다. 이런 환경 속에 먼저 변화를 이룬 것이 남성들의 자의식(自意識)이며 간(姦)의식인 것이다.

 ## 순애와 순결

다음은 일본 『만요슈(万葉集)』에 나오는 한 처녀에 관한 이야

---

75) 綜合女性史研究会 (編), 『日本女性の歴史』, 角川書店, 1993. p.55.

기이다.

　　아시야(葦屋)76)의 우나이(菟原)이라는 곳에 살고 있었던 처
녀는 여덟 살 어린시절부터 아가씨의 모습으로 머리를 결발할
나이가 될 때까지 늘어서 있는 (주변의) 이웃집에도 모습을 나
타내지 않고 집에 틀어박혀 있었다. 많은 남자들이 (그녀를) 보
고 싶어 안타까워하고 빙 둘러싸 울타리를 이루고 구혼했는데,
치누(千沼)란 곳에 살고 있던 사나이와 우나이(菟原)에 살고 있
던 사나이가 초라한 (그녀의) 집을 태우고 (기세를 올려)벼르고
안으로 들어와 서로 다투어 구혼했다. 이 두 사람은 몇 번이나
태워버린 칼의 손잡이를 잡고 활과 화살을 넣은 전통(箭筒)을
어깨에 메고 물불을 가리지 않고 들어오려는 마음으로 맞서고
싸웠다. 이때 이 처녀가 어머니에게 말하기를 "하찮은 나 때문에
사나이들이 싸우는 모습을 보니 비록 살더라도 (어떻게 그 중의
한 사람과) 결혼할 수 있겠습니까?"하고 저 세상에서 기다리겠
다며 남몰래 한탄하며 슬퍼하고 죽었다. 치누 사나이는 (처녀가
죽은) 그날 밤 (그 처녀를) 꿈꾸며 처녀를 따라 죽었기 때문에
늦은 우나이의 사나이는 하늘을 우러러보고 외치며 땅을 치고
이를 갈며 분하여 그 녀석에게 지면 안 된다고 어깨에 멘 칼을
잡고 (자살해서) 뒤를 따라갔다. 　　　　　　　　(『万葉集』1809)

이 이야기는 남성 앞에 모습을 나타낸 적이 없는 청백한 처녀
가 두 남성의 구혼을 받고 고민한 끝에 자살했다는 것이다. 만일
이 처녀가 한사람만이라도 좋아하고 있었다면 그를 택할 수도 있

---

76) 摂津国 菟原郡 (現在 日本 兵庫県 芦屋市에서 東部쪽 地域一帯). 葦屋의
　　処女이란 이 地域의 東쪽에 살고 있었다는 伝説의 美人을 말한다.

었을 것이고 둘을 다 좋아하고 있었다는 흔적도 없기 때문에 처녀는 총각들이 자신을 위해 서로 싸워 생명까지 해치는 일을 위구(危懼)하거나, 비록 한사람을 택해도 남는 사람의 괴로움 앞에 행복하게 살 수 없다고 생각하여 차라리 자기가 죽자고 해서 자살한 것으로 해석할 수 있다.

우리는 이 이야기에서 목숨을 걸고 사랑한다는 남자들을 위해 자신의 목숨을 먼저 회생시켰다는 뜻으로 훌륭한 여성상을 볼 수 있다. 그러나 동시에 여기서 남자라는 존재를 받아들이지 못해 저항을 느낄 수밖에 없는 처녀의 본성을 볼 수 있다. 어린 시절부터 남성 앞에 나타난 적이 없는 이 처녀는 두 명의 남자가 억지로 하는 구혼 앞에 어찌할 바를 모르고 고민한 끝에 세상을 떠났다고 볼 수 있는 것이다. 다음은 〈데고나(手児名)〉라는 한 처녀에 대한 전설77)이다.

아즈마(東国)에서 옛날에 있었던 일로서 지금까지 늘 전승되는 이야기이다. 가쓰시카(勝鹿)의 마마(真間)에 살고 있던 데고나(手児名)라는 아가씨는 삼(麻)으로 만든 (초라한) 옷에 바란 옷깃을 붙이고 삼(麻)으로 치마를 짜서 입고 있었다. 머리도 빗지 않은 채, 신발도 신지 않고 걷지만 좋은 비단옷을 입고 소중히 키운 (부자 집의) 아가씨들도 이 처녀에게는 못 미쳤다. 보름달과 같은 둥근 얼굴로 꽃처럼 미소를 띄우며 서 있으면 마치 여름 벌레가 불 속으로 뛰어드는 것처럼, 또 많은 사나이가 항구에 들어가려고 배를 젓는 것처럼 남자들이 모여서 (그 아가씨에게)

---

77) 佐竹昭広 外(校注・訳), 『万葉集 二』, 小学館, 1972, pp.439-40.

구혼했다. 어차피 짧은 인생인데 무엇 때문에 외곬으로 생각하
며 고민한 나머지 자살했는가? 왜 이 처녀는 파도가 해안을 때
리는 (이러한) 안정하지 않은 곳을 묘지로 택해서 그 몸을 누이
고 있는가? 옛날에 있었던 일이지만 마치 어제 있었던 일과 같
이(불쌍하게) 느껴진다.   (『万葉集』1807)

이 이야기는 전설의 처녀 데고나에 대한 것이다. 그녀는 많은
남자들의 관심을 모으면서도 이유를 알 수 없는 자살로 짧은 인
생을 마쳤다. 그녀가 왜 자살했는지는 지금도 수수께끼이며 이것
이 그녀의 존재를 한층 더 신비하게 하고 이 이야기를 듣는 사람
들의 마음을 끈다. 보통 미인의 아가씨들은 집안에서 귀중하게
키우는데도 불구하고 데고나의 경우는 집안이 가난해서 그런지
물을 푸기 위해 자주 사람들 앞에 나타났다.

아가씨의 나이가 되었는데도 머리도 빗지 않고 신발도 신지 않
았다는 것은 그녀가 남자들에게 전혀 관심을 표시하지 않았다는
사실을 시사한다. 그녀의 집안이 가난해서 그랬다고 볼 수도 있
으나 이는 그녀의 시원시원한 성격의 나타남으로 보아야 될 것이
다. 마치 소녀와 같이 행동하고 부모를 모시고 살고 있었듯 하다.
그러므로 많은 남성한데 받은 구혼은 이 처녀에게는 오히려 부담
이 되고 위의 이야기와 같이 어찌할 바를 모르고 세상을 떠났다
고 볼 수 있다.

다음은 일본 동화로 잘 알려지고 있는 『타케토리 모노가타리』
(竹取物語) 이야기이다.78)

옛날 대나무를 채집하는 한 노인이 있었다. (중략) 대나무 숲 가운데 밑동이 빛나는 한 그루가 있었다. (노인은) 이상하다고 생각해서 가까이 가서 잘 봤더니 통 안이 빛나고 있었다. 통 안을 잘 보았더니 세 치 정도의 사람이 아주 귀여운 모습으로 앉아 있었다. (중략) 내 아이가 될 사람이 틀림이 없다"고 해서 (노인은) 손바닥 속에 놓고 집으로 가지고 왔다. 노파에게 맡기고 키웠다. 그 아름다움이란 말로 표현하지 못할 정도이었다. (중략) 3개월 정도가 되자 성인이 되었기 때문에 머리를 얹고 성인의 옷도 입게 했다. 그리고 장막 속에 넣고 아주 소중하게 키웠다. (중략) 세상 남자들은 신분이 낮인 자도 높은 자도 너도나도 어떻게든 빛나는 공주를 얻고자 해서 (중략) 집 주위를 떠나지 않는 귀공자(貴公子)들이 거기서 밤을 새우는 사람도 많이 있었다. (중략)"할아버지(나)는 이미 칠십 세를 넘었다. 언제 저 세상에 갈지 모른다. 세상 사람들은 남자는 여자와 결혼하고 여자는 남자와 결혼하는 법이다. (중략) (당신만이) 어떻게 결혼하지 않을 수 있냐" 빛나는 공주가 말하기를 "어찌 제가 결혼 따위를 하겠습니까"고 했더니, (중략) 이 할아버지(내)가 살고 있는 동안은 혼자 살수도 있겠지요. (그러나) (중략)"라고 했더니 공주가 말하기를 "잘 생겼던 것도 아닌데 설사 귀인(貴人)이라고 해도 깊은 애정도 없이 결혼하기는 힘들다고 생각합니다"고 했다. (중략) (천황이 사자를 보냈을 때)"설사 천황이 부르신다고 해도 응하지 않습니다"라며 조금도 (천황의 사자를) 만나려고 하지 않았다. (중략) 7월15일의 달밤에 공주는 툇마루에 앉아서 뭔가 고민하고 있는 모양이었다. (중략) 8월15일이 가까운 달밤에 공주는 툇마루에 앉아서 심하게 울었다. (중략) 이제는 돌아가야 할 때가 왔기 때문에 이번 15일에 저를 본국에서 맞이하러

---

78) 室伏信助(訳・注),『竹取物語』, 創英社, 1984, pp.14-96.

올 것입니다. 할 수 없이 이별해야 했기 때문에 슬퍼서(중략)"라
며 심하게 울었다. (중략) 하늘 사람이 하늘의 옷을 공주에게 입
게 하면 (중략) 나는 수레를 타고 백 명 정도의 종자를 데리고
하늘로 올라가 버렸다.   (『竹取物語』)

이 이야기는 10세기경에 일본에서 처음으로 만들어진 가공적
인 이야기(Story)로 알려져 있다. 작자는 불명이고 고대설화를
사용해서 창작되었다는 점에서 아직 구비전설과 유사한 이야기로
서 설화에서 미분된 이야기라고 할 수 있다. 이 이야기는 공주가
대나무에서 나오는 것부터 시작해서 많은 남자들이 그녀에게 구
혼했는데도 불구하고 그녀는 그 모든 구혼을 물리친다. 마침내
천황까지 구혼했지만, 응하지 않고 결국 처녀의 몸으로 하늘로
승천(昇天)하는 결말이다.

이렇게 이 이야기는 남자의 구혼과 그에 대한 거부로 일관되어
있다. 공주가 여자의 몸에서 태어나지 않고 대나무에서 나오는
것도 신성(神聖)하지만, 집안의 장막(帳幕) 속에 소중히 키워졌다
는 점도 청결(淸潔)성의 나타남이라고 할 수 있다.

이 이야기에서는 처녀가 끝까지 순결을 지키면서 승천했기 때
문에 영원한 처녀를 묘사한 것이라고도 할 수 있을 것이다. 하늘
나라에서 온 천녀(天女)가 지상의 남자와 결혼하고 지상에 아이를
남겨준 채 하늘로 돌아가는 다른 이야기도 있지만79), 그와 달리
이 이야기에서는 공주가 남자를 일체 거부하는 내용으로 일관되

---

79) <伊香小江>(近江国風土記逸文, 植垣節也(校・注),『風土記』, 小学館, 1998,
　　pp.578-579.)

어 있다.

다음은 『곤쟈쿠모노가타리슈』 권22 제7화[80]의 이야기이다.

　옛날에 (중략) (아드님의) 나이가 열 다섯, 여섯 살 정도 되셨을 때 구월경 매사냥을 하러 가셨다. (중략) 하늘이 갑자기 흐리고 소나기가 내리기 시작했다. (중략) 도련님은 서쪽 산기슭에 집이 한 채 있는 것을 보고 거기로 말을 달리게 하셨다. (중략) 남자가 나와서 "누구십니까?"라고 한다. (중략) "누추한 곳입니다만, 그대로 여기서 계시는 것도 어떤가합니다. 비가 그칠 때까지 집안으로 들어오십시오" (중략) 그대로 잠시 계셨더니, 미닫이를 열고 나이가 열 셋, 넷 정도의 소녀가 자색옷을 입고 (중략) 굽 달린 그릇에 술과 음식을 놓아 가져 왔다. (중략) (도련님은) "옆에 오라"고 하시고 가까이 끌어안고 주무셨다. (중략) 옆에서 보는 모습은 멀리서 보는 것 보다 더욱더 아름답고 귀여웠다. 홀딱 반해버린 도련님은 아직 어린 마음이지만 앞으로도 변함 없는 사랑을 다시 한 번 또 다시 한 번 약속하시면서 구월(九月)의 긴 밤을 한숨도 잠들지 않고 부부의 인연을 맺고 보냈다. (중략) 떠나려고 할 때, 지니셨던 칼을 소녀에게 주고 "이것을 기념물로 가지고 있어라. 부친이 생각 없이 누군가와 결혼시키려고 해도 절대로 남의 아내가 되면 안돼요"라고 말을 남기고 떠났다. (중략) 도련님은 그때의 소녀를 사모하면서도 하인을 보낼 수도 없었다.[81] 이렇게 해서 세월이 지나 그리움이 자꾸 더해지면서 고민하고 있는 중에 어느덧 4, 5년이 지났다. (중략) 그때 소녀를 생각하면서 결혼도 안 하고 혼자 사는 사이에 6년이 지났다. 바

---

80) 国東文麿 外(校・註), 『今昔物語集 三』, 小学館, 1974, pp.193-200.
81) 그날 매사냥에 함께 따라가던 이 소녀의 집 주소를 아는 하인이 시골로 가버려서 그때의 집을 알 수 없었다.

로 그때 옛날 하인이 되돌아왔다고 듣고 (중략) 그 장소에 저녁
에 도착하셨다. (중략) 전의 방에 가 봤더니 그 여자는 간막 옆
에 몸을 숨기는 듯 앉아 있었다. 가까이 가서 보니, 전보다 더 여
성답고 다른 사람으로 착각할 만큼 아름다워졌다. (중략) 옆에
5, 6살 정도의 귀여운 여자아이가 있었다. "누구냐"고 물으니,
여자는 머리를 숙이고 울고 있는 듯하다. (중략) 아버지가 말하
기를 "그때 오신 후에 딸은 남자 옆에 가본 적이 없습니다. 당신
께서 오시고 나서 임신하여 낳은 아이입니다"라고 대답했다. 이
것을 들었던 도련님은 아주 감동하여 머리맡을 봤더니 그때 기
념으로 준 칼이 그대로 놓여 있었다.   (『今昔物語集』)

이 이야기의 감동적인 부분은 소년 소녀가 6년이나 되는 긴 세
월을 서로 상대를 사모하면서 보냈고 다른 이성과는 대하지 않았
다는 점과, 남자가 다시 여자를 찾아 왔을 때 6년 전에 기념으로
준 칼이 '소녀의 머리맡'에 그때와 같이 '그대로 놓여 있었다'는 점,
그리고 이 여성이 대여섯 살 된 아이를 데리고 있었는데, 이 아이
가 그 남자와 곧 닮았다는 점이다. 소녀는 소년이 유물로 남긴 칼
을 머리맡에 두고 그때의 일의 증거로서 소년이 돌아오는 날을 기
다리고 있었다.

이렇게 소녀는 신분이 높은 남자를 통해 낳은 아이를 데리고 언
제 다시 나타날지 모르는 그를 믿고 오로지 기다렸다. 이것은 세
상을 모르는 소녀의 순진함 때문이라고도 할 수 있으나, 역시 둘
이 맺은 약속에 대한 지조 때문이라고 해야 할 것이다. 이렇게 이
이야기는 약혼자간의 순애(純愛)와 지조를 주제로 하고 있다.

호색과 정사

호색(好色)은 일본 전통 문화 중의 하나이다. 고대 일본귀족들에게 호색이란 이성에 대한 배려이었으며 귀족으로서 꼭 가져야 될 소양과 품위 표현이었다고 할 수 있다. 고대 일본귀족들은 이성에 대한 구혼을 가장 아름답고 모시는 행위로 여겼는데 이는 시가 편지의 주고받음을 통해 행해졌다. 따라서 시가를 지은 실력이 그들의 소양의 나타남으로 평가되었다.

그러므로 그들의 구혼 행위는 사랑의 표현인 동시에 시가 실력의 경쟁이며 놀이이기도 했던 것이다. 이렇게 해서 고대 일본귀족들은 호색을 차림새로 여기게 되었다.

호색은 주로 남자에 대해서 말한 것 같이 생각하기 쉽지만 고대 작품을 보면 남성에게만 사용한 말인 것 같지 않다. 남녀관계는 연가(恋歌)를 통해 아름답게 수식되고 풍류(風流)를 감상하기 위한 재료로 사용되었기 때문이다. 이하 일본 호색의 전통을 작품을 통해 살펴보기로 한다.

다음은『만요슈』속에 있는 여성이 호색 남자를 찾아가는 우스운 하나의 에피소드이다. 이는 노래와 그에 대한 설명 형식으로 쓰여져 있다.

みやびをと 我は聞けるを やど貸さず 我を帰せり おそのみやびを

풍류를 맛보고 노는 남자로 알려지는데도 (당신은) 나를 재우지 않고 그대로 집으로 보냈네. 바보와 같은 풍류 남자가 아니요?

　오오토모 타누시(大伴田主)라는 사람은 (중략) 각별히 풍류를 아는 사람으로 알려져 있고 그를 보는 사람이나 그에 대해서 듣는 사람이나 모두 그에 대해서 감탄하지 않은 사람이 없었다. 이시카와 이라쓰메(石川女郎)라는 여자가 있었는데 그녀는 그를 한번만 보고 그와 함께 살고 싶다는 충동에 사로잡히게 되었고 혼자 밤을 보내야 하는 것을 한탄했다. 그래서 연애편지를 보내려고 했는데도 중매인이 없었다. 그녀는 묘안을 생각해 내고 초라한 노파를 연하기로 했다. 스스로 냄비를 손에 들고 그 남자의 침실 옆까지 왔다. 노파의 목소리를 흉내내면서 발을 흔들거리며 문을 두드리고 "동쪽 이웃의 가난한 여자가 불씨(火種)를 받으려 왔습니다요."라고 청했다. 그 남자는 컴컴한 밤중의 일 때문에 설마 여자가 변장하고 있다고는 모르고 또 뜻밖의 일 때문에 동금(同衾)하려는 여자의 의도도 알지 못했던 것이다. 그는 그냥 불을 가지게 하고 돌아가게 했다. 여자는 중매 없이 닥치고 간 것을 부끄럽게 느끼고 또 소원이 이루지 못했던 것을 원망하고 이 노래를 그 남자에게 보냈던 것이다.82)

(『万葉集』卷2, 126)

여자가 면식도 없는 호색 남자를 한번만 보고 마음에 들어 밤에 스스로 남자 방에 몰려가는 이야기이지만 여자가 냄비를 손에 들고 초라한 노파로 변장하고 남자 침실에 들어가는 장면이 우습다. 이 이야기는 호색 여자를 묘사하고 있으며 남자를 유혹하기 위해 분장하는 수법까지 공개하고 있다. 여기서 여자는 남자를

---

82) 小島憲之 外(校注・訳),『万葉集①』, 小学館, 1994, pp.97－98.

다정한 바람둥이로 보고 있었지만, 이 남자는 풍류(風流)를 맛보려는 전통적 진짜 호색남자로서 여자라고 해서 아무나 상대하지는 않았다는 이야기이다. 이 이야기가 일반적 여성을 묘사한 것 같지는 않으나 이런 이야기가 『만요슈』에 수록되고 사람들과 친하게 지내온 사실을 볼 때 여성의 호색도 허용되어 있던 것을 알 수 있다.

다음은 작자는 알 수 없으나 10세기 중순에 어느 귀족의 여성 관계를 묘사한 이야기이다.

> 이 남자는 전부터 자주 소문을 들은 여자가 있었는데 그 여자 집은 이 남자 집에 출입하고 있는 한 궁녀(宮女)도 섬기는 곳이었다. 그 여자에게 이 남자의 이름을 사용하고 다니는 어떤 남자가 있었다. 그 여자는 (중략) (남 이름을 자칭하고 찾아오는 남자와) 깊은 사이가 되었다. 밤마다 찾아오는 그 남자는 밤늦게 와서 아직 어두운 밤사이에 들어갔다. (중략) 이 남자는 (그 이야기를 듣고) 자신과 관계가 없는 일 때문에 수상하게 생각하여 항변하니 (중략) 그가 완전히 다른 사람이라는 사실이 드러나고 그 여자에게도 알려졌기 때문에 그때부터 그녀는 (이 남자를 자칭하는) 가짜 남자와 만나지 않게 되었다.[83]
>
> (『平中物語』28話)

궁녀에 대한 이야기이다. 귀족에 속하는 여성으로서 일반 서민을 묘사한 것은 아니지만, 10세기 중순의 일본민속을 알 수 있다.

---

83) 高橋正治 外(校注·訳),『竹取物語, 伊勢物語, 大和物語, 平中物語』, 小学館, 1999, pp.504-506.

일본 귀족의 호색문화에 대해서는 이미 논했지만 귀족남성들이 여러 여성을 방문하는 결과 여성 또한 이것에 응해야 하는 당시의 모습을 묘사하고 있다. 여기서 여성은 방문하는 남자가 이름이 있는 남자라고 생각하고 그를 받아들이고 있었던 것이다. 다음 이야기는 같은 책 34번의 이야기이다.

미인이 아니지만 이 남자가 사람들의 눈을 피하면서 한결같은 마음으로 밤마다 다니는 한 여자가 있었다. 이 여자는 같은 시기에 이 남자와는 비교도 안될 정도 고귀한 신분의 남자와도 연애편지의 왕래를 하고 있는 듯한 모양이었다. (중략) 그러나 새로 구해하게 된 이 귀족은 신분이 높은 공주에게도 신분이 낮은 궁녀에게도 마음대로 여기저기 몰래 들어가 남 몰래 정을 통하는 바람둥이였기 때문에 이 남자가 이 여자를 지키지 못하고 있는 사이에 유감스럽게도 이 여자는 새로운 남자에게 몸을 맡기고 말았다. 그런데도 불구하고 원래 남자와도 태연한 얼굴로 관계를 유지하고 있었던 것이다. 한편 이 남자는 불만을 말하지 못한 낮은 신분이었기 때문에 이 여자의 박정함을 원망하고 있었다. (중략) 숨어서 보고 있었더니 이 여자는 문을 열고 예의 귀인을 보내고 있었다. (중략) 이 남자는 한마디하고 싶어서 적어도 자신이 현장을 봤던 것만은 이 여자에 알려주고 싶어서 툇마루 가까이 가고 큰 소리로 "아아, 아름다운 꽃이군"라고 했더니, 이 여자는 아직 집 안에 안 들어가고 있어서 누구인가 행각하고 밖을 들여다보았다. (중략) 남자는

あらはなることあらがふな桜花春をかぎりと散るは見
えつつ

분명한 것은 변명하지 마오. 벚꽃이 이미 떨어진 것은
너무 뻔하니.

라고 하고 휙 떠났다. (중략) (이에 대해 이 여자는) 이렇게 편
지를 보내왔다.

色にいでてあだに見ゆとも桜花風し吹かずは散らじと
ぞ思ふ
눈에 띄게 변하기 쉬운 벚꽃도 바람이 불지 않으면 떨
어지지 않습니다.

고 했지만, 이 남자는 외출중이라고 해서 답변을 하지 않았다.
(중략) 새로운 귀인남자도 자기와 교대로 원래 남자가 여자 집
을 찾아왔다고 소문을 듣고 지금도 전의 남자가 다니고 있는 것
을 알고서는 다시는 거기에 오지 않게 되었다.

(『平中物語』34話)

이 이야기 역시 한 명의 여성에 두 명의 남자가 구혼하는 삼각
관계를 묘사한 것이다. 당시 여성들은 귀인귀족의 방문을 거부하
기 어려운 사정을 알 수 있지만, 여기서 원래 남편이 지위가 낮으
면서도 여성의 귀인과의 관계를 알고 분하여 그녀를 거절하게 되
는 것은 현대인과 같다.

원래 남편이 찾아온 것을 알게 된 귀족도 그녀를 다시 찾아가
지 않게 되었기 때문에 남편을 배신한 여자는 결국 모두에게 버
림받은 결과가 되었다. 귀인이 원래 남편을 생각해서 다시 오지

않게 되었는지 여성의 정조의 부재를 알고 그런지는 알 수 없다.

다음은 작자는 알 수 없으나 최초의 일본 호색문학이자 대표라고도 할 수 있는 10세기 중순의 작품인『이세모노가타리(伊勢物語)』제69번의 한 이야기이다.

옛날 한 남자가 있었다. 그 남자가 이세(伊勢) 지방에 특사로 사냥하러 갔을 때 이세신궁(伊勢神宮)을 지키는 무녀(斎宮 : 천황이 임명한 아마데라스대신을 모시는 처녀)의 부모가 "평소의 특사보다 더욱 정성을 드려 이번 특사를 모셔라"고 했기 때문에 그녀는 부모의 말씀대로 (중략) 정성을 다 해서 그를 모셨다. 그러더니 이틀째 밤에 그 남자가 "만나고 싶다"고 무리하게 말해 왔다. 이 무녀도 만날 것은 거부하지 않았지만, 사람들이 알게 될 것을 염려해서 만나지 않았다. 그 남자는 천황의 특사로 왔기 때문에 멀리에 숙박시키는 것도 실례로 여기고 그 손님방을 자신의 방 근처에 준비하고 있었다. 그녀는 사람들이 잠들어 고요해지고 나서 밤중에 그 남자 방 앞에 갔다. 그 남자도 그녀의 생각이 나서 자지 못하고 있었다. 그 남자가 방에서 엎드린 째 밖을 보고 있었더니, 달빛을 받고 동녀와 함께 그녀의 모습이 어슴푸레하게 보였다. 그 남자는 너무 기뻐서 그녀를 자기 방 안으로 데리고 들어갔지만, 아직 서로 격이 없이 이야기도 하지 못한 째 한밤중에 그녀는 돌아가 버렸다. (중략) (다음 날 밤에) 밤새 주연을 열었기 때문에 두 사람은 만날 수가 없었다. 날이 새면 오와리(尾張) 지방으로 떠나야 하는 남자는 몹시 애타는 심정으로 남몰래 피눈물을 흘리지만, 드디어 만날 기회는 없었다. 점점 날이 새며 여자는 술잔에 노래를 쓰고 보냈다. 이는

かち人の渡れど濡れぬえにしあれば

　이번의 우리의 인연은 강을 도보로 건너가는 사람도 젖지 않는
정도 얕은 인연이었기에 다시 만날 일은 없겠어요.

라고 써 있었다.[84]　　　　　　　　　　　　　　（『伊勢物語』69話）

　여기서 여성은 신궁을 지키는 여성이다. 일본에서는 원래 신궁
에서 신을 모시는 무녀는 처녀이어야 했다. 천황가의 신사의 본
관이라고 할 수 있는 이세신궁을 지키는 처녀 때문에 천황가의
여성인 것을 알 수 있다. 세상 남자와 무녀간의 터부(taboo)를
주제로 한 불륜의 이야기이다. 무녀가 자신의 입장을 잘 알면서
도 자기도 모르게 마음이 흔들리는 모습이 잘 묘사되고 있다. 다
행히 아무 일이 없는 사이에 두 사람은 헤어졌다는 이야기이다.
　다음은 같은 책 제65번의 이야기이다.

　옛날 천황의 총애를 받은 궁녀로서 특별한 신분에 있는 여자가
있었다. (중략) 아리하라씨(在原氏)가 아주 젊은 나이이었을 때
이 여자는 그와 인연을 맺어버렸다. 젊은이는 궁녀가 있는 곳에
출입을 허락 받고 있었는데 이 궁녀 앞에 와서 마주 보고 거기를
떠나려고 하지 않았다. 이 여자가 "너무 보기 흉한 일입니다. 이
렇게 하면 우리는 망해버릴 것입니다. 이렇게 하시면 안 됩니다"
고 하면 이 젊은 남자는 "만나지 않으려고 아무리 참아도 그 마
음을 이기지 못합니다. 만날 수만 있다면 내 인생이 어떻게 되도
상관이 없습니다"고 한다. 이 여자가 자신의 방에 들어가면 그

---

84) 高橋正治(1999), 前掲書, pp.172-174.

젊은이는 사람들이 보고 있는 것도 모르고 그녀의 방에 들어가
앉아 있는 식이었다. 이 여자는 번민한 끝에 부모 집으로 들어갔
다. (중략) (이 여자는) "이런 천황을 모시지 못하고 그런 젊은
남자에게 속박을 받는다니 전세(前世)의 인연이 얼마나 나빠서
그런가. 슬픈 일이다"고 울었다. 이렇게 하는 사이에 천황이 이
사실을 알게 되고 이 젊은이를 유형(流刑)으로 처했기 때문에
그 여자의 친척들은 이 여자를 궁중에서 퇴출시켜 집의 곳간에
감금하고 징계했다. 때문에 이 여자는 곳간에 감금하게 되고 거
기서 울었다. (중략) 젊은 남자는 유형하게 된 저 지방에서 밤마
다 와서 피리를 즐겁게 불고 목소리는 운치가 있었다. 그의 노래
는 가슴속에 깊이 사무쳤다. 이 여자는 목소리를 통해 그 젊은이
가 옆에 있는 것은 알고 있었지만, 서로 얼굴을 맞주칠 수가 없
었다.85)   (『伊勢物語』65話)

이들 이야기의 주인공은 아리와라노 나리히라(在原業平)라는
한 귀족이다. 그는 천황의 손자이면서도 불우한 일생을 보내야
했고 권력에 반발하면서 당시 풍류로 평가받은 호색에 몸을 던졌
다고 한다. 그러나 미(美)를 찾는 시인이면서 오로지 애정 속에
살려는 그의 삶의 태도는 당시 많은 귀족 청년들에게 영향을 미
쳤다고 한다.

그리고 드디어 그의 삶의 방식은 남자들의 모범으로 여기게 되
었다고 한다. 그러므로 나리히라를 호색의 영웅으로 미화하고 문
학성을 가미한 이 작품은 당시의 왕조문학은 물론 후의 일본문화
에 큰 영향을 미쳤다.

---

85) 上揭書, pp.167－170.

에도(江戶)시대가 되고 사농공상(士農工商)이라는 신분제도가
정하게 되면 다른 계급과 결혼할 수 없게 되었다. 도쿠가와(德川)
막부의 강력하면서도 산업을 잘 발달시키려는 정책 속에 평화를
만끽할 수 있게 되었다. 이런 세상 속에서 할 일이 없게 된 무사
들은 자꾸 유곽(遊廓)에 다니기 시작했다. 풍류(風流)로서의 호색
은 이제는 쾌락으로서의 호색으로 변해 사람들 앞에 등장하게 되
었다.

이 세상을 '우키요(浮世)'라고 부르게 되었는데 이는 덧없는 이
세상을 의미했다. 화폐경제가 발발하고 물질이 풍부하게 됨에 따
라 무사나 상인들은 애달픈 이 세상의 삶을 향락적 생활에 즐거
움을 찾게 되었다. 유곽과 시바이(芝居)라고 부르는 일본식 연극
은 무사들의 노는 장소가 되었지만, 상인들에게는 돈으로 무사를
지배할 수 있는 절호의 기회가 되었다.

이렇게 해서 향락을 돈으로 사는 무사와 향락을 돈으로 파는
상인이 하나가 되고 호색문화는 평화스러운 에도사회를 덮어 버
렸다고 해도 과언이 아니다. 호색의 책들이 대량으로 나오고 유
곽은 요시와라(吉原)를 중심으로 번창했다.

이런 가운데 이하라 사이카쿠(井原西鶴)는『호색 일대 남자(好
色一代男)』나『호색 일대 여자(好色一代女)』등 유곽을 무대로 하
고 창녀를 묘사한 많은 장편 호색소설을 창작하고 많은 독자를
얻었다. 그 후에는 사이카쿠를 모방하는 수많은 호색소설이 속출
했다고 한다.

이런 식으로 사람들의 관심사는 남녀간의 정사(情事)로 기울어

가는 가운데 사농공상의 신분제도의 모순도 폭로하기 시작했다. 무사와 상인의 딸이 결혼하고 싶다거나 상인의 아들이 창녀와 결혼하고 싶다는 소동이 현실적으로 일어나기 시작했다. 결국 이 세상에서 결혼하지 못한 것을 알게 된 남녀는 정사(情死)하는 일이 유행하기도 했다.

다음은 실제 사건을 소재로 만든 『소네자키 정사(曾根崎心中)』의 마지막 부분이다.

여기서 할까? 저기서 할까하고 죽을 장소를 찾아 나뭇가지를 아무리 쳐도 (중략) 비치는 것이 있었다. 그것은 번개인가? (중략) "오오, 저것이야말로 도깨비불이요. 오늘밤에 죽는 사람은 우리뿐이라고 생각했는데 이미 죽은 사람도 있었구나." (중략) 여자는 자기도 모르게 눈물을 짓고 "오늘밤은 사람이 죽는 밤인가. 한심스러워"라고 울다. 남자도 눈물을 주르르 흘리며 "둘이 나란히 날아가는 도깨비불을 타인의 것이라고 생각할 수 있냐? 이는 틀림없이 당신과 나의 도깨비요"(중략) 지금 최후를 서두르는 우리는 저 세상에서 영혼이 있을 곳을 하나로 해서 함께 살자. 길을 헤매지 마오. 틀리지 마오"라고 하고 서로 껴안고 피부를 가까이 해서 대고 엎드려서 우는 두 사람의 마음은 가엾다. (중략) 하쓰(여자)가 소매에서 면도칼을 집어내고 "(중략) 소원대로 함께 죽는 이 기쁨이요"라고 하자 (중략) 허리띠를 양쪽으로 잡아끌고 면도칼을 잡아 삭삭 찢고 "허리띠는 찢어도 우리는 이제 찢을 수 없겠네"라고 둘이 마주보고 앉고 두 몸을 이중 삼중으로 꼭 묶어 (중략) "이것은 비참한 마지막 모습이요"라고 하면서 와악 우는 것뿐이었다. (중략) (하쓰가) 빨리 죽여줘, 빨리 죽여줘"라고 최후를 서두르니 (중략) (남자는) 눈이 부시고

손도 떨리고 약해지는 마음을 다시 (중략) 찌르려고 하지만, 베
는 곳은 저쪽으로 빠져 또 이쪽으로 빗맞다. 두세 번 칼의 날이
번쩍이는 순간, "아!"라는 하쓰의 목소리. 칼이 숨통을 끊어 놓
자마자 (중략) 양손을 펴서 단말마의 심한 고통스러운 모습은
불쌍하다는 말로는 표현할 수 없다. (남자는) "나도 늦어지면 안
된다. 함께 죽자"고 면도칼을 잡아 목에 박아 세우고 (중략) 둥
글둥글 찌르면 눈앞이 캄캄해지고 고통스러운 숨도 새벽이 되면
끊어졌다.[86]   (『曾根崎心中』)

이것은 1703년에 상연된 죠루리(浄瑠璃)『소네자키 정사』의 시
나리오의 마지막 부분이다. 죠루리란 손님들을 모아 이야기꾼이 음
악에 맞추어서 이야기하는 하나의 일본 극(劇)이며 무로마치(室町)
시대(1336－1573)부터 전해져왔으나 에도(江戸)시대(1603－1867)
가 되어 번영한 것이다. 이 각본을 쓴 치카마쓰 몬자에몬(近松門左衛
門)은 무사출신이지만 많은 학예를 배워 작가활동을 하게 되었다.
그는 당시사회의 모순이나 비극을 소재로 해서 인간의 의리(義理)
와 인정(人情)을 잘 표현했다고 한다. 그는 청년과 처녀의 사랑,
부부의 사랑, 부모와 자식간의 사랑에 대해서 많은 관심을 가졌다
고 한다.

---

86) 鳥越文蔵 外(校注・訳),『近松門左衛門集②』, 小学館, 2000, pp.38－39.

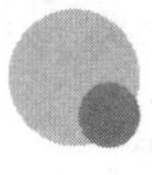# 연애와 Platonic Love

기타무라 도코쿠(北村透谷:1868-1894)는 일본 개국(開国)의 해인 1868년에 일본에 태어나 일본 근대정신을 세우려고 노력했지만, 그 사명을 다 하지 못한 채 비극적인 최후로 일생을 끝난 사상가이자 문학자이다. 그의 연애론(恋愛論)은 일본에서 처음으로 남녀간에 있어서 정신적 사랑과 육체적 욕망을 구별하여 사랑의 정신성을 주장한 것으로 알려져 있다.

도코쿠는 일본문명에 대해 많은 논평을 남겼으나 이는 크게 일본전통문화에 대한 비평과 메이지유신(明治維新)의 문명개화(文明開化)에 대한 비평으로 대별할 수 있다. 전자 가운데 가장 현저한 것은 일본의 전통문화 중의 하나이던 호색(好色)문화에 대한 비판이고 후자는 정신적 개혁의 결여에 대한 것이라고 할 수 있다.

이하 도코쿠의 일본문명비판의 중요내용을 들고 그의 문제의식이 무엇인가에 대해서 살펴보려고 한다.

我はわが文学の為に苦しむこと久し。悲しくも我が文学の祖先は、処女の純潔を尊むことを知らず。徳川氏時代の戯作家は言へば更なり、古への歌人も、また彼の霊妙なる厭世思想家等も、遂に処女の純潔を尊むに至らず、

나는 우리나라 문학을 위해 괴로워한지 오래다. 슬픈 일이지만, 우리나라 문학의 조상은 처녀의 순결을 존경할 줄 모른다. 도쿠가와씨 시대의 희작 작가에 대해서 말한다면 더 심각하다. 옛날 시인도 예외가 아니고 저 영묘한 염세사상가들조차도 결국

처녀의 순결을 존경할 줄 몰랐다.   (『処女の純潔を論ず』)87)

에도(江戸)시대가 끝을 고한 대정봉환(大政奉還)(1867)의 다음 해인 메이지유신(明治維新)(1868)에 일본에 태어난 도코쿠가 본 일본문화는 퇴폐적인 것이었다. 원래 일본고대에는 '이로고노미(色好み)'라는 말이 있었는데 이는 이미 논한 바와 같이 귀족 남성들에 있어서는 예의와 같은 것이었다. 이는 이성을 위로해주는 마음으로 정(情)을 통하는 귀족의 소양을 의미했다.

이것은 남자가 먼저 노래를 짓는 연애편지의 왕래로부터 시작하여 풍류(風流)와 기지를 즐기는 귀족의 소양의 표현이었기도 했다. 이는 아름답고 풍미가 넘치는 멋이 있는 행위였지만, 특정하지 않는 이성을 상대로 하고 있고 배우자와 비배우자 간의 확실한 구별도 없었기 때문에 귀족여성들이 늘 불안 속에 살아야 했다.

중세시대에 무사의 대두로 인해 이러한 귀족문화는 일단 모습을 감추었으나 근세시대가 되어서 상인문화의 번영과 함께 이번에는 호색(好色)이라는 이름으로 다시 모습을 드러냈던 것이다. 에도시대는 무사들이 법(法)에 의한 합리적이고 질서가 있는 정치를 함으로서 천하태평(天下泰平)이라는 말로 표현되었을 정도 나라는 평화와 상인들의 번창을 초래했다.

그러나 쾌락을 추구하는 상인들의 향락(享楽)무드 속에 금욕적 유교도덕을 고수한 무사들은 육욕의 유혹을 이기지 못해 무사정신을 잃고 말았다. 유곽(遊廓)은 무사사회의 토양에서 꽃이 피고

---

87) 勝本清一郎(編), 『透谷全集　第二巻』, 岩波書店, 1982, p.25.

무사들이 몰락(沒落)하는 마지막 무덤이 되는 것이다.

外には厳格を装ひたる武士道の勇者も、内は言ひ甲斐なき遊
冶郎にてありし。泰平と安逸とは人心を駆つて遊蕩に導くは古
今歴史上の通弊なり。(中略)勇武の士気漸く衰へ、儒道は僅に
一流の人心を抑へ、滔滔たる遊蕩の気風世に流るる[88]
외면적으로는 엄격함을 가장하고 무사임을 자랑하는 용사들도
내신은 말할 보람도 없는 방탕아들이다. 태평과 안일은 사람들
을 유탕으로 몰고 가는 것은 고금 역사의 예사이다. (중략) 무사
의 사기는 점점 쇠퇴하고 유교는 소수의 일류 계급 사람들의 마
음을 억제할 뿐, 유탕의 풍기가 널리 세상에 흘러가고 있다.
(『粋を論じて「伽羅枕」に及ぶ』)

이러한 기개(気槪)를 빼 버린 무사들은 결국 상인들의 지배를
받게 되어 무사계급은 사실상 붕괴했다. 이렇게 해서 메이지시대
가 열렸지만, 도코쿠는 문명개화로 시작된 메이지유신을 다음과
같이 비판하고 있다.

明治初期の思想は実に第二の混沌たりしなり。(中略)而して
此混沌の中にありて、外には格別の異状を奏せざるも、内には
明らかに二箇の大潮流が逆巻き上りて、一は東より、一は西よ
り、必らずある処にて衝当るべき方向を指して進行しつつある
を見るなり。(中略)極めて解り易き名称にて之を言へば、其一
は東洋思想なり、其二は、西洋思想なり、(中略)そを何ぞと云
ふに西洋思想に伴ひて来れる(寧ろ西洋思想を抱きて来れる)物

---

88) 勝本清一郎 (編), 『透谷全集 第一巻』, 1981, p.266.

質文明、之なり。[89]

　명치 초기의 사상은 실은 제2의 혼돈이다. (중략) 그리고 이러한 혼돈 속에서 외면적으로는 특별한 이상(異状)이 안 보이지만 안으로는 분명하게 두 가지의 큰 조류가 소용돌이치고 있고 하나는 동쪽에서 또 하나는 서쪽에서 꼭 어딘가에 충돌할 방향을 향해 진행하고 있는 것을 본다. (중략) 쉽게 말하면 하나는 동양사상이고 또 하나는 서양사상이다. (중략) 그것은 서양사상과 함께 온 (오히려 서양사상을 씌우고 온) 물질문명, 이것이다.

(明治文学管見)

　위의 글에서 알 수 있는 것처럼, 도코쿠가 본 메이지 초기의 일본문화는 동양사상과 서양사상의 충돌의 결과, 정신적으로는 심한 혼돈상태에 빠져 있었다. 그리고 그들이 따라가게 된 것은 실은 서양사상이 아니라, 서양의 과학문명이라는 것이다. 다시 말하면 문명개화로 인해 일본인이 서양에서 배운 것은 물질문명에 불과했다는 것이다.[90] 도코쿠는 그 당시의 상황을 다음과 같이 묘사하고 있다.

　国としての誇負いづくにかある。人種としての尊大、何くにかある。民としての栄誉、何くにかある。適ま大声疾呼して、国を誇り民を負むものあれど、彼等は耳を閉ぢて之を聞かざる

---

89) 勝本清一郎(1982), 前掲書, pp.169－170.

90) '부국강병(富国強兵)'을 위한 수단으로서의 근대산업이나 근대적 군비의 육성, 또 그 수단으로서의 근대과학의 수용은 필연적으로 자연과학 내지 응용기술의 연구에만 치우치고 인문과학이나 사회과학에 대해서는 소극적이 될 수밖에 없었다(家永三朗, 『日本文化史』, 岩波書店, 1958, p.248.).

なり。(中略)彼等の中に一人種としての共同の意志あらず。晏
逸は彼等の宝なり、遊惰は彼等の糧なり。思想の如き、彼等は
今日に於て渇望する所にあらざるなり。91)

　국가로서의 자부심이 어디에 있는가? 인종으로서의 자존심이
어디에 있는가? 국민으로서의 명예가 어디에 있는가? 때로는 큰
소리로 일본을 자랑하고 우리 국민을 신뢰하는 사람도 있지만
일반인들은 귀를 닫히고 이를 들려고 하지 않는다. (중략) 우리
국민 속에 한 인종으로서의 공동의식이 없다. 안일은 그들의 보
물이다. 유타는 그들의 양식이다. 사상이라는 것은 오늘의 그들
에게는 갈망하는 것이 아니다.　　　　　　　　　　　　(『漫罵』)

　어떤 시대도 인간은 어려운 길보다는 쉬운 길을, 고통스러운
것보다는 안일한 것을 선택하기 마련이다. 당시 일본인들은 서양
문명의 물질적 거대함에 놀랐고 이를 만든 앞선 과학기술과 물질
적 풍족함에 더욱 관심이 기울었다.

　문명개화(文明開化)는 '화혼양재(和魂洋才)'92)라는 말로 잘 표
현된 것처럼, 원래 서양문명의 물질적 부분만을 배우는 것을 목
표로 하고 있었다. 서양사상은 당시의 일반인들에게는 특별한 관
심사가 아니었던 것이다.

　그들은 서양에서 과학기술을 빨리 습득하고 서양과 대등한 입

---

91) 勝本清一朗(1982), 前掲書, p.325.

92) 한국과 중국으로부터 선진문화를 배워 일본 고유문화를 형성하려고 했던 9세
　기에 스가와라노 미치자네(菅原道真)가 화혼한재(和魂漢才)라는 말을 만들어
　서 일본고유정신을 가지고 중국에서 온 한문을 소화 흡수하는 것을 강조했지
　만, 이를 다시 응용해서 이번에는 일본정신을 가지고 서양문명을 소화하자는
　말이다.

장에 서려고 했기 때문이다. 실학은 대외적으로는 국가의 독립을 위해, 대내적으로는 자신의 입신출세(立身出世)를 위해 필요로 했던 것이다. 이렇게 과학기술을 비롯한 서양에서 온 실제적 지식은 그들에게는 절호의 발전수단이 되고 도구가 되었다. 결국 일본의 '서양화(西洋化)'란 서양사상을 도외시한 과학문명화 내지 물질문명화를 의미했다고 해도 과언이 아니다.

예를 들면 후쿠자와 유키치(福沢諭吉 : 1834 – 1901)[93]도 문명을 물질과 정신으로 나누어 정신문명의 필요성을 강조했다. 그러나 그가 말하는 '정신' 또는 정신문명은 국가적 '독립을 위한 기력'을 의미하고 있었다. 그가 목적으로 한 것은 어디까지나 '국민적 독립'이고 그를 위한 서양문명의 습득에 불과했다.

> 文明には外に見わるる事物と内に存する精神と二様の区別あり。外の文明はこれを取るに易く、内の文明はこれを求るに難し。(中略)ある人はただ文明の外形のみを論じて、文明の精神をば捨てて問わざるものの如し。けだしその精神とは何ぞや。人民の気風、即これなり。[94]
>
> 문명에는 외적으로 나타나는 사물과 내적으로 존재하는 정신의 두 가지의 구별이 있다. 외적 문명은 얻기 쉽고 내적 문명은 구하기가 어렵다. (중략) 어떤 사람은 문명의 외형만을 논의하고

---

93) 일본 메이지시대의 계몽사상가. 개인의 자주독립과 국가의 독립은 학문을 통해서만이 가능하다며 서양에서 섭취한 실학(実学)을 권유하고 당시 사람들에게 큰 영향을 미쳤으나, 후에 탈아입구(脱亜入欧)를 주장하고 국권론(国権論)에 기울었다.

94) 福沢諭吉, 『文明論之概略』, 岩波書店, 1995, p.29.

문명의 정신성을 버리고 돌아보지 않는 것과 같다. 과연 그 정신
이란 무엇인가? 인민의 기풍 바로 이것이다. (『文明論之槪略』)

이렇게 메이지 당시 일본 최대의 계몽가로 알려진 후쿠자와마
저 당시의 화혼양재의 성격을 벗어나지 못했다. 그가 근심한 것
은 서양문명에 도취(陶醉)함으로 인해 일본인이 자신의 독립심마
저 잃어버리지 않을까, 하는 우려 때문이었다.

> 政府にて一事を起せば文明の形は次第に具わるに似たれども、
> 人民には正しく一段の気力を失い文明の精神は次第に衰うるの
> み。(中略)人民に独立の気力あらざれば文明の形を作るも帝に
> 無用の長物のみならず、却って民心を退縮せしむるの具となる
> べきなり。95)

> 정부가 일어서서 일을 주도하면 문명의 형태는 점점 갖춰지는
> 것처럼 보이지만, 인민은 그 만큼 더 기력을 잃어 문명의 정신은
> 쇠퇴할 뿐이다. (중략) 인민에게 독립하려는 기력이 없으면 비록
> 문명의 형태만을 마련해도 필요 없는 방해물이 될 뿐만 아니라,
> 오히려 민심을 쇠퇴시킬 계기가 될 것이다. (『学問のすすめ』)

도코쿠는 『메이지문학관견(明治文学管見)』에서 후쿠자와에 대
해서 '그의 개혁은 오히려 외면적 개혁에 불과하고 국민의 이상을
실현할 수 있도록 지도한 것은 아니다(彼の改革は寧ろ外部の改革に
して国民の理想を嚮導したるものにあらず)'96)고 언급하고 있다.

---

95) 福沢諭吉,『学問のすすめ』, 岩波書店, 1983, p.50.
96) 勝本清一郎(1982), 前掲書, p.173.

후쿠자와가 말하는 '정신문명'은 도코쿠가 주장한 '근대정신'과는 전혀 다르다. 양자는 메이지정부의 '서양화' 정책으로 인해 국민 대다수가 물질적 향락지향에 빠질 것을 귀구(危懼)하는 점은 같으나 그들의 기구는 근본적으로 다른 동기에서 비롯된 것이다.

즉 도코쿠의 눈에는 후쿠자와가 말한 민족만을 위한 '독립정신'은 일본의 전통적 민족정신과 다른 바가 없었다. 또 후쿠자와가 서양문명의 내면 부분이라고 생각한 '문명의 정신' 또한 서양사상과 관계가 없는 것이었다. 메이지의 새 시대를 열린 계몽가(啓蒙家)로 알려진 후쿠자와마저 정신문명(精神文明)에 대한 무관심을 부정할 수 없는 메이지유신이라는 외면적 변화는 결국 다음과 같이 자기 자신을 변화시키는 혁명(革命)이 되지 못했다는 지적이다.

今の時代は物質的の革命によりて、その精神を奪はれつつあるなり。その革命は内部において相容れざる分子の揰突より来りしにあらず。外部の刺戟に動かされて来りしものなり。革命にあらず、移動なり。(中略)この移動の激浪に投じて、自から殺ろさざるもの稀なり。97)

오늘날 시대는 물질 혁명이 정신을 빼앗고 있다. 그 혁명은 내부에서 서로 받아들일 수 없는 분자의 충돌로 인해 이루어진 것은 아니다. (그렇지 않고) 외부의 자극으로 인해 변화한 것이다. (이것은) 혁명이 아니라 이동이다. (중략) 이러한 이동의 격랑 속에 몸을 던지고 스스로 죽지 않은 사람은 드물다.　　(『漫罵』)

---

97) 上揭書, pp.324-325.

당시 일본에 체류 중이던 그리피스(Willian Elliot Griffis)는
일본의 근대화를 보고 '한 나라가 뿌리 없이 기독교문명의 과실만
을 정유할 수 있을까?'98) 하고 '서양문명의 정신이나 사상을 받아
들이지 않은 채 오로지 (서양의) 제도나 기술만을 이식(移植)하려
는 일본인'99)에 대해서 회의의 마음을 감추지 못했다고 한다.100)

결국 도코쿠는 일본의 문명개화가 외국의 자극으로 인해 물질
적으로만 이루어진 것이어서 정신적으로 변한 것은 없고, 일본인
은 물질적 변화를 마치 혁명처럼 착각(錯覚)한 나머지 자신의 정
신마저 잃어버렸다고 보았다.

상기와 같이 도코쿠는 메이지유신(明治維新)이 오직 물질적 변
화만을 이룩한 것을 비판하고 사상적 변혁이 없는 것은 혁명이
아님으로 가령 일본이 물질적으로 발전했다 해도 창조적으로 발
전하지 못할 것임을 예언했다.101)

> 物質の変遷は精神に次ぎて来るものなるが故に、102) 吾人は再
> び曰ふ、今日の思想界に欠乏するところは創造的勢力なりと。
> 模倣、卑しき模倣、之れ国民のも悲しむべき徴候なり、103)

---

98) 久保田淳,『日本文学史 第11巻』岩波書店, 1996, p.304.

99) 上掲書, p.304.

100) 양학(洋学)을 정부가 빼앗기 때문에(독점했기 때문에) 서양문명을 배우고 모
방하면서도 그 문명의 근본(기독교)을 탐구하는 일은 게으르게 되었다(川瀬一
馬,『日本文化史』, 講談社, 1994, p.288.).

101) 메이지정부는 부국강병을 위해 서양문명(의 모방)으로 인한 문명개화를 계획
했다(上掲書, p.286.).

102) 勝本清一朗(1982), 前掲書, p.162.

물질의 변천은 정신의 (변천 그) 다음에 와야 될 것이기 때문에 나는 다시 말한다. 오늘의 사상계에 모자라는 것은 창조적 세력이라고. 모방, 비열한 모방, 이것이야말로 국민이 슬퍼해야 될 징후이다.　　　　　　　　　　　　（『明治文学管見』/『国民と思想』）

그러면 도코쿠가 말하는 혁명(革命)이란 무엇인가? 이것은 정신적 자기혁명(自己革命)인 정신혁명(精神革命)에 틀림없다. '사상의 혁명은 외래사상의 모방으로 인해 이루는 것이 아니라, 내적인 것의 창조에 의해서만이 이루어지는 것'104)이기 때문이다.

이미 논한 바와 같이 도코쿠 사상을 상징하는 것은 정신적 연애론(恋愛論)이다. 도코쿠는 일본에서 처음으로 남녀관계의 정신성을 주창한 사람이고 남녀관계에 있어서 정신적 사랑과 육욕(肉慾)을 구별하여 일본고래(古来)의 이로고노미(色好み)를 뿌리로 하는 호색문화(好色文化)를 비판했다. 그는 새로 연애(恋愛)라는 용어를 창출하여 남녀사랑이 정신적이고 영원한 것임을 강조했다.

日本文学史を観じ来れば恋愛に対する理想、余をして痛嘆せしむるもの多し。(中略)気候風土より発生せる色情の悪風、105)好色は人類の最下等の獣性を縦にしたるもの、恋愛は、人類の霊性の美妙を発暢すべき者なる。106)

---

103) 上掲書, p.278.

104)　遠山茂樹, 「日本近代化と透谷の国民文学論」(日本文学研究資料刊行会(編), 『北村透谷』, 有精堂, 1983. p.44.).

105) 勝本清一朗(1981), 前掲書, p.351.

106) 上掲書, p.277.

일본문학사를 보면 연애에 대한 이상이 나를 통탄하게 하는 것
이 많다. (중략)(일본의) 기후나 풍토가 유발시키는 듯한 색정의
악풍, 호색은 인간이 가진 최하 등급인 야수성을 제멋대로 하는
일이며 연애는 인간이 가진 영성의 미묘함을 발휘하는 일이다.
　　　　(『「歌念仏」を読みて』/『「伽羅枕」及び「新葉末集」』)

이러한 도코쿠의 연애사상은 플라톤(Plato)을 비롯한 서양적
이원론(二元論)철학을 배경으로 하고 있으며 이것에 기독교적 사
랑의 영원성과 생명관을 더한 것이다.

　(恋愛は)男女が互に劣情を縦にする禽獣的欲情とは品異れ
り。プラトーの言へりし如く、恋愛は地下のものにはあらざる
なり、天上より地下に降りたる神使の如きものなる107)生命あ
り希望あり永遠あるの恋愛は、到低万有教国に求むることを得
ざるか、そもそもいつかは之を得るに至るべきか、我邦文学の
為に杞憂なき能はず。108)

　(연애는) 남녀가 서로 정을 제멋대로 하는 야수와 같은 욕정과
는 다르다. 플라톤이 말한 것처럼, 연애는 지상의 것은 아니다.
(이것은) 천상에서 지상으로 내려온 천사와 같은 것이다. 생명
이 있고 희망이 있는 영원한 연애는 도저히 모든 나라에는 구할
수 없는 것일 까? 도대체 (일본은) 언제 이것을 얻게 될 것인가?
나는 이 나라(일본)의 문학 때문에 근심하지 않을 수 없다.
　　　　　　　　　　　　　　　　(『「歌念仏」を読みて』)

---

107) 勝本清一朗(1981), 前掲書, p.349.
108) 上掲書, p.351.

그리고 도코쿠는 일본에 호색문화가 만연하는 원인을 일본 고유사상에 보고 있다.

> 実界にのみ馳求する思想は、高遠なる思慕を産まず、我恋愛道の、肉情を先にして真正の愛情を後にする所以、ここに起因するところ少しとせず。109)
> 현실세계만을 찾는 사상으로부터는 높은 사모의 심정이 생길 수 없다. 우리나라의 연애가 육정을 먼저 찾고 애정을 그 후에 원하는 원인은 여기게 있다하겠다.　　　　　(他界に対する観念)

일본사상은 눈으로 볼 수 있고 피부로 닿을 수 있는 물질세계를 사고의 대상으로 하는 경우가 많다. 일본에서 남녀관계가 육욕을 위주로 행해지고 온 이유는 현세(現世)중심의 일본사상에 있다고 본 것이다. 이렇게 도코쿠의 연애관은 서양의 이원론(二元論)철학과 기독교사상에 입각한 것이다.

원래 동양사상에 있어서의 정(情)이란 선악(善惡)의 구별을 못한 것이며 비록 이 정(情) 때문에 어떤 결과를 초래했다 해도 인간으로서 피할 수 없는 것으로 긍정적으로 받아들이고 때로는 사람들의 동정(同情)의 대상이 되기도 했다. 그러므로 인정(人情)은 진리와 대립할 때가 있었고 오히려 인정에 따르지 않으면 어떤 진리도 비정(非情)이나 무정(無情)이라고 해서 사람들의 공감(共感)을 얻지 못했다.

이러한 인정을 중심으로 하는 동양사상은 신(God)을 절대시하

---

109) 勝本清一朗(1982), 前掲書, p.42.

고 모든 것을 신(God)으로부터 연역(演繹)적으로 사고하는 전통
적 서양사상과는 근본적으로 성격을 다르게 한다. 동양에 있어서
정(情)이란 선악개념을 넘을 수도 있고 '정을 통했다'는 말로 상징
되는 것처럼, 때로는 감정을 의미하는 개념이 육체행위의 내용까
지 포함할 때도 있다.

그러나 서양에 있어서 사랑(愛)이란 어디까지나 정신적이고 영
적인 개념을 말하며 육체적인 욕망인 정욕과는 분명하게 구별해
왔다. 이러한 양자의 차이는 범신론(汎神論)을 배경으로 하는 동
양사상과 주로 이원론(二元論)을 사상적 배경으로 하는 서양사상
의 근본적인 이질성에 원인이 있다고 할 수 있다.

그리고 범신론과 이원론은 다신교(多神教)와 일신교(一神教)가
상극하는 것처럼, 서로 대립할 수밖에 없음으로 동서사상을 통합
시키려고 할 때 거기에 발생하는 갈등을 피할 수가 없었다.

죽음과 Fantasy

도코쿠가 처음으로 쓴 극시(劇詩)『호라이 곡(蓬莱曲, 1892)』과
그 2년 후에 발표된 그의 마지막 소설이라고 할 수 있는 『숙혼
거울(宿魂鏡, 1894)』은 시간이 흐름에도 불구하고 비슷한 줄거리
를 더듬었다.

『호라이 곡』에서는 옛날 애인 쓰유히메와 헤어짐을 겪은 수행

자(修行者) 모토오(素雄)에게 "저 세상에서 당신의 친구가 당신을 기다리고 있다"고 저승에서 나오는 소리가 들리기 시작한다. 이 세상의 허위에 대해서 완전히 실망한 모토오는 이미 저승에 있다는 옛날 애인-쓰유히메에 대한 미련을 버리지 못해 타계를 그리워하게 된다. 더 이상 쓰유히메에 대한 사모의 정(情)을 참을 수 없게 된 그는 "생명의 골짜기에 내 영혼을 내던진다"며 죽음을 각오하여 그녀의 영혼이 나타나기를 기다린다. 그렇더니 쓰유히메와 닮은 야마히메(仙姬)가 그 앞에 나타났지만, 그녀는 모토오에게 한마디도 "사랑한다"고 하지 않고 다시 저 세상으로 돌아간다.

모토오는 쓰유히메를 다시 만나기 위해 그녀를 이승으로 부르려고 하지만, 아무리 기다려도 재회가 이루어지지 않은 가운데 그는 악마(惡魔)들과 만나게 되고 그들을 통해 연애의 정체를 알게 된다. 이로 인해 "누구인가? 이 아가씨는?"하고 자문한 끝에 "악마인가? 여기서 쓰유히메를 부활시킨 것은? 이 쓰유히메는 원래 쓰유히메가 아니다"며 겨우 제정신을 들은 그는 "연애라는 악마에게 제정신을 잃은 것을 분하다"며 이제 와서 자신이 믿고 온 처녀와의 연애를 의심하게 된다.

그는 "연애야! 몇 번이나 너를 물리치고 내 몸을 타락시키는 것은 너라는 사실을 알면서도 나는 언제나 (자기도 모르게) 너 친구가 되어버린다"며 이제까지 악마의 속임을 당해 온 것을 한탄하는 것이다. 그는 결국 육신(肉身)을 벗어나는 것을 바라고 최후에는 "사라지겠다. 이 세상 밖으로", "죽음이여, 오라! 죽음이여, 오라!"고 죽음을 부른 끝에 호오라이(蓬萊)산 절정에서 쓰러진다.110)

이렇게 모토오는 저승에 있는 쓰유히메를 만나기 위해 이승을 떠나고 싶어했지만, 그에 있어서 이 세상은 악마가 지배하는 뇌옥(牢獄)이며 이미 영혼의 생명이 존재하지 않은 곳이었기 때문이다. 그는 "생명의 산골짜기에 내 영혼을 던져 넣는다"고 하는 것처럼, 이미 죽은 애인을 다시 찾아 영혼의 생명을 되찾기 위해 육체의 죽음을 통해 소생하려고 했다. "죽음이야말로 돌아가는 것이다"고 모토오가 독백하는 것과 같이 모토오에 있어서 죽음은 생명에 돌아가기 위한 길이었던 것이다. 그가 몇 번이나 "죽음이여. 나는 너를 사랑한다"고 외친 것은 그런 이유 때문이었다.

그러나 『호라이 곡』에서 육체를 벗어난 모토오는 『호라이 곡 별편(蓬莱曲別篇)』에서 "내가 갈 곳은 아직 정하지 않는가? 나는 자신을 악마의 손에 맡기고... 내가 지옥으로 가는 길을 닫아야만 할 것인가?", "귀신들아 서둘러! 나를 저승으로 데리고 가라!"고 하는 것처럼, 자신이 가는 곳이 지옥인 것으로 알고 있었다.

지고(慈航)의 바다에서 배로 모토오를 서쪽으로 데리고 가는 쓰유히메에 대해서도 "상냥한 귀신이구나. 이 상냥한 얼굴로 나를 어떻게 하려는가?"하고 그녀를 귀신으로 보고 있었다. 이것이 6번째 그녀가 친 비파의 소리를 듣자 갑자기 변하는 것이다. 그때 그가 왜 변했는지에 대해서는 알 수 없으나 여기서 모토오는 일찍이 죽은 쓰유히메와 재회한 것으로 전개되고 있고 쓰유히메 본인도 호라이(蓬莱)산에서 모토오가 만난 야마히메는 자기 자신

---

110) 北村透谷/勝本清一郎(校訂), 『透谷全集 第一巻』, 岩波書店, 1981, pp.45-174.

이었다고 고백한다.

호라이산에서 악마가 보여준 연애에 정체에 대한 언급이 없는 점이나 거기서 나타난 야마히메의 행동이 아직도 납득되지 못한 점, 그리고 『호라이 곡 별편』에서 새가 "지금부터 마(魔)는 당신의 적이 아니다"고 고하고 있는 점을 볼 때 여기서 나타난 쓰유히메가 정말 옛날의 그녀이라는 증거는 없다. 그러므로 많은 의문이 남게 되지만, 어쨌든 여기서 이야기하고 싶은 것은 모토오가 사랑을 위해 죽었고 다시 사랑으로 인해 생명을 얻었다는 것, 즉 사랑으로 인해 구제되었다는 것이겠다.

한편 『숙혼 거울(宿魂鏡)』의 줄거리는 다음과 같다. "누구인가? 누구인가? 나를 부르는 사람은 누구인가?"하고 요시조(芳三)를 부르는 목소리가 들리기 시작한다. 요시조는 "나는 그리운 목소리를 들었다. 나는 그 목소리를 다시 듣고 싶다"며 이제 만나지 못하고 멀리에 있는 유미코(引子)의 생각이 난다.

그러더니 거울 속에 그녀가 나타나 그는 크게 놀란다. "나를 속일까? 연애야. 나를 광인(狂人)이라고 부르는 자는 너인가? 연애야"하고 동요하는 그 앞에 그녀가 문을 열고 들어온다. 그는 "유미코(引子)인가? 그렇지 않은가? 언제 여기에 왔는가? 왜 한마디도 하지 않는가?"하고 갑작스러운 그녀의 출현에 반신반의(半信半疑)가 된다.

"남녀사랑도 남녀의 정(情)도 너 환경(幻鏡)의 장난인가? 이 환경이여. 정성어린 유미코(引子)의 모습도 너 요매(妖魅)의 소행인가? 진실인가, 거짓인가? 아아 나를 농락하는 자는 너인가?"하고 의심하는 그 앞에 이태(異態)의 괴물이 나타난다. "유암계(幽暗界)에서 어떤 일이 있어서 여기에 나타나는가? 이 유희는, 이 장난은 환경의 탓인가? 연애의 탓인가? 그렇지 않으면 내 자신의 탓인가?"하고 혼란에 빠진 요시조 앞에 저쪽의 벽 속에 보인 괴물(怪物)이 슬슬 걸어 유미코도 함께 걷는다.

얼마 안 있어 유미코의 모습은 사라지고 그 괴물만이 천천히 벽 위를 걷는다. 그런 가운데 실제 유미코가 나타난 것이다. 이제 유미코와의 재회가 실현되었다고 생각하자마자 저 괴물이 나타나 크게 웃는 것과 동시에 요시조와 유미코는 죽는다.111)

이상과 같이 『숙혼 거울』에서도 세상을 버린 주인공에게 타계(他界)에서 부르는 목소리가 들리기 시작하고 이로 인해 그가 잊지 못했던 여성에 대한 미련(未練)이 불러 깨우게 된다. 그리고 그 여성이 그 앞에 나타나게 되자 그는 자신이 보고 있는 그녀가 실물인지 환상인지 또한 영혼인지 알지 못하고 자문자답한다. 그는 자신이 환각을 일으켰는지, 그렇지 않으면 이가 유암계(幽暗界)에서 온 요매(妖魅)의 소행인지 알지 못해 당황하는 것이다.

결국 여성은 현실의 인간이 아니라, 차원을 달리하는 영적 존재이지만, 여기서는 유미코의 영혼뿐만 아니라, 그녀와 함께 움직이는 괴물이 나타나 마치 그녀의 그림자처럼 매달려 떨어지지 않는다. 유미코가 문을 열고 방에 들어왔을 때도 그 괴물은 다시 나타나 유미코와 괴물의 깊은 관계를 시사한다. 그리고 현실적으

---

111) 北村透谷/勝本清一郎(校訂), 『透谷全集 第二卷』, 岩波書店, 1982, pp.371－395.

로 멀리에 떨어져 있는 두 사람은 이상하게도 동시에 죽는 줄거리이다. 이렇게 보면 두 사람을 저승으로 데리고 간 것은 이 괴물인 것을 알 수 있다.

『숙혼 거울』에서도 『호라이 곡』과 같이 주인공은 자신 앞에 나타난 애인이 영혼인지, 악마가 만든 환상인지, 또는 자신의 상상이 그녀에 대한 환각을 일으켰는지를 알지 못하고 몸부림친다. 뿐만 아니라, 드디어 연애의 정체에 대해서 의심하게 된다. 결국 양 작품에서 주인공은 육신(肉身)을 벗게 되지만, 『숙혼 거울』에서는 여성의 분신으로 괴물까지 등장하는 것이다.

이런 식으로 양 작품에서 주인공이 사모하는 대상은 죽음의 세계에서 찾아온 영적 존재이며 주인공은 처녀의 영혼에 악마가 붙어 있는 것을 알고 있다. 주인공은 자기 자신과의 갈등 끝에 파멸의 결말을 알면서도 악마에 따라 죽음에 이루게 되는 것이다. 이렇게 이들 양 작품은 지상에서 이루지 못한 사랑이 죽음으로 인해 이루어진다는 뜻으로 죽음에 희망을 갖고 있고 타계를 사모의 대상으로 그리고 있다.

그 다음 해 작품인 『타계에 대한 관념』(1892.10)에서도 '타계에 대한 자연의 관념이 존재한다. 종교는 이 관념 위에 서서 시상(詩想)은 이 관념을 양식으로 해서 존재한다'112)며 도코쿠는 타계에 대한 그의 지론을 밝히고 있다. 이에 따르면 '일본 문학에서 연애(恋愛)라는 것을 야비(野鄙)한 것으로 표현하고 정열(情熱)을

---

112) 北村透谷/勝本清一郎(校訂), 『北村透谷選集』, 岩波書店, 1978, p.195.

보지 못하는 것 또한 타계에 대한 관념이 모자라는 것에 기인한 다'는 것이다.

여기서 타계는 실계에 대립하는 관념인 것으로 인식이 되어 있으며 이승에 대한 저승의 개념과 같이 대비되어 있지만, "죽음이 라는 잠 속에 어떤 꿈을 꿀 것인가?"하고 노래 부르는 시인은 서양에 있지만, "(사람은) 죽으면 캄캄하다(다 끝난다)"고 말하는 소설가는 일본에 있다. 죽음은 잠이라는 것과 죽음은 끝이라는 것은 사상적으로 큰 차이가 있다. 전자는 영원성을 설득하려는 기독교적 사상에서 온 것이며 후자는 무상(無常)을 설득하려는 불교사상에서 온 것이113)며 도코쿠가 말하는 타계의 개념이 반드시 일본 전통사상이 아니라는 사실을 암시하고 있다.

예를 들면 '선학(禪学)은 호죠씨(北条氏) 이후의 (일본)사상을 지배하고 유학(儒学)은 도쿠가와씨(德川氏) 이후의 (일본)사상을 지배해온 것은 역사가가 인정한 사실이지만, 이들 두 사상도 타계에 대한 관념의 대적(大敵)이다. 선학은 마음을 법으로 보기 때문에 상상력을 못 쓰게 하고 유학은 실제적 사상만을 존중한 나머지 타계의 미추(美醜)에 대해서 생각하지 않는다'114)는 그의 지적처럼, 도코쿠가 말하는 타계란 일본 중세·근세사상과 통하지 않는다. 오히려 이는 상상의 세계와 관련되어 있음을 알 수 있다.

또『호라이 곡』에서 모토오는 영혼인 쓰유히메를 찾아옴과 동시에 이 세상으로 오게끔 영혼을 부르지만, 이것뿐만 아니라 "목

---

113) 上揭書, p.202.
114) 上揭書, p.203.

소리는 인간의 것인 것 같다. 여기는 인간 세계가 아닌데도 어떻게 해서 당신이…"115)라고 타계에 있는 야마히메 앞에 아직 이승에서 모토오가 갑자기 나타나 야마히메를 놀라게 하는 부분이 있다.

이는 살아 있는 모토오의 영혼이 잠시 육체를 벗어나 타계에서 영혼인 야마히메와 만나고 있는 모습을 묘사한 것이다. 일본에서는 원래 사람의 영혼은 이성을 그리워할 때나 동경할 때 육체를 벗어나 상대와 만날 수 있다고 믿어 왔다. 그러므로 이러한 영적 만남은 일본 고대사상에 의한 것이기도 하다.

도코쿠는 1888년에 이시자카 미나(石坂美那)와 결혼했다. 그리고 그는 프랜드 여학교에서 영어 교사로 근무하게 되었다. 그가 거기서 후지이 마쓰코(富井松子)와 만나게 된 것은 결혼한지 2년만인 1890년이었다. 도코쿠의 집필활동이 본격화하는 것은 1890년부터 1891년에 걸쳐서이기때문에 도코쿠의 집필활동은 마쓰코와의 만남을 통해 본격화했다고 해도 과언이 아니다.

마쓰코가 프렌드 여학교를 졸업한 것은 메이지25년(1892) 7월 14일이지만, 그 약 1개월 전인 6월 달에 도코쿠의 첫 단편 소설 『내 뇌옥(我牢獄)』이 발표되었다. 여기서는 '현실에 있어서의 내 비련(悲恋)'에 대해서 말해지고 있고 이가 '너무나 슬퍼하고 마음이 괴로워하고 있는 내 사랑(恋)'인 것으로 토로(吐露)하고 있다.

現に於ける我が悲恋は、雪風凛凛たる野に葉落ち枝折れたる

---

115) 北村透谷/勝本清一郎(校訂), 『透谷全集 第一卷』, 岩波書店, 1981, p.79.

枯木のひとり立つよりも、激しかるべし。(中略)唯だ我九腸を
裂きて又た裂くものは、我が恋なり、

　現실에 있어서의 내 비련(悲恋)은 눈이나 바람이 불은 황량한
겨울의 벌판에서 나뭇잎이 떨어진 고목이 혼자 서는 것보다 더
세다. (중략) 단지 내 아홉 장을 찢고 더 찢은 것은 내 사랑이
라,....116)　　　　　　　　　　　　　　　　　　　　　　（『我牢獄』）

　'아홉 장을 찢고 더 찢은 것' 같은 '현실에 있어서의 내 비련'이
란 도대체 누구를 상대로 하는 비련을 말하고 있는 것인가? 마쓰
코에 대해서는 그녀의 타계 후에 도코쿠가 마쓰코의 죽음을 한탄
하고 쓴 『애사서(哀詞序)』에 도코쿠의 그녀에 대한 심경이 쓰이
고 있다. 『애사서』는 다음과 같다.

　友と呼び愛人といふも、はしたなきもつれに脆くも水と冷ゆ
るは世の習ひなり、(中略)この悲しみを何が故の恨み、何が故
の悲しみぞと問ふも、蝶の夢は夢なればこそ覚め、虫の音は秋
なればこそ悲しきなれ、と答ふるの外に答なきに同じ。嗚呼天
地味ひなきこと久し、(中略)相距ること二十余日、天と地の間
に於て距離は幾何ぞ。

　친구라고 부르며 또 애인(愛人)이라고도 할 수 있었으나 엉거
주춤한 갈등 속에 약하게 물과 같이 식은 것은 세상의 상사이다.
(중략) 이 슬픔이 무엇을 위한 한(恨)이며 무엇을 위한 슬픔인
가 물어봐도 나비의 꿈은 꿈 때문에 깨고 벌레 소리는 가을 때문
에 슬프다고 대답할 수밖에 없는 것과 같다. 아 아 천지에 대해
서 재미를 느끼지 않게 된지 오래다. (중략) 서로 떨어진지 20

---

116) 北村透谷/勝本清一郎(校訂),『北村透谷選集』, 岩波書店, 1978, p.380.

일을 넘었다. 하늘과 땅 사이에서 이 거리는 얼마나 큰가.117)

(『哀詞序』)

이 문장뿐만 아니라, 도코쿠의 작품 속에는 때때로 도코쿠의 마쓰코에 대한 심정(心情)이나 마쓰코의 생전의 모습이 나타나 있으며 이들 흔적을 통해 도코쿠의 마쓰코에 대한 애정이 어떤 것이었는지 알 수 있다. 그러므로『호라이 곡』이래의 평론을 제외로 한 도코쿠의 작품에 나타나는 상기와 같은 영혼(靈魂)과 같은 처녀는 마쓰코와 깊이 관련되어 있음을 알 수 있다. 도코쿠의 작품은 모두 육체를 가지고 있지 않은 영원한 처녀에 대한 주인공의 동경으로 번민하는 비곡으로 일관하고 있는 것이다.

도코쿠가 그 평론에서 재삼 강조해 온 정신적 연애의 이상은 육체적으로 거리를 멀리해서 바라볼 수밖에 없었던 제자 마쓰코에 투사(投射)되어 있었다고 볼 수 있다. 마쓰코는 도코쿠가 프렌드 학교의 영어교사로 처음으로 취임했을 때의 학생이었고 도코쿠보다 일곱 살 아래이었다.

도코쿠에 있어서 마쓰코는 동경(憧憬)해야만 하는 영원한 처녀이며 서로 정신적으로만 통할 수 있는 정신적 존재이었다. 도코쿠의 마쓰코에 대한 사랑은 현실적 육체를 부정하여 정신적 이상만을 긍정함으로서 성취했다. 이렇게 해서 도코쿠는 육체를 벗어나 영혼만이 갈 타계(他界)를 꿈꾸었다. 마쓰코는 도코쿠에게 타계에 대한 희망과 동경을 유발시키는데 큰 역할을 했다고 볼 수

---

117) 勝本清一朗(1982), 前揭書, pp.303－306.

있는 것이다.

그런데『호라이 곡』을 완성하기 위해 쓰여진『호라이 곡 별편』의 결말에서는 주인공이 '악마들아! 서둘러! (중략) 나를 저승으로 데리고 가라!'118)고 스스로 악마를 따라가고 있다. 또『내 뇌옥』의 결말에서는 필자가 '무릎을 꿇고 기둥에 기대고 이를 악물고 눈을 감고 있다. 지각이 나를 떠나려고 한다. 죽음의 바늘은 내 뒤에 와서 기회를 노린다. 죽음은 다가온다. (중략) 안녕! 안녕!'119)이라고 절망한 끝에 스스로 세상을 떠나려고 하고 있다. 그리고『숙혼 거울』에서는 시종해서 죽음의 분위기가 감돌고 결말을 죽음으로 끌어간 병적 필적을 볼 수 있다.

이들 공통된 결말로 알 수 있듯이 마쓰코가 세상을 떠나기 전부터 도코쿠는 이미 지상의 삶을 단념했던 사실을 알 수 있다. 그러므로 도코쿠가 마쓰코의 타계까지 이 세상에 머물고 있었던 것은 반대로 마쓰코가 이 세상에 살고 있었기 때문이라고 할 수 있는 것이다.

사실 도코쿠는 마쓰코의 사후 '결연하게 주거를 고쿠후쓰아리마에가와무라(国府津在前川村)에 있는 죠센지(長泉寺)로 옮기고 거기서 살기 시작했다. 그리고 정신도 육체도 그의 생활 자체도 털썩 무너지기 시작했다. 드디어 1894년 5월 15일부터 16일에 걸쳐서 한밤중에 그는 시바 공원(芝公園)의 고요관(紅葉館) 건물 뒤에 있는 주거의 나무에서 액사(縊死)했다. 도코쿠의 죽음을 달빛

---

118) 勝本清一郎(1981), 前掲書, p.168.

119) 勝本清一郎(1978), 前掲書, p.381.

이 이끌렸다'120)고 하는 사람이 많지만, 정말로 그는 달빛이 비치는 새벽에 마치 무엇인가가 그를 부르는 것과 같이 흔들흔들 집을 나가 고통스러웠던 기미 없이 편안 얼굴로 죽어 있었다고 한다. 마치 '야유병자(夜遊病者)처럼 자아를 잊어서 나가는 것'이다.

　도코쿠가 최후에 이사하고 살았던 이 집은 마쓰코가 생전에 살았던 집의 바로 근처이었다. 이렇게 마쓰코는 도코쿠에게 정신적으로 큰 영양을 미쳤다. 마쓰코는 도코쿠의 정신적 연애(恋愛) 사상의 일종의 모델이 되고 영원한 처녀로 도코쿠의 마음속에 숨어 있게 됨과 동시에 현실로 죽은 것으로 도코쿠를 실제로 죽음으로 이끌었다고 볼 수 있는 것이다.

 ## 일본적 사랑

　도코쿠는 당시 색욕(色慾)이라든가 남녀가 일시적으로 이성을 좋아하게 되는 감정으로밖에 파악하지 못했던 일본인의 남녀관계에 대해서 연애(恋愛)라는 말을 사용해서 새로운 남녀관계를 제시했다.

　도코쿠의 말에 따르면 당시 일본 남녀관계의 대명사이던 호색(好色)이란 인간의 육체가 가진 동물적 본능이며 그 본능대로 행동하는 것을 말한다. 그것에 비해 연애란 인간이 가진 영성(霊性)

---

120) 日本文学研究資料刊行会(編), 『北村透谷』, 有精堂, 1983, pp.17－18.

의 나타남이라는 것이다. 그는 이러한 정신적 연애에 대한 문학
이 그때까지 일본에 없었다고 하며 다음과 같이 말한다.

　　彼等の筆に上りたる愛情は肉情的愛情のみなりしなり、（中
　略）プラトーの愛情も、ダンテの愛情も、バイロンの愛情も、
　彼等には夢想だもすること能はざりしなり。
　　그들이 쓴 애정(愛情)이라는 것은 육정(肉情)적 애정(愛情)만이
　다. (중략) 플라톤의 애정(愛情)도 단테의 애정도 바이론의 애정도
　그들(일본인들)에게는 몽상(夢想)조차 할 수 없을 것이다.121)
（『内部生命論』）

도코쿠는 서양의 문학작품을 통해 정신적 남녀사랑에 눈뜨
고122) 그 정신적 미(美)에 감동함과 동시에 그때까지 일본문학에
나타난 남녀관계가 육욕을 위주로 한 것임을 알게 된 것이다. 그
는 육욕과 사랑을 구분하지 못하고 호색(好色)을 전통으로 해온
일본문학에서 처음으로 육욕(肉慾)과 사랑을 구별했고 연애의 정
신성을 주장했다.123) 이는 그가 수용한 서양사상에 의한 것이라
고 일단 말할 수 있다.

도코쿠는 일본인의 남녀관계에 대해서 다음과 같이 말하고 있다.

---

121) 北村透谷/勝本清一朗(校訂),『北村透谷選集』, 岩波書店, 1978, p279.

122) 도코쿠가 괴테(Goethe : 1749－1832)나 세익스피어(Shakespeare : 1564－1616)를
　　비롯해 많은 서양문학이나 성서를 읽은 것은 그의 평론 속에 나온 그의 작품
　　비평을 보면 알 수 있다.

123) (도코쿠의) 열렬한 연애 지상주의적 주장은 당시 사회에 있어서의 상식적 도
　　덕관이나 습속(習俗)에 대한 신랄한 비판을 의미하고 있었다(猪野謙二,『明治
　　の作家』, 岩波書店, 1966, p.14.).

日本文学史を観じ来れば恋愛に対する理想、余をして痛嘆せ
しむるもの多し。(中略)気候風土より発生せる色情の悪風、
(中略)肉情より愛情に入り愛情より恋愛に移ることを記する著
作の多きこと疑ふ可からず。

　일본문학사를 보면 연애(恋愛)에 대한 이상(理想)이 나를 통
탄(痛嘆)시키는 것이 많다. (중략) 기후(気候)나 풍토(風土)에
서 발생하는 색정(色情)의 악풍(悪風) (중략) 육정(肉情)으로
부터 애정(愛情)으로 들고 애정(愛情)에서 연애(恋愛)로 이행
하는 것을 쓴 저작이 많은 것은 의심할 여지가 없다.124)

(『「歌念仏」を読みて』)

　도코쿠는 일관해서 일본인의 남녀관계를 색정(色情) 또는 육정
(肉情)으로 부르고 이를 정신적 사랑(愛)이 아닌 것으로 보고 비
판하고 있다. 실로 일본문학에서는 고대로부터 호색(好色)125)을
긍정적으로 보고 왔으며 밑에서 도코쿠가 한탄하고 있는 것처럼,
유학(儒学)자 등 일부 계급을 빼고서는 메이지(明治) 초기까지 이
에 대한 비난의 역사는 없었다고 해도 과언이 아니다.

好色の教道者となり通辯官となりつる文士は、即ち人類を駆
つて下等動物とならしめ、且つ文学上に至妙至美なる恋愛を残

---

124) 北村透谷(1978), 前掲書, p.138.

125) 이로고노미(色好み)는 고대일본 왕죠(王朝)시대의 남녀관계를 상징하고 있으
　　며 호색(好色)는 일본 근세(近世)의 그것을 상징하고 있다. 양 용어는 한자표
　　기는 같지만, 그 뜻은 다르다. 전자는 주로 고대 귀족사회에 있어서 이성을 기
　　쁘게 할 수 있는 교양과 품위를 말하며 후자는 주로 일본 근세의 상인문화에
　　서 남녀간의 육체적 쾌락을 의미한다. 그러나 남녀관계를 모두 아름다운 것으
　　로 보고 있는 점은 같고 연재 호색(好色)의 용어는 주로 후자의 뜻으로 사용되
　　어 있다.

害する者なる事を。

　　호색(好)의 교도자(教道者)가 되어 통변자(通弁者)가 되는
문사(文士)는 그러므로 인류를 하등동물로 만들고 동시에 문학
상 묘하고 아름다운 문학을 상해하는 자이다.126)

(『粋を論じて「伽羅枕」に及ぶ』)

　호색(好色)보다 훨씬 정신적 요소를 내포하는 고대일본의 말인
고이(こい；恋)에 대해서 말해도『만요슈(万葉集)』에서 볼 수 있
는 것처럼, 이성을 그리워 만남을 기다리는 심성(心性)은 대단히
아름답게 묘사되고 있으나 이 그리움이 정신에서 나온 것인지 육
체에서 나온 것인지에 대한 자각(自覚)은 물론 남녀관계에 대한
정신성과 육체성의 구별은 없었다.

　주로 일본에서 남녀간의 특별한 관심을 가리키는 정(情)이라는
말을 보아도 이미 논한 바와 같이 감정(感情)과 감각(感覚)의 식
별이 없고 영과 육은 구별되어 있지 않다. 이 점은 서양사상과 근
본적으로 다른 점이라고 해야 할 것이다. 이러한 영과 육을 다른
차원의 것으로 보지 않고 같은 뿌리에서 비롯된 것으로 보는 시
각은 일본 특유의 자연관(自然観)에서도 잘 나타나고 있다.

　일본문화의 뿌리라고 할 수 있는 고대가요를 보면 어느 시절부
터 일본문화가 무속(巫俗)의 영향 속에 형성해 간 것을 알 수 있
는데 이 무속은 현세(現世)와 내세(来世), 영혼과 육체를 구별하
면서도 놀이의 현장에서는 영혼이나 귀신과 인간이 하나가 됨으

---

126) 勝本清一郎(1978), 前掲書, pp.100−101.

로써 영과 육이 미분화된 상태가 된다.

특히 영과 육의 이원세계를 이상(理想)과 현실의 대립관계로 보고 이상을 실현하는 것에 삶의 목적이 있다고 보는 서양사상에 비해 동양적 무속(巫俗)사상에서는 현세의 삶을 무사히 보내고 인간의 욕망을 있는 그대로 긍정하면서 이를 채우는 것을 행복으로 여기고 있기 때문에 현세 위주의 세계관이다. 이러한 세계관이 남녀관계에서 정욕을 전면적으로 인정하게 한 원인이라고 볼 수 있다.

그런 의미에서 동양의 무속은 동양적 일원론이라고 할 수 있을 것이다. 동양적 일원론에서는 추상적 이상이나 관념보다는 눈에 보이는 현실세계의 공동체의 삶을 무엇보다 중요시했다. 그러므로 고대농경의례나 카가이(燿歌)에서 알 수 있는 것처럼 남녀관계는 공동체의 풍요의례(豊饒儀礼)와 공동체내의 연대(連帶)를 중심으로 하고 있다. 때문에 여기서 남녀의 정(情)이란 집단적 연대감에서 나오는 것으로 간주된다.

이상과 같이 일본의 남녀관계는 정(情)이라는 말로 상징된다. 이는 고대일본의 무속을 배경으로 하고 있으며 정신과 물질을 대립적 존재로 보지 않고 일원적인 것으로 간주하는 범신론(汎神論)에 입각한 것이다. 그러므로 정신성과 욕망의 구별이 없으므로 유교(儒教)적 영향을 받은 일부 사람들이나 불교적 수행(修行)생활을 하는 일부 수행자를 빼고서는 일반적으로 남녀관계는 모두 아름다운 것으로 간주되어 왔던 것이다.

3. 일본대중문화와 장래

3. 일본대중문화와 장래

 **자치의 원칙**

영어로 'mass(대중)'란 본래 대량이라는 뜻이었는데, 그것이 '대부분', '대다수'라는 의미로 확대된 것이다. 결국, 대부분의 사람들, 대다수의 사람들이 대중이지만, 이런 대부분의 사람들, 즉 일반인들을 표준으로 하는 사회가 대중사회(mass society)이다.

영국에는 지금도 여왕이나 귀족이 있고 일본에도 천황이나 황실이 남아 있다. 그러나 이들 일부 사람들은 사회의 예외로 간주되고 있고 하나의 역사적 잔존자로서 보존되고 있는 것에 지나지 않는다.

시민사회는 대부분의 일반인으로 구성되고 그 주민들이 스스로 다스리고 있는 사회이다. 그러므로 일부 우수한 사람이 대부분의 열등한 사람들을 통치한다는 것이 아니라, 일반인들의 수준이 높아져 위에서 누군가가 지도하지 않아도 자기들의 일은 자기들끼리 해결할 수 있고 각각 독립해서 살아갈 수 있다는 '주민자치(住民自治)'의 사회인 것이다. 이렇게 시민사회는 자치를 원칙으로 하고 있다.

자치가 성립하기 위해서는 자치를 허락해야 하고 또 남의 도움이 없어도 자치할 수 있는 능력을 가지고 있어야 한다. 결국 누구나 독립해서 살 수 있는 내용과 능력을 가지게 될 때 가만히 놔두어도 독립해서 살려고 할 것이고 그것을 방해하려고 하더라도 방해물을 타파해서라도 독립하려고 할 것이다.

영국의 시민혁명을 봐도 서민에게 경제력 등 그만큼의 힘이 생겼고 그만큼의 수준 높은 정신이 갖추어졌던 것이었음을 알 수 있다. 그래서 혁명이 성공했을 뿐만 아니라 그후에도 그 성공을 유지할 수 있었고 마침내 의회정치까지도 운영해 갔던 것이다.

이와 같이 여기서 말하는 서민은 수준이 높은 서민이고 수준이 높은 정신이 있었기 때문에 스스로 시민이라는 지위를 획득할 수 있었다. 영국도 미국도 서민사회이지만 경제적으로나 문화적으로나 결코 수준이 낮은 사회가 아니다. 그들이 세계로부터 동경을 받고 자기 스스로도 자랑할 수 있었던 이유는 대부분의 서민들(대중)의 수준이 높았기 때문이다.

 **질서의식**

　지금 선진국이라고 불리고 있는 나라들은 모두 근대시민사회의 결실이고, 일본은 동양에서는 재빨리 근대화를 서두른 나라이다.

　일본의 경우, 메이지유신 이후 문명개화의 깃발을 내걸고 거국적으로 근대사상의 섭취에 전념하였고 이는 국가차원의 사상변혁이었다. 지식인들은 모두 인습적·관습적인 사고방식을 물리치고 서양의 정신에 맞추려고 하였고 그것이 좋은지 나쁜지는 일단 접어두고, 일반인의 말단에까지 합리정신을 심은 것은 사실이다.

　학자들로부터 공장에서 일하는 직공에 이르기까지 합리적 사고를 하는 것은 당연하고 사회의 규칙을 지키지 않는다거나 자기 뜻대로 행동을 한다든가 하는 것은, 사회에서 예외의 취급을 받게 된다.

　그래서 교통규칙을 지키지 않는 것도 거의 생각할 수 없었다. 예를 들면 신호를 무시하는 자동차가 있을 경우 주변의 차들은 모두 그 차를 마치 구급차가 온 것 같이 정중하게 길을 열어 통과시켜 준다. 보통 사람이 아니라고 간주하고 무서워하고 피하려고 하기 때문이다.

　메이지 이후 패전까지 일본의 본보기였던 독일의 경우는 더 철저하다. 아우토반(Autobahn)은 무제한 속도의 고속도로로 유명하지만 여기서는 사고라는 사고를 본적이 없다. 단지 너무 고속으로 달려서 벤츠 같은 고급차까지도 여기저기서 고장이 나서 선

채로 꼼짝못하고 있는 것을 볼 뿐이다.

독일사람이 얼마만큼 질서의식이 강한 국민인가라는 것은 일부러 여기에서 설명할 필요도 없겠지만, 만일 독일에서 서투른 운전을 하게 되면 바로 주변의 차들이 모두 '당신은 여기가 이렇다', '조심해!'라고 제스처를 해 보여주기도 하고, 신호를 해서 가르쳐준다. 만일 잘못해서 클랙션을 울리게 되면 화를 내면서 뒤쫓아 올 정도이다.

완고하다던가 융통성이 없다고 말한다면 그렇기도 하지만 그들의 올바른 질서의식 때문에 독일제 자동차가 좋은 것은 누구나 다 알고 있고 독일제 기계가 여간해서는 고장나지 않는 것도 유명하다. 할아버지가 어릴 때 가지고 놀았던 장난감을 손자가 사용하고 있다는 것은 우스운 이야기가 아니다. 한번 완성된 제품은 튼튼하고 몇 세대까지 사용할 수 있는 것이 독일에서는 상식이다.

이런 독일을 신봉해 온 일본에 있어서도 거의 모든 것이 독일과 같은 공통점을 가지고 있다. 적당함이라든가 실수라는 것은 용납되지 않고 만일 질서를 지키지 않는 자가 있으면 그 사회에서 무시를 당하게 되고 그런데도 고치지 않으면 추방당하게 된다. 일본의 '따돌림'(무라하찌부 : 村八分 : 마을 법도를 어긴 사람과 그 가족을 따돌리는 것)은 지금도 살아 있는 것이다. 전체의 것을 지키지 않는 한 개인은 인정하지 않는 법이다.

일본열도는 아시아 대륙의 동북해상에 위치하고 있는데, 북위 20°에서 45°사이를 남북으로 좁은 활모양으로 총연장 3,800km에 걸쳐 길게 뻗어 있다.

일본 국토 총면적은 377.815km²로 한반도 면적의 약 1.7배, 영국의 1.5배이지만 미국의 약 25분의 1에 지나지 않고, 또 세계의 육지면적에 대하여는 0.3%에 불과하다. 수도인 도쿄의 위도는 북위 35도 41분으로 한국의 부산과 대구의 중간쯤에 있다.

지세로 보면 일본 전국의 평야와 분지의 면적을 합쳐도 약 29%에 불과하며 나머지 71%는 산지이다. 일본열도는 앞에서도 언급했지만 4개의 주요섬, 즉 혼슈(本州)·홋카이도(北海道)·큐슈(九州)·시코쿠(四国)와 그에 인접하는 3,900여 개의 작은 섬들로 구성되어 있다.

일본의 전체 인구는 약 1억 2,500만 명으로 세계에서 일곱 번째로 인구가 많은 나라이다. 일본의 일구밀도는 1km²당 330명으로 세계에서 가장 인구밀도가 높은 나라 가운데 하나이다.

일본에는 화산이 많고 세계 화산의 10% 정도가 일본열도에 있다. 일본에서 제일 높은 해발 3,776m의 후지산은 원추형의 휴화산이다. 또 일본은 환태평양지진대에 속하며 세계 유수의 지진국이기도 한다.

이렇게 지진이 많은 일본에 있어서는 '지진·벼락·화재·아버지'라는 말이 있다. 세상에서 제일 무서운 것이 우선 지진이고, 그 다음이 벼락·화재·아버지의 순서라는 의미로 말해지는 것 같이 천재를 제일 무서운 것으로 생각해 왔다. 그래서 인생 그 자체를 긴 관점으로 보지 않았던 것 같다.

현재 도쿄도 그렇지만 관동대지진이 발생된 지 70년이 지난 지금도 언제 어느 곳에 다음 대지진이 올지 모르는 불안한 상태이다. 지난번 코베(神戶)와 최근의 니이카타(新潟)의 대지진이 단적으로 암시하고 있다.

이렇게 일본은 섬나라로서의 위치상 외국으로부터의 침략은 받지 않았지만 그 반면에 지진·태풍과 같은 천재와의 싸움은 숙명적이었고, 언제나 만일의 사태에 대비하고 있지 않으면 안되는 정신적 긴장과 준비 그리고 방심하지 않은 여러 가지 궁리가 요구되었던 것이다.

일본의 주부들은 장마철의 습기 때문에 언제나 옷장 안에 있는 물건을 꺼내 바깥에서 말리고 일광(日光) 소독을 해 놓지 않으면 안된다. 또 일본사람은 습기 때문에 매일같이 목욕탕에 들어가지 않으면 안 되는 식으로 섬나라 일본에서의 생활은 가만히 쉬고 있는 것을 허락하지 않는다. 자연환경이 언제나 열심히 일할 것을 요구하고 있는 것이다. 그리고 이 부지런함은 흔히 다른 외국에서 말하는 너무 지나친(too much) 작업방식으로 보인다.

섬나라 근성

지금 도쿄에 가면 중근동의 아랍계 외국인이 어디에 가도 가득 차있다. 우에노공원(上野公園)이라든가 유명한 공원은 그들의 숙박소가 된 지 오래이다. 그들의 대부분은 엔고(圓高)를 겨냥해 일본의 엔(圓)을 벌기 위해서 일본으로 온 불법 체류자들로서, 관광비자로 입국한 채 일본에 정착하게 된 것이다. 그 수가 너무 많아서 법무부에서도 어떻게 할 수 없기 때문인지 그대로 방치하고 있는 듯 하지만 의외로 그것이 도쿄의 분위기를 국제화시키고 있다. 한편, 이 엔고는 일본사람들의 해외여행을 쉽게 만들었다. 오래 전부터 국내여행보다 해외여행 쪽이 값이 싸기 때문에 여행이라면 해외여행을 하는 것은 당연한 일이 되었다.

이렇게 해서 외국에서 오는 사람들, 그리고 외국으로 가는 사람들을 통해 일본 사람들의 시야도 크게 변하고 있다. 지방의 벽지 농촌에서조차 며느리 부족 때문에 필리핀 등에서 며느리를 찾는 것도 이미 특별한 일이 아니다. 최근 도시의 아가씨들은 외국인 특히 서양사람과 데이트하지 않으면 남자에게 인기가 없는 여성으로 보일 정도라고 한다. 좋은 면도 있고 나쁜 면도 있겠지만 어쨌든, 현재 일본이 급속하게 국제화되고 있는 것은 사실인 것 같다(저자도 한국여성과 결혼했다).

그러나, 외국에 가는 것이나 해외여행은 몇 십 년 전까지만 하더라도 아주 일부의 사람들뿐이었다. 정부관계자·대기업의 상사원·학자 등 일부 엘리트에 제한되고 있었던 것이다. 취직은 무역상사에 당연 인기가 집중되었는데, 그 주요한 이유는 여러 나라들 특히 유럽에 부임할 수 있기 때문이라는 것이었다.

과거 일반사람들이 외국을 그다지 본 적이 없었던 시대에 있어서는 일본사람에게 외국이란 정말로 미지의 세계였던 것이다. 주위의 어디를 봐도 바다 밖에 보이지 않은 섬나라 일본에 있어서는 나라라면 일본, 사람은 곧 일본사람으로 생각했을 것이다. 일반인들은 아무리 세상이 바뀌어도 의식상으로는 일본사람밖에 모르고 일본밖에 생각하지 않았다고 해도 과언이 아닐 것이다.

일본사람들이 자주 사용하는 말에 '시마구니 콘죠(島国根性 : 섬나라 근성)'이라는 말이 있다. 섬나라 주민들의 성질을 의미하는 것으로 시야가 좁고 생각이 얕고 섬의 사람들끼리만 단결하고 해외에서 오는 사람을 배척하지만, 일단 같은 패거리가 되면 섬에 있는 자 전원이 일치단결해서 히스터리칼하게 한 목소리를 내고 싸우기 위해 일어선다는 것이다. 단결심과 배타성 그리고 복수심을 그 특징으로 들 수 있을 것이다. 일본에서는 이 성격을 좋지 않은 것으로 자인하면서도 또 그것을 자랑하고 있기도 하다.

그렇다고는 하지만 이러한 성질은 일본사람뿐만 아니라 영국사람에게서도 볼 수 있다. 영국사람들도 무서울 정도의 편협한 자존심을 가지고 있는 것 같다. 그러나 그들의 그것은 오래된 역사 속에서 길러져온 높은 문화적 수준과 더불어 오히려 영국사람의 기개로서 좋은 인상조차 주는 것이다.

같은 섬나라이기 때문에 그런지 명치시대 이후 국가제도의 대부분을 영국에서 배웠기 때문에 그런지, 영국과 현대일본은 비슷한 점이 많고, 또 지금은 일본사람은 일반적으로 영국을 좋아한다. 무엇보다도 영국을 그리워하면서 존경하고 있다 하겠다. 그만큼 미국과의 관계가 깊어진 현재에 있어서조차, 일본의 중·고등학교에서 가르치는 영어발음은 '영국 발음'을 주류로 사용하고 있는 학교가 사라지지 않을 정도이고, 황실도 그 자제들을 반드시라고 해도 좋을 만큼 영국에 유학시키고 있다. 그것은 독일에 대해서도 마찬가지이다. 독일이 일본을 생각하는 이상, 일본쪽에서는 지금도 독일을 이전과 같이 명치시대의 선생으로서 그리워하고 있는 것이다. 일본에서 독일어라면 지금도 고급 언어를 의미하는 것이다.

이렇게 편협하다고도 할 수 있는 마음의 좁음과 배타성은 섬으로서의 지리적 환경조건과 전혀 관계가 없다고는 말할 수 없는 것 같다. 그 증거로 경제나 과학기술의 발달로 외국과의 왕래가 활발해지자 편협함과 배타성도 점점 개선되고 있다는 말이다.

단, 이 섬나라 근성에서도 하나 배워야 할 점이 있다. 그것은 근성(根性)이라는 말에 표현되고 있는 것같이 도중에 단념하지 않고 최후까지 완수하려고 하는 집념이 강하다는 것이다. 일본에서는 뭔가를 도중에 그만 두는 것은 '중동무이(반거들충이 ; 일을 중도에서 팽개쳐 둠)'라고 해서 비난한다. '돌 위에도 3년(찬 돌위에라도 3년 동안 계속 앉아있으면 따뜻해지는 것같이 괴로워도 참고 견디면 곧 보답이 온다는 뜻)'이라는 속담이 있는 것처럼 무엇이든지 일단 일을 시작했다면 끝가지 관철하지 않으면 안된다는 것이다.

일본인들은 정원에 이끼를 키우는 것을 좋아한다. 또 집의 벽 등에 이끼가 끼는 것을 기뻐한다. 일본의 국가인 '기미가요(君が 代)'에서도 가사의 마지막에 '이끼가 낄 때까지(苔の生すまで)'로 노래하고 있다. 이렇게 한 번 결심한 일, 계획을 세운 일은 반드 시 성취하라고 하는 것이다. 도중에 이것 저것 변하는 것은 믿을 수가 없다는 것이다.

또, 일본의 '원수갚기(복수)'이라는 풍습을 보아도 상대방을 용 서하지 않는다는 편협함의 반면에 그 집념 자체에는 배울 점이 있다. 그것은 한국의 일편단심(一片丹心)과 통하는 것 같다. 죽은 남편의 적을 토벌하기 위해 아들을 데리고 복수의 여행을 떠난 무사의 아내도, 주군에 대한 충성을 위해 할복(자결)하는 무사도, 한국의 정조를 위해 자결하는 은장도(銀粧刀)와 충신불사이군(忠 臣不事二君)이라는 역사와 공통되는 내용이다.

이렇게 의무와 사명을 위해 살자고 하는 일본의 국민성은 천황 제도에 의한 천황에게 충성심과 더불어 무사의 절조(節操)로서 옛 날부터 길러져 왔다.

미래지향의 일본인

일본에는 일반적으로 족보가 없다. 그것을 만들려고 하면 절 (寺)을 돌아다니고 친족을 방문하고 먼 지방의 동네를 다니고 답사하지 않으면 안된다. 또 조사하려고 해도 원래 족보가 없기 때문에 정확히 조사될 수도 없을 정도이다.

일본 역사를 봐도 알 수 있듯이 일본인은 상당히 미래지향적인 국민이다. 주위에 좋은 것이 있으면 무엇이든지 받아들여서 자기 것으로 만들어 가는 진취성이 많다. 무사들이 총을 사용하게 된 것도 15세기 중기 무렵이었고, 일찍이 토요토미 히데요시(豊臣秀吉)는 이 새 무기를 가지고 각 지방에서 넓은 영지를 가진 무사의 지방세력인 다이묘(大名) 세력을 누르고 일본 전국의 통일에 성공했을 뿐만 아니라, 한반도까지 침략하러 온 것이다.

1853년 미국의 페리함대가 쇄국 일본에 개국을 요구했을 때 열강의 위력을 바로 깨닫고 200년간 계속해 온 쇄국(에도시대)을 갑자기 중단한 것도 결단이 빨랐었다. 또 구미의 문명이 두드러지게 앞서가고 있음을 알고 나서 거국적으로 실행한 문명개화에 있었던 메이지유신은 획기적이었다. 에도시대 최후의 장군인 토쿠가와 요시노부(德川慶喜, 15대 장군)는 스스로 조정에 정권을 다시 돌려주었다. 형식적이었지만 헌법을 정하고 입헌국가(立憲国家)로서 출발한 것은 1889년으로 무사의 시대가 끝난 지 불과 21년째의 일이다.

이렇게 미래지향적인 일본의 국민성은 주변 나라들에 큰 피해를 주게 되었지만, 앞으로 앞으로 전진해 가고자 하는 그 추진력은 인정할 수 있을 것이다. 즉, 지금까지의 자신에 고집하지 않고 오늘의 자신을 변혁하고 개량해서, 내일의 자신을 개척해 가고자 하는 태도이다.

'혼다(HONDA)'의 창시자인 혼다 슈이치로는 "오늘, 세계 최초의 엔진을 개발했다면 오늘 그것을 파괴하고, 내일 세계제일의 엔진을 만들기 위해 다시 연구를 시작하자"고 언제나 말했다고 한다. 과거의 영광이 아니라 미래를 만들기 위해 마음을 흩트리지 않고 앞으로 나아가려는 방심하지 않는 자세를 볼 수 있다.

'이기면 투구끈을 단단히 매라'는 일본 속담이 있다. 그것은 전장에서 이긴 장군은 투구를 벗지 말고 다음의 싸움을 위해 투구끈을 단단히 매고 준비를 해 두어야 하는데 만약 이겼을 때에 방심하면 목숨을 잃게 된다는 의미이다.

그것은 일본의 도덕관을 보아도 알 수 있다. 일본에서는 남에게 자기를 자랑하는 것을 아주 어리석은 일로 본다. 지금 좋아도 오늘 노력하지 않으면 내일은 어떻게 될지 모르기 때문이다. 그래서 자기를 자랑하는 것은 '방심대적(油斷大敵)'으로서 삼가야 한다고 생각하고 있는 것이다.

일찍이 고대 말기에 귀족이 자신들을 지키기 위해 고용한 농민 출신의 무사들이 귀족들이 여전히 놀고 있는 사이에 매일 무술훈련에 힘쓰고 드디어 실력자로서 귀족을 압도해서 마침내 중세(12세기)부터는 귀족을 밀어젖히고 천하를 잡아 버렸다.

일본은 혈통을 중심으로 하는 천황 쪽의 귀족문화의 흐름과 실력을 중심으로 하는 서민문화의 흐름의 교차 또는 병행이 고대말기부터 시작되고 있었던 것 같다. 실력을 중심으로 하는 사회에 있어서는 무사이든 무엇이든 노력하고 자기개발을 해서 현실적으로 우수한 사람이 되고 현장에서 이길 수 있지 않으면 그 자리에서 사라져 버릴 수밖에 없다는 것이다.

그러므로 어제까지의 영화도 오늘의 발걸음 여하에 따라서 어떻게 될지 모른다는 것이다. 이렇게 해서 무사에서 시작된 질실강건(質実剛健)하고 검소하고 동시에 헛됨 없는 일본의 서민문화는 서민 자신의 힘으로 이룩해갔던 것 같다.

 ## 작은 것을 좋아하는 천천히 정신

일본인이 작은 것을 좋아한다고 하는 것은 세계적으로 잘 알려져 있다. 그것은 물건의 크기보다도 그 정밀함을 좋아한다는 것이고 지금에 와서는 이런 일본인의 '컴팩트지향(コンパクト志向)'은 그 경제성과 편리함을 평가받아 세계 속의 가전제품이 일본에 이어 컴팩트화되고 있는 상황이다.

이렇게 해서 일본제 제품의 정밀함은 지금에 와서는 세계 속에서 인정받게 되었지만, 실제로 이렇게 말하는 성질은 '기계의 정밀함' 이전에 '섬세함'이나 '미세함'에 있는 것이다.

그리고 이런 섬세함·미세함은 사회생활에 있어서 '정중함(丁寧さ)'으로서 나타나고 있다. 일본에서는 무엇보다도 '주의에 주의를 거듭하여' 행하는 것이 도덕으로서 요구된다. 실수를 하거나 엉성하게 하거나 하는 것은 허락되지 않는 나라이다.

이렇게 무엇보다도 정확하게 하지 않으면 인정되지 않은 곳에서는 '빨리' 하더라도 아무런 평가받지 못하고 오히려 빨리 하는 것에 뒤따르는 부주의로 실수를 해서 야단맞고 손해를 입게 된다.

또 일본에서는 섬나라로서 주위에 바다밖에 없고 그밖에 할 것이 없었기 때문에 그런지, 그다지 자원이 없었기 때문인지 어떤 하나의 것에 세공을 통해 개량하여 보다 편리한 것으로 만드는 궁리나 고안이 옛날부터 강조되어 왔다.

그것은 새로운 것을 창조한다고 하기보다 지금 있는 것을 지금 있는 재료만으로 다른 아무것도 사용하지 않고 개선하는 일이다. 자원의 리사이클은 원래 일본정신의 하나이었으며, 옛날부터 해온 생활의 지혜이었다.

이렇게 하여 궁리는 적은 재료를 사용해 물건을 개선하고 새롭고 더욱 편리하고 좋은 것으로 바꾸는 아이디어의 대명사가 되었다. 그런데 이렇게 말하는 모든 것은, 빨리 하고자 해서 되는 것이 아니라 반대로 '천천히' 완벽하게 하고자 해서 생겨나는 것이다.

 ## 정직함의 중요성

현대의 시민사회는 합리정신을 기초로 한 사회질서 위에 성립되어 있다. 그것은 과학을 기초로 하고 있는 것이다. 그러므로 이런 사회에서는 객관적 진위가 중요하고 주관은 대체로 배제된다.

현대 사회에 있어서는 '사실과 일치하지 않은 것'은 부조리로서 무시당하는 까닭이다.

그러나 오늘과 같은 과학사회에서 '수치'나 '체면' 때문에 사람들에게 사실과 일치하지 않은 것을 말하면 어떻게 되는 것일까? 그러면 사회가 혼란해 버린다. 그리고 서로가 인간불신이나 사회불신에 빠져 버리게 될 것이다. 특히 국가 시책에 대해서는 사심이 없는 정직함이 나라의 기틀을 더욱 공고히 만들 것이다.

일본 사람의 경우 확실히 말하지 않기 때문에 부정의 표현에 있어서 도대체 Yes 인지 No인지 알 수가 없다고 해서 외국인에게 자주 지적당한다. 얼굴이 표정에 있어서도 기쁠 때나 슬플 때나 같이 웃는 듯한 표정을 하고 있기 때문에 도대체 기쁜지 슬픈지, 아니면 화내고 있는 것인지 알지 못한다는 말을 많이 듣는다. 밀로(Milo)의 비너스(Venus) 같다든가 석가모니의 미소 같다든가 말하면 그것도 그 나름으로 이야기가 되겠지만, 합리적인 정신을 가진 서양사람을 곤란하게 만들어 버리는 것 가운데의 하나이다.

그러나 일견 애매하게 보이는 일본 사람들에게도 '약속한 것은 꼭 지킨다'는 도덕관이 있다. 일본에서 약속한 것을 지키지 않으면 신용을 잃고 그것을 몇 번 계속하면 그를 상대하지 않게 된다. 사람들에게 따돌림을 당하고 마는 것이다.

서양에서는 거짓말을 한다는 것은 아주 나쁜 것으로 생각하고 있어서 범인인지 어떤지를 판단할 때도 우선 상대방의 눈을 응시해본다. 서양에서도 일본에서도 '말했던 것은 행해지지 않으면 안 된다'는 것은 동일한 것 같다.

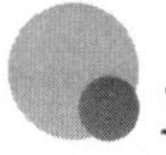

운동을 필요로 하는 청소년

한국에서는 저녁때 중학교 운동장에서 학생들이 스포츠를 하는 모습이 잘 보이지 않는다. 학교수업을 마치는데도 불구하고 학생들이 운동장에 나타나지 않는다. 일본에서는 오후 4시나 5시가 되면, 교실 안에 있었던 학생들이 모두 학교 운동장, 체육관, 테니스장, 수영장 등에 흩어지고 각 부서에서 기합을 넣고 소리를 지르면서 운동하고 있는 모습을 언제나 볼 수 있다. 한국에서는 시내 수영장에 가도 어른들의 모습만 보일 뿐, 가장 운동을 필요로 해야될 중학생들이 보이지 않는다. 도대체 그들은 어디서 운동하고 있는가?

일찍이 한국의 어떤 외국어고등학교를 방문했을 때였다. 공립인데도 불구하고 기숙사까지 완비한 최신학교이었지만, 놀랍게도 이곳에서는 새벽부터 수업이 시작되어 심야까지 계속된단다. 하루의 스케줄은 꽉 차있고 학생들에게는 밖에 나가는 자유도 시간도 없었다. 하물며 수업 후에 운동한다는 것은 생각도 못하는 일이었다. 어린 학생들은 일요일에 집에 가서 부모를 만날 것을 유일한 즐거움으로 기다리고 있었다. 한 여학생은 졸리는 눈으로 친구가 보건실에서 나오지 않는 이유를 이야기해줬다. 정신적 고민뿐만 아니라, 신체적으로도 이상을 호소하고 있는 것이다. 대학입시를 앞둔 고등학생은 물론, 중학생까지 학교수업이 마치자마자 과외수업이나 입시학원에서 문제집 풀기에 바쁜 현실로는 자유스럽게 운동하는 모습을 보지 못하는 것은 어쩌면 당연한 일인지도 모른다.

그러나 중학생 시절이 되면 자신의 신체변화에 놀라기도 하고 여러 정신적 육체적 불안과 동요에 고민할 수밖에 없는 시기이다. 한국 청소년들은 이것을 어떻게 극복하고 있는가? 일본에서는 중학교에서 '클럽활동'이라고 하는 과외활동이 있고 운동위주로 청소년의 에너지를 발산시킨다.

많은 일본 중학생들은 중학 1, 2학년 시절을 클럽활동에 의한 심한 운동으로 하루 하루를 바쁘게 보낸다. 그들이 저녁때에 집으로 갈 때는 너무 피곤해서 다른 것에 대한 관심을 가질 여유도 시간도 없다. 일본 청소년들이 운동을 통해 사춘기의 어려움을 넘어간다고 해도 과언이 아니다.

 ## 일본 초등학교

일본은 예로부터 지역주민의 연대(連帶)관계와 각 마을 구성원의 의무를 중요시해왔다. 그런 역사 때문에 그런지 일본 아이들은 자신이 사는 각 지역의 초등학교에 가게 되면 그 학부모에게도 각 초등학교를 중심으로 하는 모임이나 봉사활동에 대한 참가의무가 생긴다. 먼저 학부모의 회의기관인 PTA(父兄會)의 활동 및 임원선발이 있지만 이것뿐만 아니라, 이런 회의를 통해 결정

된 봉사 사항에 대한 학부모의 수행의무가 있다.

초등학교에서도 아동들을 위한 운동클럽이 있지만, 자신의 아이가 참가한 클럽에 대해서는 그 학부모도 아이들에 대한 감독과 관리의 의무가 있다. 예를 들면 아이가 야구부에 참가하면 당번제로 아버지가 학교에 가서 운동장 끝에 서서 날아오는 공을 줍는 일을 담당할 때도 있다.

또 어머니회로서 일주일 몇 번씩 밤에 어머니들이 학교 체육관에 모여서 배드민턴이나 춤추는 연습을 할 때도 있다. 특히 일본은 여름에 시(市)마다 축제행사를 행하는 일이 많기 때문에 그 조직을 시청과 초등학교가 함께 운영할 때도 있다. 아버지는 가마를 메는 일을 하거나 어머니가 춤을 추는 일을 담당하는 경우가 많다. 이렇게 일본에서는 가까운 초등학교를 중심으로 지역사회 구성원이 연결되어 있고 그들은 주로 스포츠를 통해 하나되어 있는 것을 알 수 있다.

최근에 일본에서도 과도한 영양 섭취와 운동부족으로 인한 비만아(肥満児)가 급증하고 있다. 이제 초등학교는 비만을 악(惡)으로 여기고 적대시하고 이 아이들의 구제수단에 고심하고 있다. 아이가 한번 비만이 되면 자신감(自信感)이 없어지고 성적이 떨어져 이렇게 되면 그 열등감이나 불만을 먹는 것으로 메우려고 하게 된다. 이렇게 되면 아이들은 악순환에서 빠져나갈 수 없게 된다. 그대로 두면 아이는 구제할 수 없는 상태가 된다고 한다. 그러므로 학교에서는 정기적으로 신체검사를 하고 비만아를 발견하면 바로 그의 구제를 시작한다.

일본에서는 예로부터 학생에게 주는 벌로서 근육운동을 사용하고 왔다. 운동장을 토끼뜀뛰기로 몇 번 돌거나 엎드려 팔굽혀펴기를 몇 번씩 하거나 벌의 심도는 그 근육운동의 고통으로 계산되었다. 그러므로 비만아에 대한 구제책은 바로 운동이다. 아이들이 비만으로 인정받게 되면 그 다음날부터 등교하자마자 우선 운동장을 몇 바퀴 뛰어야 한다. 비만아에게 이 운동은 아주 힘든 벌이겠지만, 이 운동이야말로 그들에 대한 가장 적절한 구제책이라는 것이다.

 ## 일본 중학교

일본에서는 원래 체육을 중요시해 왔다. 그 이유는 인간은 신심일체(身心一体), 즉 마음과 몸이 하나가 되어서 존재하는데 마음이 존재하기 위해서는 몸이 있어야 되고 몸은 정신이 깃들어야 살 수 있기 때문이다. 마치 '건전한 정신은 건강한 육체에 깃들인다'고 하는 것처럼 육체와 정신은 밀접한 관계 속에 있고 어느 쪽을 빼고 생각할 수 없다.

그러므로 건전한 정신을 형성하기 위해서는 꼭 육체의 단련(鍛鍊)이 필요하다고 생각해 왔다. 특히 초·중학교 9년 간의 의무교육 과정에서는 그 의의는 대단히 크다. 이 시기는 인간의 인격의 기초를 형성하는 것과 동시에 육체가 가장 많이 발육할 때이기 때문이다.

원래 일본 초등학교에서는 읽기, 쓰기, 계산 등의 기초능력 습득을 목표로 했지만, 그와 동시에 중요시한 것으로서 사회성 교육이 있다. 나라의 법을 준수(遵守)하고 사회질서를 잘 지키는 국민을 만드는 것에 교육의 근본적인 목적이 있었다. 그리고 이를 수행하는데 체육을 중요시했던 것이다. 규칙(規則)을 몸으로 배운 스포츠를 함으로서 나라의 법과 사회적 질서를 지킬 수 있는 국민을 양성(養成)할 수 있다고 믿었기 때문이다.

옛날 무사(武士)는 무도(武道)를 통해 정신단련(精神鍛鍊)을 했는데 이는 육체에 의한 민첩(敏捷)한 동작의 원인이 바로 정신에 있다는 사실을 보여주며 또 정신을 단련하기 위해서는 꼭 육체를 단련해야 한다는 사실을 가르쳐준다. 후에 무사도 소양으로 학문을 하게 되었지만, 앉아서 하는 학문과 일어서서 하는 무술은 사실, 일체를 이루고 있었다.

상기와 같은 이유로 일본의 초·중·고등학교는 모두 운동장, 실내 체육관, 수영장을 가지고 있으며 이들 시설을 다 완비하지 않으면 학교성립의 허가를 받을 수가 없다.

이러한 일본에서 중학교의 큰 특징은 아무래도 클럽활동에 있다 하겠다. 이는 한국의 동아리 활동과 같은 것이지만, 일본 중학교의 클럽활동은 체육부(体育部)위주로 진행하는 것에 특징이 있다. 체육부만 예로 들어도 육상(陸上)부, 야구부, 축구부, 농구부, 배구부, 체조부, 수영부, 유도(柔道)부, 검도(劍道)부, 가라테(空手)부, 합기도(合気道)부, 테니스부, 탁구부, 배드민턴부 등 다양

하다. 중학생이라면 거의 모두가 참가하게 되는 이 과외활동은
참가하지 않을 수 없는 듯한 전통과 분위기를 가지고 있다.

그러므로 중학교에 입학한 어린 신입생들은 학교에 들어오자
마자 자신이 들어갈 클럽을 결정해야 하고 거기서 이들은 후배라
는 지위를 얻는다. 각 클럽은 부실(部室)이라고 해서 학교 안에
각 방을 가지고 있으며 거기서 옷을 갈아입고 회의도 한다. 선,
후배의 상하관계는 철저하며 후배는 선배의 심부름은 물론, 방
청소와 그라운드 정비, 체육관 청소 등, 모든 봉사를 담당한다.

2학년생은 중견(中堅)이다. 그들은 1학년생을 지도, 관리하고
3학년생을 모신다. 여기서 2학년생은 시합(試合)에 있어서 중심
일원인 동시에 중심 간부이기도 한다. 3학년생은 고등학교 입시
준비 때문에 은퇴한다. 그들은 가끔 부실을 방문하고 후배를 격
려한다. 선, 후배간의 인사는 철저하며 마치 군대처럼 행해진다.
이러한 질서의식이 중학시절로부터 확립되는 것이다. 시대의 흐
름으로 인해 개인주의, 이기주의를 막을 수 없는 현실에서 예의
(礼儀)의 기본이라고 할 수 있는 선배에 대한 경의(敬意)나 인사
를 가르칠 수 있는 것도 클럽의 큰 특징이다.

이렇게 해서 일본의 많은 하급 중학생들은 아침 일찍 등교한
다. 운동장을 정비하고 체육관을 청소하고 근육운동 등 준비체조
를 하고 그 날의 연습을 준비하기 위해서이다. 또 시합이 가까워
지면 조연(早練)이라고 해서 아침 6시부터 연습을 할 때도 있다.
아침에 일찍 일어나서 운동하고 수업을 받고, 또 수업이 끝나자
마자 운동하고 저녁에 집으로 가는 이들은 저녁을 먹으면 이미

마음도 몸도 피로곤비(疲勞困憊)한다. 그러나 그들은 있는 힘을 다 내고 그 날의 수업의 복습과 내일의 예습을 해야한다. 텔레비전도 인터넷도 그들에게는 그다지 관련이 없는 물건이다.

이러한 생활은 평일뿐만 아니라 일요일이나 방학 때에도 계속되기 때문에 그 가혹(苛酷)함에 대해서 우려하는 학부모의 목소리도 많다. 그러나 이것이 특별한 일부 학생의 경우가 아니라 정도의 차이는 있지만, 일본 중학생 전반의 일반적인 경향이라고 할 수 있다.

하교와 관련된 사회행사는 여러 가지 있으나 체육계 클럽활동이 활발한 일본에서 학생들에게 친밀한 것은 각종 스포츠 대회이다. 많은 일본 중학생들에게 가장 큰 삶의 긴장감을 주는 것은 실은 학교 학업이 아니라 스포츠의 시합(試合)이라고 해도 과언이 아니다. 학교대항으로 이겨내고 현(県)대회로 가고 최후에는 전국대회까지 오르는 것이 그들의 꿈이다. 공부와 운동이라는 학교생활의 성과가 평가될 결실이 바로 체육대회에서의 승리라는 것이다.

 **남녀공학은 운동으로부터**

일본에서 중학생에게 특별히 운동을 강요하는 이유는 발육이라는 관점뿐만이 아니라, 또 하나의 중요한 이유가 있다. 일찍 남

녀공학제도를 실시해 온 일본에 있어서 사춘기의 아이들을 도덕적으로 옳고 심신(心身) 건강한 인간으로 육성하기 위해서 문제가 되는 것은 뭐라고 해도 사춘기의 최대의 특징인 성(性)을 중심으로 하는 정서(情緒)적 생리적 문제이다.

이성에 대한 관심은 물론, 자신의 신체변화에 동요하고 불안(不安)과 고민에 빠지기 쉬운 이 시기의 아이들에게 운동은 최대의 구출수단이 될 수 있다. 육체단련을 통해 과도로 남는 에너지와 우울한 마음이 겹쳐 쌓인 우울(憂鬱)을 발산(発散)시켜 성적 욕망을 승화(昇華)시킬 수 있다. 청소년은 운동에 열중하고 있는 사이에 시간을 잊어 신체의 발육과 인격적 성장 및 학업을 동시에 성취할 수 있는 것이다.

그러나 최근에는 핵가족화(核家族化)로 인한 개인주의와 소자화(少子化) 등 대중(大衆)적 정보화(情報化)사회에서 인간과 인간의 의사소통에 어려움을 느끼는 많은 신세대 아이들이 급증하고 있다. 그들은 집단생활이나 선배와 후배 등의 산하관계를 좋아하지 않은 경향이 있다.

학교폭력, 이지메, 등교거부(登校拒否), 성(性)문제, 음주, 흡연 등, 전에는 예상하지 못했던 여러 문제 속에 소·중학교 교육은 어려움을 경험해 왔다. 최근에 일본 문부과학성(文部科学省)의 조사에 의하면 아이들의 체격은 많이 개선되어 있는데도 불구하고 몸의 유연(柔軟)성은 현저하게 저하되고 있고 운동능력도 계속 내려가고 있다고 한다. 많은 청소년은 몸의 이상을 호소하고 있고 놀이나 자연경험의 결여에서 오는 마음의 비뚤어짐도 일반적으로 나타나 있다.

도쿄도(東京都)의 소·중학생을 대상으로 한 조사에 의하면 5명 중 한 명이 성인병(成人病)의 가능성이 있고 4명 중의 한 명이 "큰 소리를 내고 난폭하게 굴고 싶다"거나, "짜증난다" 등의 정신적 스트레스에 의한 자각증상을 호소하고 있다. 소·중학생의 12%가 비만(肥滿)이며 12%가 콜레스테롤의 평균수준을 넘어 16%가 불면(不眠)에 고민하고 있고 60%가 "언제나 잠이 온다"며 수면부족을 호소하고 있다고 한다. 또 남자 중학생의 10명 중 한 명은 1주일에 한번 이상 음주하고 성장기의 심신을 장해하고 있다는 조사결과도 있다. 사춘기에 술을 마시면 뇌나 생식기의 발육에 큰 영향을 미칠 것은 말할 필요도 없다.

이러한 심각한 상황 속에 일본 문부과학성(文部科學省)은 20년 이전부터 교육개혁을 계획했고 이미 10년 이전부터 새로운 교육을 실시하고 있다. 새로운 교육의 큰 특징은 창조력과 개성을 키우는 것이다. 즉 기존의 지식을 기억하는 교육이 아니라, 스스로 생각하는 교육이며 학교는 경쟁하는 곳이 아니라 개성을 키우는 곳이다. 한마디로 '지식 중심'에서 '창조성 중시'로 변했다고 할 수 있다. 그러나 운동부족으로 인한 여러 장애는 여전히 해소하지 못하고 있다.

한국의 중·고등학교는 아직도 남녀공학을 실시하고 있지 않은 곳도 있고 입시위주의 엄한 스케줄 속에 학생들은 공부로 바쁘게 보내도록 유도하고 있다. 많은 학생은 심한 경쟁논리 속에 성적의 점수에만 관심을 가지면서 어려운 사춘기를 넘어간다.

그러나 이제 인터넷 등 과학기술의 발달을 수단으로 하고 윤리나 도덕을 무시하는 여러 상품들에 누구나 쉽게 접할 수 있는 오늘의 상황에서는 어떤 것을 막는 식의 교육은 이미 효과가 없다. 이러한 무방비 상태에서 어떻게 건전한 남녀공학을 이룰 수 있겠는가?

무엇보다 이제 한국교육도 창조력 개발위주의 교육으로 변해야 될 오늘의 이 시점에서 앞으로 청소년에게 주게 될 자유시간을 어떻게 활용하게 할 것인가? 이런 문제를 생각할 때 우리는 다시 운동의 의의와 효과에 대해서 생각할 때가 아닌가 생각한다. 남녀공학은 운동을 함으로서 가능한 것이다.

 ## 시민사회란

서양 그 가운데 영국의 역사에 있어서 대중이란 원래 서민이고, 왕이나 귀족이 아닌 자들을 말했지만, 상공업이 발달하여 봉건사회가 무너지고 누구나 독립해서 생활할 수 있게 되자 서민이 시민으로 대두하기 시작해 시민혁명을 거쳐 시민사회를 형성하게 되었다. 즉, 도시를 중심으로 상공업을 통해 재산을 모으게 된 서민은 자치도시를 만들 만큼의 세력이 형성되어 시민으로서의 지위를 확보하고 머지 않아 자본가로서 귀족이나 부호에 대항할 수 있는 시민계급(부르주아지 : bourgeoisie)을 형성하게 되었다.

대다수가 퓰리턴(Puritan ; 淸敎徒)을 지지한 이 시민계급은 종교적·경제적 이유로 그들의 권리를 찾기 위해 국왕과 대립하게 되고, 청교도혁명·명예혁명 등 시민에 의한 시민혁명을 통해 의회정치에 있어서 2대정당 중 자유당이라는 하나의 당을 이루었다. 나라의 정치를 의회가 제정한 법률에 의해 행해지도록 만들었던 것이다. '국왕은 군림하지만, 통치하지 않는다'라는 말이 바로 그것이다.

이렇게 해서 생겨난 시민사회는 산업혁명을 통해 공장제 기계공업에 의한 대량의 노동력을 보유하는 대도시로 발전하게 되었지만, 이 신도시는 공장을 경영하는 자본가와 임금을 받고 노동력을 제공하는 노동자라는 두 가지 계급으로 갈라졌다. 여기에 자본주의사회가 성립된 것이다.

자본주의의 정신

중세 유럽을 지배한 교황의 권력은 십자군원정의 실패와 교회 내부의 부패 속에서 쇠퇴하고, 또 르네상스(Renaissance ; 문예부흥)나 루터(Luther)·칼빈(Calvin)을 필두로 한 종교개혁을 통해 사람들은 점점 교황의 지배에서 벗어나 자유스럽고 활발한 인생관을 가지게 되었다. 특히 칼빈의 직업윤리관은 근로와 검약이라는 금욕주의적인 도덕관을 신학적으로 뒷받침하는 실천이론으

로 스위스를 중심으로 영국에까지 상공업자 사이에 퍼지고 마침
내 퓰리터니즘(Puritanism ; 청교도주의)까지 이르지만, 이런 퓰
리턴들이 영국의 시민계급을 이루어 영국의 의회정치를 실현시켜
드디어 필그림 파더즈(Pilgrim Fathers ; 102명 청교도)는 미국 건
국의 선조가 되었다.

이런 식으로 자본주의로 발전한 시민사회의 근본정신에는 결
국 퓰리터니즘이 있었던 것을 알 수 있다. 즉, 대중이 시민이 되
고 시민이 시민사회를 형성하고 나아가서는 자본주의 사회를 만
들게 된 과정에는 산업혁명을 중심으로 한 상공업의 발전이라는
현상뿐만이 아니라 중세기독교가 막을 내리고 신앙을 교회의 권
위에 의하지 않고 각 개인의 것으로 만든 기독교의 이념인 프로
테스탄티즘(Protestantism) 정신이 자리잡고 있었던 것이다.

결국, 영국에서 발아하여 미국에서 결실을 맺은 자본주의의 본
질은 청교도주의 정신과 이념에 의한 것이었음을 알 수 있다. 그
러므로 이런 퓰리턴의 정신이 쇠퇴하게 될 때 자본주의 사회도
함께 쇠퇴할 수밖에 없는 것이다. 이와 같이 현대 미국의 약체화
는 그러한 신앙적 쇠퇴에 의한 것으로 생각된다.

너도 나도 시민

영국의 역사를 볼 때, 미약한 존재였던 서민이 '시민'으로서의

지위를 얻기 위해서 기독교 도덕을 중심으로 하는 내부의 갈등·
싸움 그리고 그 극복과정이 있었던 것을 알 수 있다.

즉, 시민으로서의 실질적 내용을 쌓기 위한 정신적 싸움과 그
것의 극복에 의한 정신의 성장과정이 있었던 것을 알 수 있는 것
이다. 그러나 그것은 서민이 물질적 부를 얻어 갑자기 자본가가
되어서 시민계급이라는 지위를 확보한 것을 의미하는 것은 아니
다. 서민이 자체의 정신적 성장에 따라, 자기 스스로의 힘으로 독
립을 획득하고 시민계급을 형성하여 의회제 민주주의를 실현시켜
서 자본주의 사회를 이룩했던 것이다.

말하자면 서민이 시민으로 되는 과정에는 그것이 기독교이든
무엇이든 질이 높은 도덕성(morality)이 요구되는 것이 틀림없
다. 따라서 이러한 시민혁명의 과정을 경험하지 않고 서양적 민
주주의와 그 제도를 도입한 동양의 나라들에 있어서는 지금 살고
있는 사회가 자본주의사회라고 해서 단순히 돈만을 추구한다고
해서 시민사회가 성취되는 것은 아니다.

하물며, 현대라고 일컬어지는 물질적으로 풍족한 환경이 갖추
어진 사회에 살고 있다고 해서 무조건 자기 자신을 시민이라고 부
를 수 없을 것이다. 우리가 시민으로 불려지기 위해서는 우선 자
주·독립의 정신과 함께 높은 도덕성을 가져야 되기 때문이다.

Common Sense

어떤 나라에서는 일부 사람들이 독점하고 있는 것이 어떤 나라들에서는 일반화되고 대다수 사람의 것이 되어 있다. 그러므로 일부 사람들만이 좋은 것을 독점하고 있다거나 우수한 자와 그렇지 못한 자, 그리고 가진 자와 못 가진 자의 차이가 크거나 하는 사회는 '시민사회(civil society)'라고는 부르지 못할 것이다.

이렇게 일찍이 일부 사람들만이 독점하고 있던 것이 대중화된 사회가 시민사회이고, 그것은 결코 대중이기 때문에 질이 떨어진다거나 수준이 낮아진다는 것을 의미하지 않는다. 반대로 전체의 수준이 올라가는 것을 의미할 것이다.

게다가 자동적으로 올라가는 것이 아니라 각자의 노력에 의해 각자가 자기 자신을 이끌어 올리는 만큼 올라가는 것이다. 정부가 올려주는 것도 힘이 있는 자가 올려주는 것도 아니다. 자기 자신의 노력에 따라 노력한 만큼 향상되는 것이다. 그리고 그것을 도와주는 것이 지식이고 여러 사회제도이다.

이런 식으로 대중화는 지식이나 이성(理性)의 보편화이고 대중화된 지식이나 이성이 바로 '상식'인 것이다. 즉, 현대 시민사회에서는 일찍이 일부의 것이었던 지식이나 이성이 대중화되어 일반인들의 상식(common sense)이 되었던 사회이다.

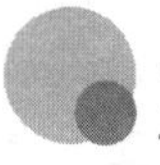

지식의 대중화

　일본의 서점에 가면 먼저 헤아리지 못할 만큼의 많은 문고책들이 서가를 차지하고 있는 것이 눈에 띈다. 또 학생이나 사회인들이 아무렇지도 않게 작은 문고책을 호주머니에 넣고 다니는 모습도 자주 본다. 이들 문고책은 인생·사회·정치·경제·문화·과학·철학·예술 등 모든 분야에 걸친 전문적 지식을 일반인을 위하여 이해하기 쉽게 풀어 쓴 책(입문서)이다.

　계몽서라고도 불러야 될 이런 작은 책들은 누구나 손쉽게 읽을 수 있고 휴대하기 적당하고 가격도 싸다는 점에서 많은 일반시민들과 친숙해지고, 또 애독되고 있는 것이다. 그리고 이들 문고책들이 일본의 일반 시민들의 의식수준을 보다 높이고, 사회발전에 크게 공헌하여 왔다고 여겨진다.

　세계 속의 최신과학기술정보나 새로운 학술이론, 또 세계 속에서 시대와 나라를 초월한 고금동서의 사상 등은 현대인의 상식으로서 현대에 살고 있는 우리 모두가 알고 있어야 되는 내용들이기 때문이다.

　일찍이 마르틴 루터(Martin Luther ; 1483~1546)는 산업혁명에 의한 활판인쇄기의 도움을 빌어서 성서를 독일어로 번역하여 일반민중들도 쉽게 읽을 수 있게 하였다. 당시에는 교회조직을 통해서만 가능했던 성서 내용의 이해가 누구에게나 가능하게 되었고, 그것이 종교개혁에 큰 역할을 하였지만 문고책에 대해서도 같은 의미를 부여할 수 있다.

즉, 전문가들만이 알고 있었던 전문적 지식을 학자들이 일반인들을 위해 알기 쉬운 설명을 덧붙여 고도의 전문적 지식을 대중화시킨 것이다. 일부 사람들만이 점유하고 있었던 특권을 일반화한 것이라고 말할 수 있다. 이렇게 양질의 것의 대중화는 그 대중의 수준을 높이고, 나아가 서민을 시민사회의 일원으로 평준화하는데 기여할 것이다.

오늘날과 같이 치열한 국제경쟁시대에는 국가·사회·문화·정치·경제·과학이 발전하고 선진화를 이루기 위해서도 물론이지만 우선 살아남기 위해서 끊임없는 지식의 흡수와 더불어 새로운 자기 개혁과 창조가 있어야 한다.

그런데도 독서를 게을리 하고 물질문명이 빚어낸 정신의 빈곤 퇴치 없이는 나라의 발전이 있을 리 없다. 오로지 독서와 더불어 끊임없는 자기 개혁과 창조를 위해 노력하는 국민만이 위대한 나라를 창출할 수 있을 것이다.

현대사회병리

어떤 특정한 문화를 차단하였더라도 법규제가 풀려지면 이제까지 억제당하고 있던 욕망이 사람들 앞에 그 모습을 나타내기 시작한다. 더구나 자본주의 사회에 있어서는 그 욕망은 상품화되어 가격표를 붙인 채 길거리에서 매매되기 시작한 것이다.

그리고 어디까지나 우리가 주의해야 할 것은 그 상품을 생산하는 대부분의 사람들은 문화의 창조를 목적으로 하고 있지 않고 이윤추구를 목적으로 하고 있다는 사실이다. 그러므로 사람들의 가치관이 다양화되면 될수록 가두상점에는 온갖 상품이 나타나게 된다. 그것은 가치나 도덕을 묻지 않는다.

현대 일본인이 그만큼 유해한 문화환경 속에 살고 있다. 또 타인의 생활에 간섭하지 않고 자기 일만 하는 것을 좋은 일같이 생각하는 개인주의의 사회풍조가 그것을 떠받치고 있다. '무엇을 하던 그것은 자유이다. 다만 타인에게 폐를 끼치지는 말라'는 말을 부모가 자식에게 가르치는 정도까지 되었다.

가치관의 다양화라는 말을 내세우는 가운데 각 개인에 대한 비판도 간섭도 피하고 '당신도 나도 다 옳다. 피차 일반이다'라고 하면서 결국 자기자신을 가치판단의 중심으로 세워서 각자가 자기의 욕망만을 추구하는 완전한 이기주의사회가 되었던 것이다.

 ## 욕망과 도덕

자본주의는 서민에 의한 시민사회로의 발전의 결과로 생겼고 사회적·경제적인 면에서뿐만 아니라, 정신적인 면에 있어서도 서민의 노력과 성장의 과정이 있었던 것은 앞에서 기술했지만,

자유로운 분위기의 민주적 시민사회에 있어서 인간의 본성을 있는 그대로 인정하고, 상업활동을 통해 자유롭게 그 욕망을 실현해 가고자 하는 자본주의도 그것을 추구하는 욕망이 도덕을 떠났을 때는 이미 건전한 것이 될 수가 없다.

즉, 자본주의는 인간의 본성을 있는 그대로 보고 그 의욕을 이끌어내는 것에 성공했기 때문에 누구나 의욕을 가지고 활발하게 활동하게 되었고 그 활동의 양에 따라 이익을 얻을 수 있는 평등한 사회가 일견 실현된 것같이 보였다. 그러나 인간이 선악의 양면성을 가진 모순된 존재이기 때문에 현실긍정의 휴머니즘(humanism ; 人道主義)은 인간의 물질적 추구에 의해 인간을 물질과 육체만으로 이끌어가는 가능성을 내포하고 있었다. 그러나 이러한 자본주의를 지금까지 유지시켜온 것은 서양에 있어서는 기독교 도덕이었던 것이다.

결국, 자본주의는 그것을 취급하는 인간의 욕망에 건전할 때 인간에게 도움이 되지만, 그 중심인 욕망이 건전하지 못하게 될 때 물질주의에 빠져 버리고 인간까지 하나의 물질로 보게 되는 결과가 되는 것 같다.

인간소외

인간과 인간의 관계가 물건과 물건, 돈과 돈, 그리고 육체와 육체의 관계가 되어버렸을 때 이미 거기에는 결혼의 의미도 가정의 의미도 또 자손의 의미도 있을 리가 없다. 자유라는 이름 아래 매일매일 그 육체적 욕망을 만족시키기 위해 길거리를 헤매는 인간상이 되어 버린다.

정신적 만족을 포기한 인간은 그래서 늘 갈망하고 있다. 무언가 부족하고 굶주려 있고, 허무한 것이다. 마음의 기쁨을 얻지 못한 것이다. 그래서 욕망을 채우고서는 굶주리고 또 다시 갈망하는 그러한 연속이다. 대뇌생리학(brain physiology)에 따르면 그것은 마치 뇌에 전극을 자극한 실험대의 모르모트가 쾌감을 얻기 위해 열심히 달리는 것과 같다.

이런 식으로 현대인은 허무함과 갈망, 그리고 고독감에서 벗어나지 못하고 있다. 진정한 상대가 없는 자는 고독하다. 그리고 그 외로움을 물질이나 쾌락으로 보충하려고 해도 끝내 위로 받지 못하는 것이 현실이다.

이렇듯 자본주의는 도덕을 떠났을 때 인간을 행복하게 해주는 것이 아니라, 반대로 인간을 소외시킨다. 그리고 거기에 남는 것은 물질과 제도일 뿐이다. 물질과 제도에서 소외된 인간은 '고독지옥(孤独地獄)'에 빠지게 된다. 그러한 사회에서는 이미 신경과 병원에 다니는 자만이 신경증환자가 아니다. 현대사회의 사회병리증상이 심각한 현상으로 대두되고 있다.

풍요한 사회와 가난한 인간

현대라는 '대중사회'에 있어서 우리들은 다양한 문화를 손쉽게 접촉하고 그것을 마음껏 만끽할 수 있게 되었다고는 하지만, 우리 자신이 문화인이 되었다거나 이상적 모습이 되었다고는 말할 수 없다.

그것은 현대인들의 정신적 갈망과 허무함 그리고 고독감을 보면 알 수 있다. 상품으로서의 문화는 우리의 생활환경을 풍요하게 만들어주었지만 우리 자신을 풍요한 것으로 변화시키지는 못했다. 즉, 우리 자신은 전혀 변화하지 않았다.

그러면, 나 자신을 풍요하게 만들어주는 것, 나 자신을 변화시켜 주는 것은 무엇인가? 그것은 나 자신의 창조활동이다. 즉, 우리들은 자기 자신이 창조활동을 통해 어떤 대상을 창조하는 것뿐만 아니라, 자기 자신을 창조하게 된다. 결국, 인간은 어떤 대상을 찾아내는 노력을 통해 자기자신을 창조해가지 않는 한 자기자신은 풍요로워지지 못한 까닭이다.

이런 식으로 자본주의 사회에 있어서, 물질로서의 풍요와 상품으로서의 문화는 인간을 정신적으로 더욱 빈곤하게 만들었다. 그러므로, 도덕을 떠난 자본주의 사회, 즉 정신이 물질에 구속당하는 상태가 된 단계에 있는 자본주의 사회에 있어서는 인간을 소외한 물질적 '문화'만이 진열되어 남게 되는 것이다. 다시 말하면 '풍요한 사회에 사는 가난한 인간'이 되는 것이다.

육욕의 노예

동물의 교미 방식은 암컷이 수컷의 성적 매력을 선택하는 것이라고 하지만, 인간의 그것은 사회의 발달에 따라 남자의 신체적 매력이나 완력보다도 오히려 남자가 사회적으로 얼마만큼 여자에게 이익을 가지고 오는가, 즉 사회적 지위나 금전의 보상에 의한 경우가 많다.

특히 '결혼'이라는 사회제도하에 있어서는 사랑하지 않아도 결혼한다든가, 사랑해도 결혼하지 못한다고 해서 인간에게 정신적 갈등을 초래하고 있다.

이렇게 이제까지는 어떤 사회에 있어서도 성에 대한 '갈등'이 있었고, 사회에는 '성의 터부'가 존재했다. 욕망에 의한 성관계를 맺고 싶어도 사회규제가 있었기 때문에 그것을 범하느냐 그렇지 않느냐라는 마음의 갈등을 일으켰던 것이다.

현대인의 질병이란 바로 이 '갈등의 상실'이라고 말할 수 있다.

사회가 이상(異常)인가, 인간이 이상인가, 프리섹스·간통·동성애 등의 상습 속에 살면서도 사람들이 그것을 문제시하는 시각을 점점 잃어가고 있다. 그냥 오늘 하루만을 즐기면 된다고 생각하게 된 것이다.

물론 성에 대한 고민은 현대인만이 안고 있는 새로운 문제가 아니다. 그러나, 어떤 원시사회에서도 공동체내의 법도가 있었고, 인간은 결코 동물같이 본능대로 살았던 것은 아니었다. 실제로 그 규범과 법도를 지키지 않는 자는 집단에서 추방당하거나, 그렇지 않으면 그 사회에서 제거되어졌던 것이 역사의 예사이다.

규칙이 없는 사회는 없고, 제멋대로 살 수 있는 패러다이스도 실은 존재하지 않았다. 인간이 두 명 이상 있는 한, 거기에는 규칙이 있고 규범이 정해지는 법이다. 그럼에도 불구하고 이것을 무시하고 남에게 침입·침범하는 날에는 설사 누구라도 범죄자가 될 수밖에 없었다.

결국, 오늘날의 선진국의 붕괴 원인은 바로 이러한 성도덕의 붕괴에 있다. 즉, 개인의 자유를 추구한 현대문명은 사람들의 생활을 무상의 쾌락적인 것으로 만들었고, 사람들은 만족할 줄도 모르는 육체적 쾌락을 추구하게 되었지만, 그 쾌락의 절정에 있는 성의 쾌락의 한계선을 이미 넘어 버린 것이다.

모든 터부를 뒤로 밀어붙이고 인간은 마치 동물같이, 아니 동물 이상 무감각한 육욕의 노예생활을 하고 있다. 사람들이 고대인과 같이 미혼·기혼의 구별없이 또 정신과 육체의 구별없이 육욕에 빠져, 그것을 즐기고 있는 사회현실이다.

이렇게 해서 최고이고 최대의 사회를 실현하려고 했던 인간은 그 반대로, 인간 사회의 쇠퇴를 일으키게 되었다. 가정붕괴·이혼·프리섹스·동성애, 나아가서 에이즈 등 사회적으로 심각한 상태에까지 처하게 되었다. 이미 사회뿐만이 아니라, 인간 자체가 부패하고 침식되기 시작하고 있는 오늘날의 세계이다.

현대인의 갈망

선진문화·문화정치·문화침략·대중문화·퇴폐문화·성문화 등 최근에 와서 문화란 말을 많이 듣게 된다. 여기서 우선 '문화'란 단어의 뜻부터 정리해보고자 한다.

사전적인 정의는 생략하고, 실질적인 내용을 말한다면, '문화'란 인간의 생활 가운데서 의·식·주를 해결하는 생존의 단계를 넘어서서 보다 더 풍족하게 살고자 하는 정신적 욕구에 기인하는 것으로 생각된다.

육체의 생존을 위한 욕구는 수면욕·식욕·성욕을 기본으로 하지만, 풍족하게 살고자 하는 욕구는 이러한 육체적 욕구를 초월한 정신적인 것에 있는 것 같다. 잘 먹고 잘 자고 모든 육체적 욕망을 만족시키면서도 뭔가 허무하고 비참한 기분이 든다는 것은, 실은 이 정신의 작용에 의한 것이다. 인간을 인간답게 만드는 것은 바로 이 정신의 작용, 종교에서 말하는 영혼이지만, 문화란 이 언어를 가진 인간에게만 존재하는 것이다.

육체는 욕구가 채워지는 순간에는 만족감을 느끼고, 그러한 기분이 어느 일정 시간까지는 지속되지만, 물질적인 소모에 따라 또 다시 그 욕망은 발동하기 시작한다.

물질적으로 더없이 혜택을 받고 있는 현대인이 육체적인 욕망에서는 모두 만족감을 느끼면서도, 언제나 무엇인가를 계속 갈구하고 있다는 것은 실은 정신적인 갈망에서 오는 것이다.

이렇게 인간은 결국 육체적인 만족만으로는 살수 없는 것이며, 육체적 만족 후에는 반드시 정신적 만족을 원하는 것이다. 이것이 바로 문화의 출발점이라고 생각된다. 즉, 생존이 보장된 후에 생겨나는 인간에게만 있는 욕망, 다시 말하면 정신에 기인하는 욕망이 문화를 창조하는 것이다.

그러나, 여기에서 주의해야 할 것은 동물과 같은 수준인 육체에만 기인하는 욕망의 표현이나 그 선동 등은 문화라고는 부를 수 없다는 것이다. 그것은 정신적 요소가 결핍된 것으로 문화적이 아니다. 일부에서 이런 것들을 문화라고 부르고 있을 뿐, 실상은 문화가 되지 못하는 것이다.

정신적인 작용을 동반하는 작품, 의미를 찾아낼 수 있는 작품은 예술이지만, 본능이 정신적 작용을 구속한 것들은 이미 예술작품이 아니다. 그것은 마치 술에 취한 예술가는 예술활동을 못하는 것과 같다.

그러면, 문화작품이란 무엇인가? 인간의 정신에서 나오는 욕망 즉, 진·선·미를 바라는 욕망에 의해 추구되고 표현된 것이 바로 문화작품이다.

 ## 윤리와는 거리가 먼 법률

그래서 여기에서 논의해야 하는 것이 역시 일본 서점 등에서

볼 수 있는 것 같은 선정적인 잡지나 비디오, 그리고 사진 등이 일본문화인가라는 기본적인 문제에 대해서이다.

그런데, 길거리에서 볼 수 있다거나 눈에 띈다, 또는 공중 앞에 보인다고 해서 반드시 모두가 그것을 좋아한다거나 그것을 즐기고 있다고는 말할 수 없다. 그것은 법이 규제하고 있지 않다는 것뿐이다. 즉 일본의 법률이 이러한 문제에 관하여 자유롭다는 것이다.

반대로 법적으로 규제하고 있다고 해서, 실제로 사람들이 그것에 관심을 가지고 있지 않다거나 행하고 있지 않다고는 말할 수 없을 것이다. 법의 규제가 강한 나라에서는 공공연하게 밖으로는 나타나지 않겠지만, 역시 남모르게 사람들이 보이지 않는 곳에서는 비밀리에 행해지고 있다는 사실은 누구나 다 알고 있다. 이러한 인간의 문제는 법이나 사회적인 제도를 수단으로 해결할 수 있는 것이 아니기 때문이다. 즉, 규제란 사회적으로 사람을 다루는 하나의 방법에 불과하고, 결코 본질적인 해결이 되지 못한다.

결국 법규제의 완화는 개인이 공익에 반하지 않는 한 법은 개인의 자유를 간섭하지 않는다는 개인보호 사상에 의한 것뿐이고 실제의 사람이 어떻게 존립해야 하는지 그 개인 자체를 묻고 있지는 않고 있다는 것이다.

예를 들면, 1945년 8월 15일 일본의 패전 후 미국 연합국 총사령부 GHQ(General Head Quarters)에 의하여 작성되어 일본에서 발표된 현재의 일본국헌법 제97조에서도 '이 헌법이 일본 국민들에게 보장하는 기본적 인권은 인류의 다년간에 걸친 자유

획득에 대한 노력의 성과이며, 이러한 권리는 과거 수많은 시련에 견디고, 현재 및 장래의 국민에 대해서 침범할 수 없는 영구적인 권리로서 신탁된 것이다'라고 해서 기본적 인권을 존중하고 그 중요한 권리인 자유권으로서 정신의 자유를 들어, 사상·양심의 자유(제19조), 신앙의 자유(제20조), 집회·결사의 자유(제21조), 언론·출판의 자유(제22조), 학문의 자유(제23조) 등을 열거하고 있다.

또, 일본국헌법 전문에서도 '무릇 국정은 국민의 엄숙한 신탁에 의한 것이며, 그 권위는 국민에게서 유래하고, 그 권력은 국민의 대표자가 이것을 행사하고, 그 복리는 국민이 이것을 향유한다'라고 해서 국민주권을 내세우고 있다.

이렇게 일본에서도 기본적 인권은 '침범할 수 없는 영구적인 권리(제11조)'라고 해서, 이것을 법으로 제한한다거나 실제의 생활에서 무시한다거나 할 수 없게 되었다. 특히 표현의 자유(제21조)는 동시에 검열의 금지를 보장하고 있다.

이런 헌법하에서 최근 '예술이냐, 외설이냐?'라는 문제 즉, 표현이 공공의 복지에 반하느냐, 그렇지 않느냐(제13조)라는 문제를 둘러싸고 일본에서도 매스컴을 중심으로 논의가 성황을 이룬 때가 있었으나, 공공의 복지라는 개념이 현실의 국민을 제외시키지 않는 한 역시 여론에 따라 변할 수 있다는 결론이고 그 공공복지의 한도도 확정성이 없는 현상이다.

그러므로 매스컴의 대중선동에 의해 사회통념이라든가 세계의 경향이라든가 하는 이름 아래 이 문제는 더욱 더 애매해져 가는

형상이다. 어디까지가 예술이고, 어디서부터가 외설이냐, 라는
이 문제도 그 사회통념이라든가 세계의 조류라든가를 기준으로
하는 한 애매해질 수밖에 없을 것이다.

결국, 우리는 법치국가에 있어서도 그 법이란 것이 얼마나 윤
리와는 거리가 먼 것인지를 알 수 있다. 그러므로, 법에 의해서
윤리기준을 세우고자 하는 것은 현실적으로 무리일 뿐만 아니라,
그것은 원래 법의 성질과 일치하지 않는다. 우리는 법을 통해서
윤리를 인도할 수는 없는 것이다.

이렇게 생각하면, '금지'라든가 '규제'라든가 하는 말이 얼마만
큼 무능한 것인지를 알 수가 있다. 이제 우리는 문제의 해결을 법
이나 규제에 의존만 해서는 안될 것이다. 정신문화의 양성과 그
의 실천에 나라의 운명이 걸려 있다고 생각하기 때문이다.

 ## 남녀평등

인간이 평등하게 되기 위해서는 우선 사회가 평등하게 되지 않
으면 안된다. 그렇게 되기 위해서 우리가 놓치면 안되는 것은 '남
녀평등'에 대한 인식이다.

남녀평등을 인식하지 못한 사회에서는 반드시라고 해도 좋을
만큼 '권위주의'의 형태를 볼 수 있다. 반대로 민주적인 사회는 꼭
남녀평등에 대한 깊은 인식을 가지고 있다고 해도 과언이 아니다.

결국, 역사를 되돌아보면 '민주주의의 근본은 남녀평등이다'라는 결론까지 도달하는 것이다.

일찍이 봉건사회에 있어서는 인간은 인간을 인격적 존재로 보지 못하고, 단지 힘의 강약에 따라, 또는 사회적 상하관계에 따라 무력이나 권력을 이용해서 동물이나 물건처럼 인간을 지배해 왔다. 그것은 이성간에 있어서는 더욱 심했고 완력이 센 남자는 완력이 약한 여자를 우격다짐으로 지배하고 사회적 지위나 경제적 조건을 이용해서 '강탈'을 제멋대로 해 왔던 것이다.

이러한 비겁한 수법은 여자를 인간으로서 인격체로서 보지 않고, 단지 자기 욕망을 만족시킬 수 있는 도구인 여체로서 보고 있기 때문에 가행할 수 있었던 것이다. 또 그것을 용인해온 사회도 마찬가지이고, 결국 자기욕망을 만족시킬 수 있는 편에 서 있었던 것이다.

강자가 약자를 이용하는 사회나 이것을 허용하는 사회에서는 사회발전을 기대할 수가 없고, 또 그러한 추악한 인간상으로서는 문화의 육성도 기대할 수 없다. 우리는 우선 남자도 여자도 인간이며, 귀중한 인격을 가진 존재라는 사실을 인식해야 할 것이다.

# 일본 속의 한류

이제 한국에서도 알려져 있듯이 일본 국민은 사랑의 병에 걸려

있다. 이것은 한국을 그리워서 견딜 수 없는 사랑 병이다. 최근에 일본 국민의 의도와 무관하게 '독도'와 '역사교과서' 문제 때문에 일본 정부와 일부 일본정치가들이 정치적으로 한국과 큰 마찰을 일으켰으나 한국 측의 예상과 달리 한류(韓流)는 일본 국민 사이에서 더욱 더 커지고 있다. 일본에 있어서 한국 붐은 이제 인기스타의 유행정도가 아니라 한국문화의 붐으로서 일본문화에 큰 영향을 미치고 있는 것이다. 여기에서는 이러한 한류가 왜 일본에서 일어났으며 앞으로 어떻게 진행해야 하는지 그 전망에 대해서 논한다.

2003년대까지는 '한류(韓流)'라는 용어는 대만이나 중국에서 쓰여진 것이었다고 한다. 일본에서는 가수 보아(BoA)가 일찍 일본에서 차분하게 가수 활동을 해왔고 이는 드디어 앨범 100만 장을 돌파하여 오리콘 차트에서 1위에 올라가게 되었다. 그런 가운데 2003년 4월에 일본TV의 국영방송인 NKK 위성방송 BS2 채널에서 한국 TV KBS2에서 방영된 드라마 〈겨울 연가〉가 수차례 방영되었다.

일본판 〈겨울 연가〉는 제목을 〈겨울 소나타〉(冬のソナタ)로 번역하고 일본 배우가 성우를 맡아 방영되었다. NHK는 방송시간을 1시간으로 줄어 편집하고 각 회마다 소제목을 붙이고 일본 TV드라마처럼, 전회의 대강 줄거리와 다음 회의 예고까지 소개하면서 방영했다.

한국에서 2002년 1월 4일부터 3월 19일까지 총 20회에 걸쳐

방영된 이 드라마는 한국에서도 많은 화제를 불러일으켰다고 하지만, 일본에서는 첫 방송이 나가자마자 선풍적인 인기를 끌고 2003년 크리스마스를 전후한 프라임 시간대에 재방송될 정도이었다. 이것이 2004년 4월 3일부터 NHK 지상파 방송에서 다시 재방송되었고 2004년 크리스마스에서 2005년 정월까지 배용준과 최지우의 실제 목소리를 듣고 싶다는 일본 시청자의 많은 리퀘스트에 응답해서 다시 위성방송 BS2에서 일본어 대역 없이 한국어 그대로 방영되었다. 이미 일본에서 세 번에 거쳐서 방송되었고 DVD가 시장에서 출시되어 많은 사람들이 DVD를 통해 개인적으로도 많이 감상하고 있던 그 상황에서는 아주 드문 현상이었다 하겠다.

〈겨울 연가〉의 DVD(세트 2개)는 일본에서 16만 세트가 판매되었고 일본 DVD계 사상최고의 판매고를 기록했다고 한다. 서적 분야에서도 소설『겨울 연가』는 당시 상하권 86만 부가 판매되었다고 하고 〈겨울 연가〉 가이드북도 당시 29만 부 판매되었다고 한다. 그밖에도 한국 TV드라마 소설로서는 〈아름다운 날들〉, 〈이부의 모두〉, 〈맨발의 청춘〉, 〈가을의 동화〉, 〈누구에게도 비밀이 있다〉 등이 있고 각본(脚本)으로서는 〈겨울 소나타〉, 〈올인 운명의 사랑〉, 〈첫 사랑〉, 〈여름 향기〉, 〈천국의 계단〉, 〈내 애인을 소개합니다〉 등이 있다. 한국 드라마에 대한 가이드북이나 잡지도 많이 출판되었으며『한국 드라마 특보』,『더 알고 싶다! 한국TV드라마5』 등 다 열거할 수 없는 정도로 많다.

한류 스타들의 사진 집은 말할 필요 없이 늘 인기의 대상이며

구독자가 끊어지지 않다. 배용준 사진 집은 한 권 14700엔(圓)이라는 고액인데도 불구하고 사람들이 서점에 쇄도하는 정도 구입자가 많다고 한다. 음반 분야에서도 〈겨울 연가〉의 OST는 1위에 올랐고 20만 장이 판매되었다고 한다. 특히 2004년 9월17일에 도쿄(東京) 오차드홀(オーチャードホール)에서는 〈도쿄 필하모니〉 교향악단(交響楽団)이 연주한 〈겨울 소나타 콘서트〉까지 열게 되어 이제 〈겨울 연가〉 주제곡은 일본에서는 클래식 음악으로 인식되어 가고 있는 정도이다.

한국 붐의 결과 한국어에 대한 온 국민적 관심도 높아졌으며 많은 한국어 교재가 서점에 늘어서게 되었는데 한국 드라마의 대사를 회화표현으로 사용하거나 대사의 대역을 문장표현으로 학습하려는 것이 많다. 한국 여행을 하기 위해 한국어를 배우려는 사람도 많지만, 드라마 속에 나오는 사랑의 속삭임을 스스로 흉내내고 싶어서 한국어를 배우는 사람도 많은 것이다.

또한 〈겨울 연가〉는 많은 일본 신조어를 만들게 되었다. 사람들은 〈겨울 소나타〉를 〈후유 소나〉(冬ソナ), 한국 드라마를 〈칸도라〉(韓ドラ)127)라고 줄여서 부르기 시작했다. 2003년, 2004년에는 퇴근 후에 다음 날 아침까지 〈겨울 연가〉 DVD를 마치 귀신들린 것처럼 계속 보고 수면 부족으로 인해 고민하는 사람들이 속출하게 되었다. 그러므로 이러한 〈겨울 연가〉로 인한 만성 수면부족 증상(症状)을 〈후유소나 병〉(冬ソナ病)이라고 부르고 한국

---

127) 韓国드라마(ドラマ)라는 뜻임.

사람을 부러워하는 Korean Envy Syndrome(한국 선망 증후군)과 함께 하나의 마약적 증상으로 보았다. 이런 증상에 빠진 것을 일본인들은 '하마르'(はまる)라고 하고 '후유소나니 하맜다(冬ソナにはまった)'라고 하고 서로 경계하기도 한다. 잘 알려져 있는 것처럼, 배용준은 일본에서는 〈욘 사마〉(ヨンさま)라고 부리는데 '용준'의 줄인 말인 '욘'에 붙이는 '사마'는 일본에서는 신(神)이나 왕(王)과 같은 특별한 존재에게만 붙일 수 있는 존경 말로서 한국의 '님'과는 약간 의미와 용법을 달리 한다.

배용준이 일본에 올 때마다 그를 환영하는 사상최고의 팬들의 인파로 공항은 혼잡에 빠지는 것은 잘 알려져 있지만, 4월 3일 방일시에는 7000명의 팬들이 쇄도하여 이는 미국의 프레슬리(Elvis Presly)나 영국의 비틀즈(The Beatles) 이상이었고 일본 신기록을 만들었다고 한다. 그 다음 날 팬 미팅에서도 6만 명이 모였다고 한다.

이렇게 보아(BoA)를 시작으로 해서 〈겨울 연가〉와 배용준으로 솟아 오른 일본 〈한류〉 열풍은 이것으로 끝이지 않았다. 2004년 BS2에서는 〈올인〉의 재방송을 지나고 2005년에는 〈대장금〉과 〈첫 사랑〉을 방영하고 있으며 〈대장금〉은 7월 11일부터 28일까지 매일 하루 2시간씩 연속 재방송했고 또 〈아름다운 날들 콘서트〉가 역시 도쿄 필하모니의 연주로 인해 개최되어 2005년 6월 26일에 BS2에서 방영되었다. 뿐만 아니라, 이제 한국 드라마는 NHK뿐만 아니라, 후지TV를 비롯한 여러 일본 방송국에서 매일처럼 방영되는 상황이 되었다. 한국방송 전문 채널인 KNTV를 제외로 해도 일본 민간 방송국에서 한국 드라마를 상영하는데 경쟁하기 시작했다. 후지TV를 비롯해 〈천국의 계단〉, 〈그 햇살이 내게〉, 〈진실〉, 〈가을 동화〉, 〈우리가 정말 사랑했을까〉, 〈해피 투게더〉, 〈로망스〉, 〈신귀공자〉, 〈보디가드〉 등 하나 하나 열거할 수 없는 정도 많다.

그밖에 한국 붐에 의한 특수 수요로 각종 상품들(goods)이 있다. 배용준이 입었던 옷이나 드라마 속에 나오는 같은 모양의 안경, 목도리, 오버코트의 세트를 시작으로 해서 배용준과 최지우의 인형에 이르기까지 여러 종류가 있지만, 무엇보다 큰 수용은 한국 여행에 관한 것이라 하겠다. 거품경제의 타격으로 인해 고도성장기에 유행했던 유럽여행의 수용이 감수하게 되고 그 대신에 한국이나 중국으로 가려는 여행객이 많아졌지만, 이 현상은 주로 경제적인 이유였다.

그러나 이제는 한국을 좋아해서 한국으로 가고 싶은 일본인이 급격하게 많아졌다. '욘 사마 투어'는 〈겨울 연가〉에 나오는 드라마의 한 장면 한 장면의 주인공이 되기 위해 실제로 촬영지를 방문하고 그때 그때의 감격을 다시 마음에 그림으로서 감개에 잠기려는 것이다. 배용준이 앉았던 벤치에 자신도 앉아 보기도 하고 드라마를 실제로 경험하려는 것이다. 이 투어로 인해 이미 춘천이나 용평 리조트는 일본 관광객의 명소가 되었고 거기는 일본여행객으로 홍청거리는 번화가가 되었다. 남이섬에 만들어진 배용준과 최지우의 실물대의 동상은 일본인들의 좋은 기념 촬영장이 되었고 일본 여행객들의 발이 끊지 않는다고 한다. 비행기 이용에 위한 수익은 물론 호텔, 음식점 등들의 번창은 예상을 훨씬 넘을 것이다.

이런 현상은 일본뿐만 아니라, 아시아 전체, 그리고 이제 서양 각 국을 포함한 온 세계까지 확장되어 있어서 일본 특유의 현상으로 볼 수는 없다. 그러나 역사적으로 한국 또는 한국인에 대해서 취해온 과거의 많은 일본인의 태도와 비교하면 상상할 수 없을 정도의 변화, 또는 변모라고 할 수밖에 없으므로 여기에 큰 의의가 있다 하겠다.

 ## 일본 한류의 원인

잘 알려져 있는 것처럼, 일본은 서양문화를 최고의 것으로 여기고 왔고 자국의 영화나 노래보다 유럽이나 미국의 것이 더 각광을 받은 나라이다. 메이지(明治)유신 이래의 일본의 근대화(近代化)는 '서양화(西洋化)'라는 슬로건(slogan)하에서 서양문명에만 따라가는 것을 진보(進步)로 보고 아시아를 무시하고 왔다. 서양은 앞서가고 동양은 뒤떨어진 것으로 여기고 스스로 동양인으로서의 자신을 비하(卑下)했지만, 동시에 이는 아시아 주변국에 대한 오만과 침략으로 발전해갔다. 이러한 아시아에 대한 왜곡과 편견이 차 있는 일본에서 최근에 한국문화가 열풍을 일으킨 것은 도대체 무엇 때문인가?

역사학자 A. J. 토인비(Arnold Joseph Toynbee: 1880-)에
따르면 지구 문명은 한 곳에 머물지 않고 한 곳에서 다른 곳으로
움직이는 것을 원칙으로 한다. 또 시펭글러 등 이미 많은 사상가
가 말했듯이 서양문명의 번영 후에는 아시아문명시대가 오는 법
이다. 유럽에서 미국으로 이행한 번영은 일본으로 갔고 이는 한
국으로 이행하는 것이다.

1988년의 서울올림픽의 성공은 일본경제 운세가 한국으로 이
행하는 상징적 사건으로 볼 수 있다. 많은 일본 학자가 말했듯이
1868년의 일본 개국(開國)으로 시작된 일본 근대화가 120년이
지나는 1988년은 일본 서양화의 종결인 동시에 일본이 아시아로
들어가기 위한 제2의 메이지(明治)의 개혁이 필요할 때이었다.

1990년대에 일본은 아시아 속의 한 나라로 아시아시대를 열리
기 위해 새로운 역할을 해야 했었는데 그러기 위해 가장 먼저 해
야될 일은 아시아 제국에 대한 과거의 역사의 청산이었다. 이는
일본인에게는 알고 있으면서도 가장 어려운 과제라고 할 수 있
다. 이러한 개혁 무드 속에 호소카와(細川) 전 수상이 개혁 신당
으로 기적적으로 수상이 되었다. 그 때 그가 첫 번째 했던 연설은
'일본 태평양전쟁(太平洋戰爭)은 침략전쟁(侵略戰爭)이었다'는 것
이었다. 1993년에 그가 한국 대통령을 찾아 경주에서 했던 발언
도 '가해자(加害者)로서 마음 깊이 반성하고 사죄한다'는 것이었으
며 일본 수상이 '가해자'라는 말을 사용한 것은 처음의 일이었다.

그러나 이런 일련의 발언은 일본국내에서 파문을 던졌다. 전쟁
으로 희생 당한 유족(遺族)들이 항의하기 시작한 것이다. "그러면

우리 아들들이 침략전쟁을 위해 죽었다고 하는가!"고. 세계대전 당시 "나라를 위해 죽어라!"는 말이 국민의 모토가 되어 있었고 부모는 위대한 일을 위해 아들을 전쟁으로 보냈다고 생각했는데 이제 이가 잘못이었다고 하니, 유족들이 그 분노를 감추지 못했다. 결국 호소카와 전 수상은 수상직을 그만두었고 일본 정치개혁은 허무한 분위기 속에 혼란 사태에 빠질 수밖에 없었다. 그런 사이에 일본 경제는 급속도로 악화하기 시작했던 것이다.

일본 정치개혁이 실패로 끝나고 경제가 계속 어려워지는 가운데 자민당이 다시 정권을 쥐게 되었고 일본 개혁은 원점으로 들어가 이미 10년이 지났다. 그 동안 일본 국민은 많은 실패 경험을 당해 왔다. 1990대에 시작된 말하자면 일본의 기존사회의 '해체(解体)'는 새로운 국민이 되기 위한 것이었으나, 실제로는 경제 침체 속에서 사회도덕의 쇠퇴와 가정붕괴, 그리고 인간성 상실 등 많은 문제에 시달리게 되었다. 이미 서양사회에서는 경험해온 것이지만, 인간이 소외(疎外)된 산업사회에서 서로 사랑할 줄 모르는 이기주의의 만연 속에 사람들은 점점 미래에 대한 희망을 잃고 있었다. 이제 일본의 자살자는 연간 3만 명에 이른다. 그런 일본에서 빛은 한국에서 올랐다.

88서울올림픽이나 2002년 월드컵에서 보여준 한국 젊은이들의 굉장한 파워나 부모에 대한 효도(孝道)정신 그리고 최근에 일본에서 활동하고 있는 한국 가수나 예능인들의 밝고 씩씩한 모습은 일본인들에게 아주 순수하고 깨끗하게 비쳤다. 이는 일본인들에게 한국에 대한 좋은 이미지를 조성했다. 그런 한국인에 대한 호감무드가 높아지는 가운데 들어온 것이 한국 드라마다. 〈겨울연가〉에 나타난 남녀의 순애와 순결의 모습은 일본인들에게 신성하고 큰 소망의 대상이 되었다. 사람이 죽어도 잊지 못한 사랑, 그리고 그 추억은 그저 드라마가 아니라, 일본인들의 마음 속의 소망과 하나가 되어 그리운 동경의 대상이 되었다. 남녀가 순수하게 사랑할 수 있다는 것, 그리고 영원히 마음 속으로 사랑한다는 것은 실제 한국인의 성격으로 이해되어 일본인에게 인생에 대한 희망과 꿈을 주었던 것이다.

특히 1970년대의 일본 고도성장기에 청소년기를 보냈던 40대의 일본여성에게는 아직 일본이 소박했던 '옛날의 좋은 시대'에 대한 그리움과 추억으로 한국으로 눈을 돌리게 했다. 좋았던 당시 일본 시절이 지금 한국에 있다고 느끼고 한국에 대한 그리움과 동경을 감주지 못한다. 이렇게 해서 이제 일본인은 한국을 사랑하게 되었고 마치 마음 속의 고향과 같이 한국은 그리운 존재가 된 것이다.

 **한류와 추세**

이미 논해 온 것과 같이 지금은 아시아시대가 열리고 있는 시점에 있다. 이런 때에 한국문화가 붐이 된다는 것은 이상한 일이 아니다. 지리적으로 일본과 중국의 가운데 위치하는 한국은 양국

의 동향과 무관하게 존재하기 어려운 입장에 있다. 역사적으로 일본이나 중국의 분쟁이 일어날 때마다 한국은 재난을 당해 왔다. 그러나 한국은 일본과 달리 외국을 한 번도 침략한 적이 없는 특별한 나라이다. 한민족은 역사적으로 평화를 실천해 왔고 또 그 만큼 평화를 위해 오래 동안 희생당한 민족이라고 할 수 있다.

국제정세에서 볼 때 앞으로 세계 평화는 아시아의 평화에 걸려 있다고 해도 과언이 아니다. 이제 아시아는 한반도의 분단으로 의한 불안요인뿐만 아니라, 중국의 움직임이 큰 영향을 미칠 시점에 와있다. 중국은 앞으로도 계속적으로 발전해 가겠지만, 일본과의 관계는 쉽게 개선될 것 같지 않다. 양국의 힘의 균형 유지에 있어서 많은 지장이 예상되기 때문이다.

최근에 미국은 미군(美軍)의 큰 재편성을 하고 있는 것 같지만, 이제 미국의 위협은 아시아에 있는 것 같다. 위기감을 감추지 못한 미국은 일본에 대해서 집요하게 군사력 확대를 요구하고 있다. 이미 미국과 중국, 그리고 일본과 중국간의 마찰은 시작되고 있고 앞으로 중국의 발전에 따라 이 긴장은 더욱 더 커질 것으로 예상이 된다.

이러한 불안한 아시아 정세 속에 중국과 일본을 중매하고 아시아를 평화로 이끌어갈 역할을 할 수 있는 나라는 한국이다. 역사적으로 다른 나라를 침략해본 적이 없는 나라만이 할 수 있는 일이며 또 해야 할 역할이다. 한국은 이제 아시아의 평화와 세계 평화를 위해 일어날 수 있다고 보인다.

평화라는 이 난제는 군사력이나 경제력으로 할 수 있는 것이 아니라, 문화의 교류를 통해서 할 수 있는 것이다. 아시아의 통합은 문화의 통합을 통해서만이 가능할 것이다. 일본의 기술이 한국의 정신문화와 하나가 되면 거대한 중국도 자동적으로 따라가게 되고 마치 유럽이 하나가 된 것처럼, 아시아도 하나가 될 수 있을 것이다.

그 중심이 평화의 문화, 즉 한국문화에 있다고 할 수 있다. 역사적으로 가정을 중심으로 해온 한국문화는 아시아인의 모범이며 모델이 될 수 있다. 실제로 지금 한류가 아시아 전도에서 불고 있는 것은 한국적인 남녀의 순애(純愛)와 가족애(家族愛) 때문이라 할 수 있는 것이다.

앞으로 아시아시대가 진행함에 따라 경제적 힘으로나 군사적인 힘으로 중국과 일본의 마찰을 감소시킬 수 없다. 양국의 경제력이나 군사력이 커지면 커질수록 양국 간의 갈등은 커질 수밖에 없기 때문이다. 아시아가 통합해야 하는데 이는 문화의 통합으로만이 할 수 있는 일이며 이가 한류이라고 볼 수 있다.

앞으로의 한류

이상과 같이 일본 한류의 실태와 그 원인, 그리고 앞으로의 전망에 대해서 살펴보았다. 한류는 일본에서만이 일어난 현상이 아니고 전 아시아, 아니 전 세계적으로 확대하고 있다. 그러나 역사적으로 한국에 대해 억압적 태도를 취해 온 일본이 지금 한국 붐으로 인해 전 국민적 레벨로 들뜨고 있다는 것은 아주 이례적인 일이며 일본에 큰 변화가 일어난 증거라고 할 수 있을 것이다.

일본 한류는 주로 TV드라마나 노래, 영화 등 문화적 매체를 통해 영향을 미치고 있는데 다른 말로 말하면 일본인들은 한국문화에 마음을 사로잡았다고 해도 좋을 것이다. 한국문화의 중심은 가정의 사랑에 있고 그 중에서도 부부의 사랑과 정조, 그리고 남녀의 순결을 본질로 하고 있다. 일본인들을 매료하고 있는 것도 바로 이 순수함, 즉 순애(純愛)라고 할 수 있으며 정신적 영원한 사랑을 동경하고 있는 것이다.

이러한 한류(韓流)가 일본에서도 꽃이 핀 것은 우연한 일이 아니며 시세(時勢)로 볼 때 지극히 당연한 일이라 할 수 있다. 한민족은 역사이래 1000번 가까운 침범을 당해 왔지만, 한 번도 다른 나라를 침범해 본 적이 없고 늘 평화를 지키려고 노력을 해왔다. 이제 세계가 평화를 지향하고 있는 이 시점에서 한민족의 평화의 문화가 사람들의 희망이 되고 있는 것이다.

한민족을 백의민족(白衣民族)이라고 한다. 흰 옷을 입은 것을 좋아하기 때문이다. 흰 색은 청결(清潔)과 순수함을 상징한다. 그리고 이 민족을 '정(情)의 민족'이라고도 한다. 그 만큼 정이 많다는 뜻이다. 한국문화는 이러한 순수하고 깊은 정(情)이 흐르는 문화이다. 앞으로 세계는 사랑의 심정(心情)으로 세계를 품을 수 있는 평화의 문화가 필요하다. 한국적 정서(情緒)가 이것을 가능하게 한다고 해도 과언이 아니다.

현재의 일본인은 앞에서도 언급한 바와 같이, 일본열도에 살고 있던 죠몬시대(縄文時代)의 원주민과 기원전 3, 4세기 경 한반도 남부에서 건너온 벼농사와 금속기(金属器) 사용을 특징으로 하는 도래인과의 혼혈에 의해 유래된 종족이 일본 큐슈지방(九州地方)을 중심으로 일본 전국으로 확산된 것으로 생각되고 있다. 이것이 야요이시대(弥生時代)이다.

그 후에 지방 세력자인 호족들이 나타나서 각 지역을 지배하게 되는 고분시대(古墳時代)가 시작되었지만, 그 중에서도 강대한 세력을 갖고 있었던 호족이 지금 천황의 조상이다.

호족들이 서로 혈연적 결속을 굳히고 야마토 조정을 성립시켜 그 지배자로서의 지위를 굳힌 아스카시대(飛鳥時代)가 열렸지만, 멀지 않아 AD 663년 천황이 백제에 원군을 보냈으나 히쿠스키노에(白村江)의 패전으로 실패하고 백제가 멸망하자, 중앙집권 국가로서 재출발하는 타이카의 개신(大化の改新)을 실시해서 황족을 중용하여 천황중심의 정치를 실시하여 법적으로 천황을 절대적인 존재로 만든 다이호율령(大宝律令)을 반포하였다.

한국에서는 가야(伽倻)라고 하고 일본에서는 미마나(任那)라고 불러온 가라(加羅)지방에서 큐슈지방에 건너온 도래인인 가야부족이 일본의 원주민과 혼혈을 되풀이하는 가운데, 그 후 백제의 멸망과 더불어 이주해 온 도래인(백제인들)을 통한 선진문화가 일본에 들어와 야마토 조정이 통일국가로서 발전해 갔던 것으로 해석된다.

이렇게 혈통을 중심으로 하는 절대적인 천황 중심사회는 실력을 중심으로 하는 무사중심의 사회로 변한 하극상(下剋上)이 일어났지만, 이 서민사회도 토쿠가와가(德川家)의 절대적 권력확립에 따라 에도시대(江戶時代)가 시작되었고, 다시 혈족지배의 사회가 된 것이다.

근대화의 구호 아래 출발한 메이지유신도 결국 천황이 복고(復古)라는 명분아래 천황을 이용하여 일부의 권력자나, 자기들만의 이익을 바라는 군부와 재벌에 의해 이용당하고, 마침내 군부의 독주를 초래하게 되었다. 이것이 세계대전으로 이어지게 되었던 것이다.

유구한 역사의 세월동안 햇빛을 보지 못했던 대부분의 일본의 서민들이 해방을 본 것은 실은 1945년의 패전 이후였다. 전후 미국 감독하에 있어서 강제적 민주주의의 도입 즉, 5대 개혁지령인 여성해방·농지개혁·재벌해체·교육의 자유화·노동조합의 장려에 의해 일본은 현실적으로 서민의 사회를 향해갔던 것이다.

쇄국일본의 개국이 미국 페리 함대에 의한 것과 같이 일본의 민주적 시민사회의 실현도 역시 미국의 맥아더 연합군 총사령부에 의한 것이었다. 이렇게 외부의 힘이나 압력에 의해 일본은 결국 계몽되어 나갔던 것이다.

이렇게 볼 때 일본인도 고대부터 한국과는 혈통적으로 끊을래야 끊을 수 없는 밀접한 관계에 있었던 것을 부정할 수 없으며 또

문학적으로도 유사하다는 것을 알 수 있다. 인종도 문화도 전래되는 것이고, 결코 자기발생적으로 생기는 것은 아니기 때문이다.

원래 똑같은 나무도 다른 토양에 옮겨와 심으면 열매가 달라진다고 한다. 하물며 같은 혈족도 오랜 세월 어떤 정념을 품고 살았다면, 다른 문화의 소유자가 될 수밖에 없는 법이다.

특히 일본의 경우, 북방계의 가야족이 일본열도에 건너가서 거기에 살고 있었던 남방계의 원주민과의 만남을 통해 일본인의 핏줄과 문화가 생긴 것으로서 '일본'은 처음부터 혼합으로 시작했다.

그후에도 일본열도에의 도래는 야마토 조정 이래 한반도에서 초대받은 학자나 승려 그리고 기술자들뿐만이 아니었다. 한반도 남부의 작은 섬들에는 유형에 처한 수많은 지식인들이 있었는데, 일본의 해적들이 섬에 들렀을 때마다 그들을 일본열도에 데리고 갔다고 한다. 유형에 처한 사람들 중에는 권력을 잡은 정적에 의해 유배되었던 정치범으로서 할 수 없이 섬에 흘러오게 된 사람들도 많았다고 한다.

한국의 원수로 생각되는 일본천황이 실은 고대에 있어서는 한국과 밀접한 관계에 있었다거나, 야만적인 것으로만 생각되는 무사가 그 천황의 절대적 지배를 뒤집어 버리고 일본 실력사회의 선두를 맡은 선구자이었기도 하고, 또는 일본에서도 중세시대부터 자치나 대표제에 의한 농민의 조직이 생겨, 농민봉기라는 현대의 동맹파업 같은 것까지 일어났다. 이미 옛날부터 민주적인 의식이 싹트고 있었던 점을 미루어 보면 이외의 사실이 많았던 것을 알 수 있다.

이러한 역사를 통하여 볼 때 일본 대중사회도 역시 수많은 고통을 통해 마침내 실현된 것이며, 따라서 일본 대부분의 서민들은 그 사회가 문화적으로 수준이 낮은 것이든 퇴폐적인 것이든, 기본적으로는 이 사회를 특정한 권력자의 지배를 받지 않고 있다는 의미에서 받아들이고 있다는 것을 알 수 있다.

 ## 일본문화의 뿌리

상술한 바와 같이 일본문화라는 것은 본래 대륙의 문화가 한반도를 통해 일본열도에 들어온 것이며, 특히 고대에 있어서는 한반도의 여러 문화, 그 중에서도 백제문화가 일본에서 꽃이 피어졌다고도 말할 수 있다.

이들 귀족문화는 그 후 중국의 영향을 받았지만, 하극상(下剋上)에 의한 무사의 시대가 시작됨에 따라, 실용적인 서민문화가 싹트고 번영하게 되었다. 그러나, 상공업에 의한 화폐를 통한 인간 중심적인 서민문화는 그 부(富)에 대한 욕망 때문에 드디어 봉건적 무사 스스로를 후퇴시켜 버리고 말았다. 여기서 서양 문명 도입을 중심으로 하는 문명개화의 메이지시대가 열렸고, 일본사람에게 문화란 서양문명을 가리킬 정도로 서양주의의 나라로 변신한 것이다.

이렇게 일본문화라는 것을 크게 구분하면 귀족문화인 외래의 한반도 고대문화와 과학문명인 서양문화, 그리고 일본 고유의 무사도(武士道)를 중심으로 하는 서민문화의 세 가지 문화가 혼합된 것이라고 볼 수 있다.

문화뿐만 아니라, 사람들의 핏줄도 문화와 더불어 바깥에서 들어온 것이 틀림없는 섬나라로서의 조건을 생각해봐도 일본사람들이 다른 나라 사람들 이상으로 외국에 관심을 가지고 외국을 좋아하는 그 이유를 이해할 수 있을 것이다.

고대 일본문화의 뿌리로서의 한국은 어떠한가를 묻는다면, 반도로서의 조건하에 게다가 여러 나라들 사이에 끼어 언제나 침략을 받게 되는 불행한 역사를 되풀이한 나라였다. 고조선 시대에는 비록 부분적이기는 하나 중국의 한 나라에 의한 북방 4군이 지배를 받았고, 삼국시대의 고구려는 수·양 두 나라에 외침을 받았다. 고려조에는 1세기가 넘게 원의 지배를 받았고, 이씨조선에는 명나라에게, 또 임진년 이후 7년은 일본의 침략에서 종식되었지만, 얼마 후 청나라의 지배를 받았다. 실로 외침의 연속이었지만 국가를 지켜온 끈질긴 민족이다.

더군다나 서양 물질문명을 재빨리 받아들인 일본에게 반대로 유린을 당해서 근대화가 지연된 데다 조국분단이라는 사태로 빚어져 동족이 3년간의 전쟁을 치렀고, 반세기 가까운 세월을 남북이 서로 대치하여 오늘에 이르고 있다.

이런 와중에서도 급속한 경제발전에 성공한 오늘의 한국이 되었지만, 최근에 물질문명을 중심으로 하는 자본주의 사회의 모순이 사회 전반에 걸쳐 폭발적으로 나타나기 시작하는 것 같다. 이

처럼, 우리는 현대의 물질문명은 이제 갈 곳을 잃었고, 우왕좌왕하고 있는 단계인 것을 깊이 명심해야 한다.

도덕적 정신의 지주를 잃어버린 자본주의는 이기주의에 의해 인간으로부터 정신을 몰아내고, 인간을 육체의 껍질로 만들어 버렸다. 이제 인간의 정신은 자기자신의 육체에서 소외되고 있는 것이다. 이러한 상황에 있는 나라들을 선진국으로 신봉하는 것도 좋지만 그 현상을 잘 인식하는 것이 필요하다. 한국은 5천년 역사의 정신문화를 보유해 왔다. 그러나 조상의 공적을 무시할 경우, 그 가치를 잃어버릴지도 모르기 때문이다.

한국문화는 그 역사적 가치를 잃지 않으려고 하는 심정문화(心情文化)이다. 그리고 이 심정문화는 계속적인 외침을 받아 '한(恨)의 문화'가 되었다. 이렇게 한국문화는 그 한의 뿌리가 심정에 있는 것에 그 가치를 찾을 수 있다.

우리는 어떤 대상을 창조하는 일없이 주체의 자기 창조는 존재하지 않다는 것은 이미 기술한 바이다. 현대에 있어서 상품으로서의 문화를 아무리 감상해도 자기 자신이 그 창조의 일에 가담하지 않는 한 자기 자신의 변화도 성장도 있을 수 없기 때문이다.

이러한 문제는 앞으로 비쥬얼 리얼리티(visual reality) 등의 컴퓨터 기술의 발전에 따라 확대될 것이다. 기술은 인간의 환경을 풍족하게 만들지만 인간자신을 풍부하게 하는 것이 아니다.

우리는 결국, 스스로 노력해서 자기 자신의 힘으로 창조활동을 해가야 하는 것이다. 그리고 그 주체인 인간의 중심은 어디가지나 심정(心情)인 것이다. 실은 이 심정이야말로 인간을 인간답게 만드는 까닭이다. 그래서, 심정문화(心情文化)가 합리정신에 기초한 물질문명을 소화시켜, 그것에 창조를 가하는 것에 의해 소외된 인간성을 다시 찾는 영육양면의 문화가 완성되리라고 본다. 한국의 심정문화는 합리정신에 의한 서양과학문명을 소화하고, 그것에 창조를 가하는 것으로서 영육양면의 통일문화를 성취할 수 있다고 보는 것이다.

 문화는 공동유산

오늘날 지구는 하나의 세계로 나아가고 있다. 그것은 정치적·경제적·문화적인 측면에서 누구나 다 인정할 것이다.

그 진행을 촉진하고 있는 것이 과학기술의 발달이고, 특히 통신과 교통수단의 기술혁신을 통한 '지구촌'의 실현은 더욱 더 가속화되고 있는 오늘날 현실이다.

예를 들면, 지금 외국에서 일어난 사건은 인공 위성을 통해서 곧바로 전세계로 전달되어 영상으로 볼 수 있는 시대가 바로 현대이다.

그뿐만 아니라, 젊은 세대에서는 국제결혼을 통하여 인종과 인종, 민족과 민족간의 피가 섞여서 인류는 혈통적으로나 하나의 혈족으로 변하고 있는 것이 오늘날의 현실이다. 거기에는 이미 인종도 민족도 존재하지 않는다.

이러한 새로운 시대에 있어서 자기 나라의 경제만을 보호하는 보호주의, 자기 나라의 전통만을 유일 최고의 것으로 생각하고 그것만을 고수하려고 하는 국수주의(nationalism), 지금까지 해 온 관습을 타성적으로 고집한 나머지 변화를 두려워하는 보수주의 등은 환영받지 못할 것이다.

이러한 사고방식은 앞으로 국제사회의 발전을 방해하는 것으로서 배척받아 도태될 것이 분명하다. 국제적으로 사람들의 교류가 긴밀하고 매스미디어가 발달한 오늘날 한 나라의 정보는 바로 전세계에 알려지고, 국제 여론의 엄한 비판을 초래하는 상황이 되었기 때문이다.

이런 식으로 세계 구석구석까지 물건이나 정보가 전해진 결과, 전에는 일부 사람들만이 혜택을 누렸던 여러 문화가 이제는 세계 사람들에게 공유되는 시대가 되었다.

이렇게 정보에 있어서 국경이 없는 것처럼, 이제 문화에 있어서도 국경은 존재하지 않는다. 그러므로 세계 어느 나라의 누구라도 민족이나 국적과 관계없이 세계 각국의 다른 문화를 배워 문화의 주인으로서 또 문화의 창조자로서 살아가는 것이 인류 전체의 미래에 커다란 공동유산을 남기게 되는 것이다. 이런 시대에 사는 우리에게는 앞으로 국경이 없어지고 민족 이름으로 서로 싸울 필요도 없어질 것이다. 문화를 공유함으로써 하나의 세계가 될 수 있기 때문이다.

국제화라는 것은 세계 각국이 서로 전쟁하는 것을 포기하고 서로 연대함으로서 평화를 이루는 것이다. 앞으로 국경이 없어지고 여권도 없이 여러 나라를 자유 왕래할 수 있는 시대가 올 것이다. 지금 세계가 싸우고 있는 것은 아직도 국경을 넘어갈 수 없기 때문이며 각 나라가 자국의 이익을 주장하고 양보하지 않기 때문이다.

원래 국가란 정치적 주권을 가지고 일정한 영토(領土)와 문화를 소유하는 국민에 의해 성립한다. 그리고 이 국민이 단일민족으로 구성될 나라가 있으면 미국과 같이 다수의 민족으로 구성되는 경우도 있다. 이것은 언어에 대해서도 마찬가지이며 네덜란드와 같이 한 국민이 삼개국어 이상을 하는 나라도 있다.

어쨌든 국가가 일정한 구성원을 국민으로 정하고 그 집단을 보호하고 지키는 한 그 집단에 소속하지 않은 자에게는 배타적 성격을 가지지 않을 수가 없다. 내셔널리즘(nationalism)은 이러한 국가의 성격을 단적으로 드러내고 있으며 자국만을 사랑하고 타국을 배척(排斥)함으로서 자국을 발전시키려는 하나의 정치적 이데올로기(ideology)이다.

일찍이 타국에 앞서서 과학문명을 이룩한 나라들은 그 과학을 무기로 자국의 영토를 늘리고 주변 국가들까지 지배하려고 했으나 이제 대부분의 국가들은 전쟁이 없는 평화로운 세계를 원하고 있는 것은 말할 필요가 없다. 지구촌(地球村)이라는 말이 생길 정도로 오늘 세계는 모든 면에 있어서 평화를 향하고 있는 것은 자명이다.

그러나 원래 국가가 타국의 이익보다 자국의 이익을 우선시 하는 성격을 가지고 있는 한 국가간의 분쟁은 없어지지 않는다. 영토문제는 그 상징이다. 전에는 민주와 공산의 이데올로기 전쟁이나 중동의 민족적 종교적 분쟁이 세계적 갈등의 중심이었으나 최근에는 아시아로 이행하고 있다. 한반도의 통일문제뿐만 아니라 비슷한 국력을 가진 아시아 국가간의 평화가 앞으로 큰 과제가 될 것이다.

이러한 아시아 정세 속에서 최근에 새로 생긴 것이 한류(韓流)이다. 대만, 중국, 동남아시아를 비롯해 일본까지 포함하고 이제 한국문화가 아시아인의 동경의 대상으로 오르고 있다. 김치를 비롯한 식생활이나 TV드라마, 영화, 노래나 춤, 그리고 축구를 비롯한 스포츠에 이루기까지 한국이 주목의 대상이 되고 아시아문화를 리드하고 있다.

일본에서는 많은 일본인들이 마치 소녀가 첫사랑에 빠진 것 같이 한국을 그리워하는 전대미문의 현상이 일어났다.

2004년 크리스마스에는 한국어 오리지날판 〈겨울 연가〉가 방영되어 2005년 정월에는 NHK 정월 특별 프로로서 한국을 소개하는 특집이 4시간이나 걸쳐서 방영되었다. 정월에 4시간에 걸쳐서 특집을 하는 것은 NHK가 생기고 나서 처음의 일이다.

새해의 새 업무가 시작해도 아직 한국에 대한 꿈을 꾸고 있을 것 같은 2005년 2월이었다. 그때 갑자기 사건이 발발했다. 어업으로 생계를 유지하고 있는 많은 어민이 살고 있는 시마네(島根)현의 현의원(懸議員)들이 ‘다케시마(竹島 : 독도)는 일본 영토이다’라는 조례(条例)를 시마네 현의회에 제출한 것이다. 한국언론에서는 일제히 이 사실을 보도하고 이 뉴스를 본 모두 국민이 분개했다.

한 지방의 현의회가 국가의 영토문제에 대해서 결의한다는 것은 상식으로는 있을 수 없는 일이다. 영토문제는 국가의 문제이고 정부가 관여해야 될 문제인데도 불구하고 이것에 대해서 현의회가 발언하는 것은 넌센스이다. 일본 국내에서도 비난을 받아야 될 문제이었다.

그러나 왜 일본정부는 이런 이상사태에 대해서 침묵하고 있었는가? 시마네 현의회의 행동이 법적으로 무효(無效)이고 의미가 없는 언동이라고 해도 이미 국가간의 정치적 지장을 초래했기 때문에 정부와 무관하다고는 할 수 없을 것이다. 이렇게 해서 국교 40주년 〈일한(한일) 우정의 해〉인 2005년 초에 일본에서는 국민적 한국 붐과 일부 정치인에 의한 정치적 혼란이 일어났고 한국에서는 예능인의 일본진출의 대성공과 매스컴 주도의 반일 붐이 동시에 일어났다.

이제 한국에서도 보도하게 되었지만 시마네현과 같은 특정한 지역을 빼고 대부분의 일본인들은 일반적으로 ‘다케시마(竹島)’가 무엇인지 잘 몰랐다. 한국 쪽의 반응에 대해서 때늦게 일본에서도 보도하기 시작했지만 실은 일부 관계자나 전문가를 빼고서는 무엇이 이루어나는지 알 수 없다는 것이 정직한 말일 것이다.

그래서 그런지 한국에서 일본 규탄이 계속되는 그런 날도 한국 쪽의 예측과 달리 일본 관광 여행객의 한국방문은 전과 변함이 없이 계속되었고 일본 본국에서도 〈대장금〉, 〈첫사랑〉, 〈천국의 계단〉 등이 NHK나 후지TV에서 평소와 다름 없이 방영되고 인기를 얻었다.

한국에서는 정말 이해하지 못한 일이지만, 시마네현과 경상북도는 자매결연을 맺고 있었는데 경상북도 쪽이 자매결연의 파기로 나오자 시마네현 쪽은 이것을 거부했다고 한다. "정치와 민간단체와 무슨 관계가 있는가?"라는 것이 그 이유였다고 한다. 민간문화교류는 정치와는 관계가 없다는 것이다.

이렇게 보면 일본 국민들이 얼마나 역사나 정치에 대해서 무관심한지 알 수가 있지만 이는 일반인들이 정치와 무관하게 살 수 있을 만큼 평화롭다는 것을 의미하기도 한다. 일본에서는 이것을 '평화 바보(平和ぼけ)'라고 하지만 한국하고 큰 차이가 있는 것은 사실이다. 일본에서 사는 일반인들은 이러한 역사적 문제에 대해서는 의사소통이 불가능하다고 해도 과언이 아니다.

과거의 역사와 달리 이제 일본국민은 한국을 사랑한다고 하고 한국국민은 일본을 싫다고 하고 있다. 한국은 정치와 문화가 하나가 되고 있으나 일본은 정치는 정치, 문화는 문화라는 식으로 각자 개인의 가치관에 따라 각자가 다른 견해를 가지고 있다. 우리는 이런 시점에서 양국 관계를 다시 검토할 필요가 있다고 여겨진다.

원래 인간에게는 가정이 있고 씨족이 있다. 이것이 나라로 확대했던 것이다. 그러나 과연 국경이라는 것은 원래 있었는지 어떤지는 알 수 없다. 국가나 국적을 만든 것도 인간이며 자국의 이익을 위해 다른 나라를 공격하고 전쟁까지 하는 것도 인간이다. 우리 인간의 사고에 문제가 있는 것이다.

한민족은 천 번 가까이 침략을 받았으나 한 번도 침략하지 안했다. 만일에 한국이 원수에게 보복하거나 복수했다면 과거의 역사가 달라졌을 것이다. 만약 그렇게 했다면 나라의 희생은 감수되었는지 몰라도 이순신과 같은 훌륭한 인물이 나오지 않았을 것이고 아시아의 리더도 될 수 없을 것이다.

이제 우리는 같은 조상에서 갈라진 과거의 역사를 더듬어 가면서 아시아 공동문화를 함께 모색하고 하나의 아시아 공동체를 형성할 때이다. 침략 경험이 없는 이 나라가 앞으로 큰 역할을 하게 될 것은 말할 필요가 없다.

참고문헌

金宅圭『韓国民俗文芸論』一潮閣, 1991.

김태곤『韓国巫俗研究』集文堂, 1981.

金承璨(編)『郷歌文学論』새문사, 1986.

金杜珍『韓国古代의 建国神話와 祭儀』一潮閣, 1999.

金鉱竜『韓国古代説話論』새문社, 1984.

김현양 외(역)『訳註 殊異伝 逸文』박이정, 1996.

김현룡『한국문헌설화(제3권)』건국대학교출판부, 1999.

김현룡『한국문헌설화(제5권)』건국대학교출판부, 2000.

朴湧植『韓国説話의 原始宗教思想研究』一志社, 1985.

仏教史学会(編)『初期韓国仏教教団史研究』民族社, 1986.

辛鐘遠『新羅初期仏教史研究』民族社, 1992.

안병국『귀신설화연구』규장각, 1995.

尹敬洙『郷歌・麗謡의 現代性 研究』집문당, 1993.

一然 外/李丙燾 外(訳)『韓国의 民俗, 宗教思想』 三省出版社,
        1977.

李基東『百済史研究』一潮閣, 1996.

張徳順『韓国説話文学研究』박이정, 1995.

장주근『풀어쓴 한국의 신화』집문당, 1998.

조동일『삼국시대의 설화의 뜻풀이』집문당, 1991.

玄容駿『巫俗神話와 文献神話』집문당, 1992.

黄浿江『韓国의 神話』檀国大出版部, 1988.

黄浿江『日本神話의 研究』지식산업사, 1996.

秋本吉郎(校注)『風土記』岩波書店, 1958.

阿部正路『怨念の日本文化』角川書店, 1994.

今井啓一『天日槍』綜芸舎, 1966.

井上光貞『日本国家の起源』岩波書店, 1960.

井上光貞 外(校,注)『日本書紀 上 ,下』岩波書店, 1967.

石田一良(編)『思想史2』山川出版社, 1990.

市古貞次 外(編)『日本文学全史 1 上代』学灯社, 1978.

上田正昭『帰化人』中央公論, 1972.

上田正昭 外(編)『古事記』角川書店, 1992.

大野晋 外(校注)『日本書紀』岩波書店, 1967.

小野寛 外(編)『上代文学研究事典』おうふう, 1998.

小島憲之 外(校注,訳)『万葉集①』小学館, 1994.

小島憲之 外(校注,訳)『万葉集③』小学館, 1999.

春日 和男 外(校注)『日本霊記』岩波書店, 1967.

神野志隆光『古事記』日本放送出版協会, 1995.

金井清一 外(編)『年表資料 上代文学』笠間書院, 1997.

神島二郎(1973)『日本人の結婚観』筑摩書房, 1973.

笠原一男『日本史にみる地獄と極楽』日本放送出版協会, 1976.

川瀬一馬『日本文化史』講談社, 1994.

北村透谷／勝本清一朗(校訂)『北村透谷選集』岩波書店, 1978.

北村透谷／勝本清一朗(校訂)『透谷全集 第一巻』岩波書店, 1981.

北村透谷／勝本清一朗(校訂)『透谷全集 第二巻』岩波書店, 1982.

門脇禎二『采女』中央公論, 1971.

久保田淳 外(編)『日本文学史 第11巻』岩波書店, 1996.

倉野憲司 外(校,注)『古事記 祝詞』岩波書店, 1958.

小島憲之 外(校,注)『万葉集①〜③』小学館, 1999.

小西甚一 外『古代歌謡集』岩波書店, 1957.

小峯和明『今昔物語の形成と構造』笠間書院, 1985.

国東文磨 外(校注・訳)『今昔物語集③』小学館, 2001.

国東文磨 外(校注・訳)『今昔物語集④』小学館, 2002.

佐佐木 信綱(編)『新訓 万葉集 上, 下巻』岩波書店, 1980.

佐藤泰正 外(編)『透谷と近代日本』翰林書房, 1994.

綜合女性史研究会(編)『日本女性の歴史』角川書店, 1993.

多田一臣『万葉歌の表現』明治書院, 1990.

中田祝夫(校,注)『日本霊異記』小学館, 1995.

高橋正治 外(校注・訳)『竹取物語 大和物語 伊勢物語 平中物語』小学館, 1999.

土橋寛(編)『呪祷と文学』学生社, 1979.

土橋寛『古代和歌と祝祭』有精堂, 1979.

日本文学協会 (編)『日本の小説 1』東京大学出版協会, 1954.

日本文学研究資料刊行会(篇)『北村透谷』有精堂, 1983.

日本文学研究資料刊行会(編)『日本神話 1』有精堂, 1970.

日本文学研究資料刊行会(編)『日本神話 2』有精堂, 1977.

日本文学研究資料刊行会(編)『古代歌謡』有精堂, 1985.

日本民俗研究大系編輯委員会(編)『日本民俗研究 第一巻』国学院大学, 1982.

日本民俗研究大系編輯委員会(編)『日本民俗研究 第二巻』国学院大学, 1982.

日本民俗研究大系編輯委員会(編)『日本民俗研究 第四巻』国学院大学, 1983.

西角井正慶『古代祭祀と文学』中央公論, 1966.

日高正晴『古代日向の国』日本放送出版協会，1993.

樋口清之『性と日本人』講談社，1983.

藤井貞和　外(編)『日本文学史　第1巻』岩波書店，1995.

松前健『日本の神神』中央公論，1979.

宮城栄昌，大井ミノブ『新稿　日本女性史』吉川弘文館，1974.

森朝男『古代和歌と祝祭』有精堂，1988.

三品彰英『日本神話論』平凡社，1970.

三品彰英『建国神話の諸問題』平凡社，1971.

三品彰英『日鮮伝説の研究』平凡社，1972.

三品彰英『古代祭政と穀霊信仰』平凡社，1973.

山田孝雄　外(校注)『今昔物語集　三』岩波書店，1961.

山田孝雄　外(校注)『今昔物語集　五』岩波書店，1979.

大和岩雄『日本古代王権　試論』名著出版，1981.

横田健一『日本古代神話と氏族伝承』搞書房，1982.

吉井巌『天皇の系譜と神話』搞書房，1979.

색인

후기

    현대라는 국제화시대에 있어서 과거의 아픈 역사를 가졌던 국가만을 특별시할 필요는 이제 없는 것 같다. 일본에 대해서도 미국이나 유럽에 대하는 것과 같은 식으로 대할 때가 온 것으로 생각된다. 또 그러한 여유있는 태도가 일부 일본사람들의 닫힌 마음의 문을 열고 과거 역사에 대한 반성을 유발시키는데 오히려 도움이 될 것이다.

    이제 한국은 일본에 대해서도 불미스러웠던 과거의 역사로 인해 닫혔던 마음의 문을 열고 이해의 폭을 넓혀야 한다. 그리고 일본 속에도 꼭 있게 마련인 좋은 점을 한국의 젊은이들에게도 알려야 할 것이다. 나쁜 것이 아니라 좋은 것을, 저속한 것이 아니라 건전한 것을 한국의 젊은이들에게도 전해야 할 것이다.

    또, 일본의 역사에 대해서도 충분히 알려주고 현대 일본의 모습을 있는 그대로 보여줌으로써 한국의 젊은이들이 이해하고 좋은 것은 받아들일 수 있게 해야 할 것이다. 일본이 선진국으로

'잘 산다'고는 하지만 일본 사람들은 한국 사람들만큼 화려하게 생활하지 못하고 있다는 사실이나, 오히려 생활이 풍요롭지 못하다는 실정도 이해할 필요가 있다. 어느 나라에서나 역시 열심히 일하지 않으면 살아가지 못하고, 노력이 없는 유토피아는 존재하지 않는 것이다. 그것은 일본에 대해서만 한정된 것이 아니고, 미국·프랑스·영국 그리고 독일에게서도 말할 수 있고, 더 우수한 것, 더 좋은 것을 배울 수 있을 것이다.

배운다고 하는 것은 동화되는 것이 아니라, 소화시키는 것이다. 그것은 자기자신의 성장을 위해서 양식이 되고 피와 살이 되는 것이다. 반대로 동화되는 것은 배우지 않기 때문이다. 그러므로 동화되지 않기 위해서도 배우지 않으면 안된다. 그것은 단순히 지식을 암기하는 일이 아니다.

세계 여러나라로부터 배우므로 세계에 동화되는 것이 아니라 여러나라 것을 소화하고 일본에 동화되는 것이 아니라 일본을 소화하는 것이다. 배운다고 하는 것은 지식을 출세의 도구로 이용하는 것은 결코 아니다. 여기에 교육의 원점이 있는 것이다.

앞으로 '우리나라'·'외국'이라는 말은 점점 없어질 것이다. 세계 즉, 한국이 되기 때문이다. 이것은 한국 즉, 세계라는 관점과는 정반대이다.

가정이 국제무대가 되고 이윤추구라는 이기적인 자유경쟁 사회·국제 자유시장경쟁 속에서 살아 남지 않으면 안된다. 현대사회의 병리에 빠지지 않고 살아 남아야 하는 것이다.

그러기 위해서는 세계시장 속에서 더 가치있는 것, 더 수준이 높은 것을 찾고 그것을 재료로 해서 자기자신을 변화·발전시키면서 새로운 창조를 더해가야 할 것이다.

우리들은 무엇보다도 자신의 것을 창조해 가는 자기개발이 필요하다. 자신을 창조해 가는 것, 그것은 흉내내는 것도 타인의 것을 차용하는 것도 아니다. 스스로 자신의 것을 만드는 일이다.

비록 시간이 걸리더라도 자기 스스로를 기르고, 자기 스스로의 힘을 쌓아가지 않으면 안되는 시대에 살고 있다. 자신의 것을 만들지 않고, 무조건 남의 것이라고 배척하는 것만으로는 결국 자신이 설 곳이 없어져 버린다.

무대는 이제 한국의 국토에 국한된 것이 아니다. '세계'라는 무대로 나아가서 뛰어난 문화를 창조하지 않으면 미래가 없다는 것을 자각해야 한다. 한국의 젊은 사람은 그것에 이끌리고, 외국의 사람들마저 이끌려 올 것 같은 뛰어난 문화를 스스로의 손으로 창조하지 않으면 안되는 것이다.

옛날 일본에 우수한 문화를 전하였던 한국이다. 5천년이라는 유구한 역사와 깨끗하고 결백했던 백의의 민족이다. 한국의 전통 문화를 세계적인 것으로 만들어야 한다. 이제 한국은 새로운 빛나는 한국 문화를 창조해 가지 않으면 안된다.

과거는 중요하다. 그러나, 현재는 과거보다 더 귀중하다. 그리고 미래는 현재보다 더 중요한 것이다. 우리는 과거 때문에 현재를, 그리고 무엇보다도 미래를 희생해서는 안된다.

야노 다카요시(矢野尊義)

1958年 일본 香川県 출생
高麗大学校大学院 博士課程 졸업
文学博士, 古代近代文学·比較文学 전공
현재 世宗大学校 일어일문학과 교수
東아시아日本学会 学術理事, 東아시아古代学会 学術理事

저서 논문
『韓日古代婚姻説話와 貞操観』(보고사, 2002)
「透谷의 恋愛思想과 그 限界」(日語日文学研究, 2005)
「透谷의 他界観과 松子」(日本文化研究, 2005)
「透谷와 Kierkegaard의 恋愛観」(日本文化研究, 2004)
「透谷文学に内在する古代日本思想と西洋思想」(東아시아古代学, 2003)
등 다수.

일본대중문화론

초판인쇄　2005년 8월 24일
초판발행　2005년 8월 29일

저　자 | 야노 다카요시
발행인 | 김홍국
발행처 | 도서출판 **보고사**
등　록 | 1990년 12월(제6-0429)
주　소 | 서울시 성북구 보문동7가 11번지 2층
전　화 | 02)922-5120~1
팩　스 | 02)922-6990
E-mail | kanapub3@chol.com
www.bogosabooks.co.kr

ISBN 89-8433-341-7(93300)

정가 10,000원